JN062384

地球外文明か？超古代の先進文明か？

地下の巨大施設と南極の宇宙ブイ

発見後すぐさま封印された想像を絶する大発見！

ラドウ・シナマー［著］
Radu Cinamar
ピーター・ムーン［編集］
Peter Moon
金原博昭［訳］
（オリオン形而上学研究所）
上村眞理子［序文］
（マータ）

推薦文

マータこと上村眞理子

ラドウ・シナマーのトランシルバニア・シリーズを私が知ったのは、エレナ・ダナーンさんが動画で紹介したからでした。エレナ・ダナーンさんは、宇宙人についての真実開示を積極的にYouTubeで報道しているフランス人ですが、彼女はプレアデスから転生し、地球のアセンションと共にできるだけ多くの人類をアセンションさせる事を目的に銀河連合の地球特使として、多くの情報を提供しています。ヒカルランド社より、彼女の著書『110の宇宙種族と未知なる銀河コミュニティへの招待』、『この惑星をいつも見守る心優しき地球外生命体たち』、『ザ・シーダーズ　神々の帰還』が発売されています。

訳者の金原さんは、冒険物語としていますが、実際に地底や銀河連合などの宇宙船に頻繁に行き、事情に詳しいエレナ・ダナーンさんは、このシリーズは真実の話であると推薦しています。

トランシルバニアとは、ルーマニア中部・北西部の歴史的地名。吸血鬼が暮らしていた土地として一番よく知られている神秘的なイメージが私の中にはあります。ラドウ・シナマーについての情報は非常に限られていて、ルーマニアの情報機関の中で最も秘密にされるという部署の人員であり、彼とコンタクトできる人は、ルーマニアの秘密情報機関により派遣された人のみのようです。日本語では、この7冊のシリーズの3冊目『影の政府がひた隠す人類最奥の秘密　エジプトの謎：第一のトンネル』（ヒカルランド）が翻訳出版されていますので、1冊目と2冊目の概要をこちらで紹介したいと思います。

2003年、ルーマニアのブセギ山脈の中で驚くべき考古学的発見がありました。トランシルバニアの境界にあるこの山奥には、巨石が沢山あり、そこに太古から存在するスフィンクスを発見します。

1冊目の"Transylvanian Sunrise"（トランシルバニアの夜明け）では、この発見に際して起きた政治的な複雑なからみについて説明し、人類の新しい時代の夜明けを示唆するような内容になります。

最新の衛星技術を使って、米国ペンタゴンがこのスフィンクスの近くに、封印されている地下への入り口を発見しました。ペンタゴンとルーマニアの秘密情報機関が協力し合い、ペンタゴンが保有する技術を使い、その地下に入ることに成功します。ラドウ・シナマーは、その中に入った一人であり、地下にあったホログラフィックなHall of Records（記録の部屋）を目撃し、さらに地底の世界に向かう三つのトンネルをも発見します。

ラドウ・シナマーという名前は当然偽名ですが、意味は〝ギフトを与えられたルーマニア人〟になります。何か暗号化されているのかもしれません。

この真実の物語の主人公として登場するセザール・ブラッドという人物は、ラドウの友人で彼は1970年に生まれ、非常に長く太い1・5mの臍の緒をもっていました。そのへその緒は、非常に強いゴムのような感じで普通の手術用ハサミでは切ることができませんでした。他にも普通ではない特徴がいくつかありました。病院では、そのへその緒は保存され、それは軍の耳に届きます。そして彼が生まれるやいなやルーマニアの軍人がやってきて、出生証明書などを持っていかれてしまい、彼は存在しないことにされてしまいます。

セザールは、3歳になるまで笑う事はあっても泣く事は全くなく、言葉も一切口にしませんが、突然3歳で話した時には、完璧な文章で話し出し、「思考はどこからきて、どこへいくのか?」など哲学的なことを言い出します。サイキック能力もあり、子供の頃、叔母が事故にあう事を予言し的中します。

彼は幽体離脱も小さい頃から頻繁に行っており、十代の頃のエピソードでは、自分のベッドの上に横になり、足を交差させ瞑想状態に入ります。すると自分の体がベッドから1mくらい浮き上がりました。そこに母親が部屋に入ってきて、母親が驚き叫んだら、その瞬間に意識が戻って、ベッドから落ち怪我をしたという話です。しばらくして、彼の能力をずっと監視していた軍が彼を連行していきます。そして軍にリクルートされます。

1冊目で興味深い内容は、Department 0(ゼロ局)についての内容です。この部署は、非常に高いクリアランスレベルをもっていて大統領に対してのみ答える義務があり、それ以下の人には何もいう義務がないというレベルです。米国のFBIやCIAとは異なり、ネガティブな部署ではなく、逆に闇の政府に対抗する部署だと理解しています。

いくつかの章を飛ばしますが、セザールは、21歳になり、ある部隊のテクニカル・チーフに昇格します。フリーメーソンのメンバーであるイタリア人のマシーニという人物が登場し、彼がセザールにいろいろな難関を突破して直接コンタクトしてきます。このマシーニ氏がセザールに、2002年に既に存在していた非常に高度な人工衛星について語ります。これは世界中全部をスキャンしていた事、そして同じ奇怪なドーム型の異物が二つあると言います。一つがイラクにあり、もう一つがルーマニアにあったのです。その異物は地球に存在するテクノロジーでは穴を開けることができず、明らかに地球外のテクノロジーであると言いました。興味深いことにイラク戦争がその頃（2003年3月）始まっているのです。だから、これに関係していた可能性も否定できません。

マシーニ氏は、さらにフリーメイソンが世界を全部仕切っていると言いました。そして、その闇について語ります。仲間に入るか？　入らなかったら殺されるみたいな話です。簡単に言うと、フリーメイソンには三つのレベルがあり、最初のレベルが政治家や医者とかそういう人達で本当の秘密は彼らには明かされません。レベル2に行くと、いわゆる

ドームの位置

33 Degree と云われるレベルで、パワーを与えられるように思わせているのですが、それも実際に幻想で一番上のレベルが実権を握っているという内容です。マシーニ氏は、ここでセザールをフリーメイソンに勧誘します。レベル2になれると言いますが、セザールは上手くそれを辞退します。

上図はルーマニアにあるドームがあるおおまかな位置です。ブセギ山脈の中。ルーマニアの首都ブカレストからそんなに遠くない場所です。

この存在をルーマニア側は開示したかったのですが、色々と問題が起きました。アメリカ軍がやってきたり、ローマ法王もきました。そして、これは非常に慎重にしなければいけないと開示を反対します。ローマ法王は、開示しないことを条件

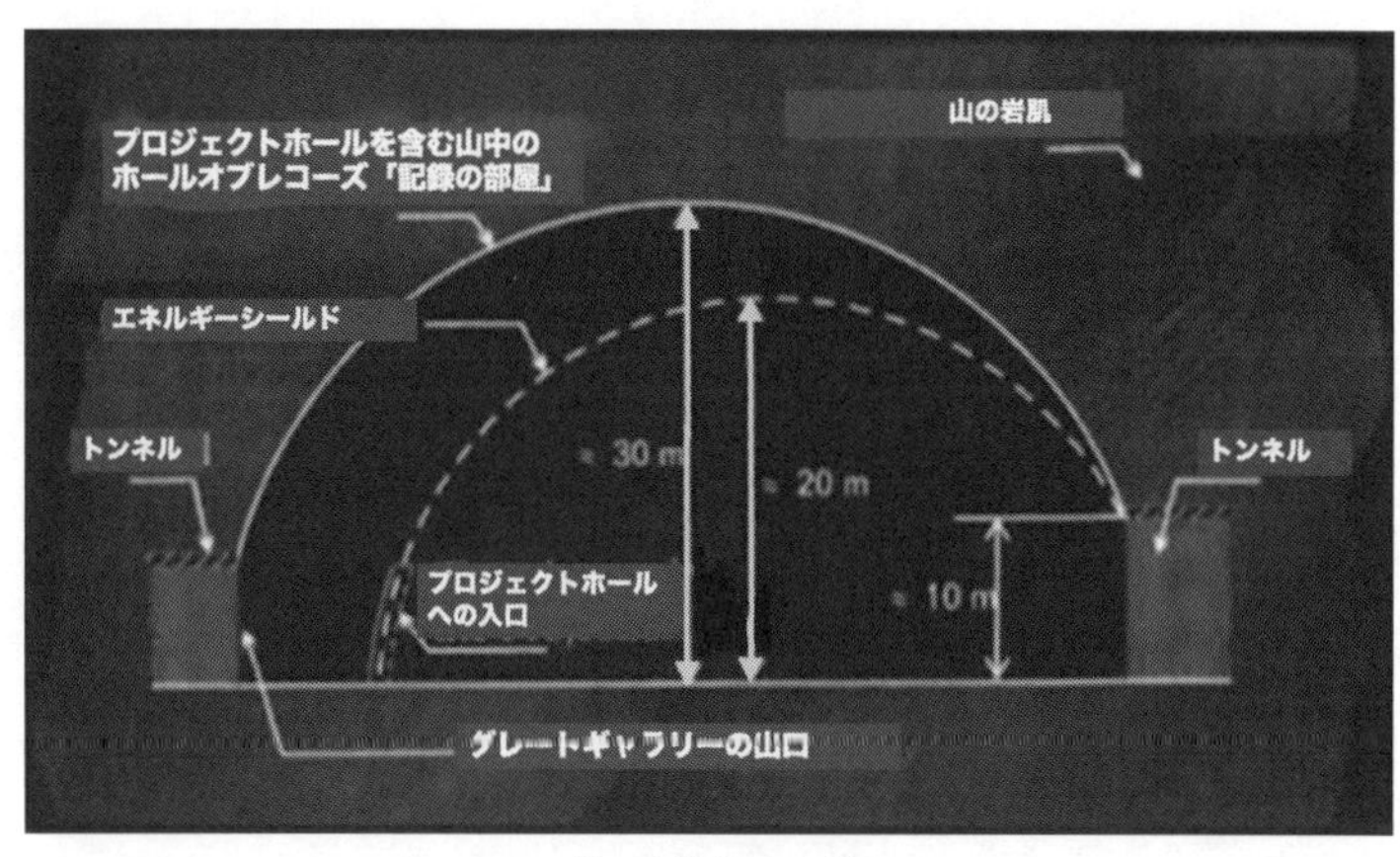

ドームのシールド

にバチカンにあるルーマニアに関する情報、ルーマニア人のルーツを教える非常に古いタブレット（書字板）へのアクセスを許可すると言いました。とにかく公には公表されませんでした。

このドームには人工衛星から見て、上図のようなシールドがあります。

このドームは常に２００名の兵士によって警備されており、当然クリアランスがなければ近づくことはできません。兵士がそのドームに侵入しようと試みましたが３名がそれで死にました。それでセザールが近づいた時に、彼が最初に中に侵入できたのです。彼は直感力にも長けていましたし、彼の周波数、意識のレベルをこのドームが認識したのだと思われます。

ドーム内は、高さ30ｍでシールドの中が１００ｍ幅くらいの部屋で色々な高度なテクノロジーのデバイスがありました。

セザールと科学者達が中を調査した数日後にラドウ・シナマーがドームの中に入ります。そこには長さ５ｍのテーブルがありました。そして長さ2ｍ高さ2・5ｍのホログラムが現れます。10個のテーブルがあり、それぞれからホログラムが現れます。一つは生物について、もう一つがオリジナルの古代テクノロジーについて、もう一つは天文学、それから星にかんする動き、物理学、建築学、もう一つは過去の宗教について、もう一つは地球外生命体の種類について…などなどです。そのテーブルの前を通るとすぐにホログラムが現れる感じで、その映像は非常に鮮明で高画質です。

この部屋で起きる主たることは、部屋にあるもう一つのデバイスで、彼の周りにドーム型のホログラムが形成されました。自分よりも低い位置にホログラムが形成され、これは地球の歴史を見せるものでした。他の本にこの詳細はまた出てきますが、自分の思考や意識でその映像の内容が少し変わるようです。

彼は、その歴史をみて驚嘆しました。今まで我々が教えられてきた恐竜が６６００万年前に絶滅したとかいう歴史は90％が操作されていたもの、あるいは全くの嘘と言ってよいことが分かりました。そして、神話やアトランティスやレムリアなどの伝説は逆に90％が真実であることが分かりました。いくつかの有名な現象は、内容が変えられていたことも知ります。

この地球の歴史の映像の中には、大洪水が起きた時にハンガリーやルーマニアを含めたヨーロッパの大半の水（川）がヴォルテックス状にゴデアヌ山というルーマニアにある山の中に入っていったのです。それから、このホログラムには面白いトリックがあり、地球で大きなイベントがあった時には、その時代背景を見せるために、その時の天体の位置が表示されるのです。春分点歳差の全サイクルの所要時間は約２万６０００年なので、ルーマニアのブセギ山脈は、５万年から５万５０００年前に形成されたことがこれで分かります。地球の過去の歴史については、まだこの本に書く事を許されなかった部分もあります。

このドームから続く三つのトンネルは、非常に大きなトンネルで、一つがエジプトのギザまで続いており、その入り口はスフィンクスとギザのピラミッドの間にあるがまだ発見されていない。チベットへ通じるトンネルは、途中でいくつかの道に分かれており、一つがイラクへ、もう一本はモンゴルのゴビまで繋(つな)がっていました。ここまでが1冊目のあらましです。

2冊目は、あまり新しい情報、テクノロジーが出てこなく、会話が多いです。

ラドウは、自称、錬金術師であるというエリノーという男性からコンタクトを受けます。見た目は26か27歳ですが、本人は62歳だと言います。この錬金術師の男もルーマニア人で小さい村出身でした。彼がラドウにコンタクトした理由というのが、彼の先祖が彼にコンタクトして来たからだと言います。この先祖というのは、14世紀か15世紀くらいの先祖。それで、その先祖がある装置を発明したと言います。それは年をとることを20倍くらい遅らせるものでした。

基本的に我々は、何度も生まれ変わって、毎回過去世の記憶を消されるというサイクルにループの中に入れられてしまっています。だから、そのループに入らずにいられる、この錬金術のデバイスは我々にとって最高のプレゼントになるわけです。

そのデバイスを彼がラドウに見せます。それは立方体でメッシュになっていて、中にはメッシュの球体が入っていて、更にその中にはメッシュの四面体のピラミッドが入っていました。それは非常に希少で特殊なダイヤモンドからできていました。おそらく「賢者の石」もこれと繋がる伝説だと思います。この錬金術師の先祖である男性がアラブ人に誘拐されます。そのアラブ人は魔法使いのアコライト（祭事を補助する人）でした。誘拐された20年後にあるデバイスをそのアラブ人からもらい、それを何百年も研究したという話です。錬金術とこのようなデバイスは、もちろん簡単には使えるようにはならないので、それだけの時間を要したのです。

その後数ページにわたり、なぜ絶対に自殺をしてはいけないかという事をエリノーが語っています。そのカルマの大きな問題について語っています。たった一度自殺しただけで、何千年も進化が遅れてしまうのです。自殺するということは、自己を否定した結果の行為であり、自分の今生の使命や目標を果たさずに、それから逃れる身勝手な行為なのです。周りにも多大な悲しみや迷惑を作り、大きなカルマとなります。「死んだら楽になる」という発想は、大きな間違いであり、楽になるどころか何千年も苦しむことになってしまいます。自ら命を断ち、死んでしまったら進化・成長することはできないと書いています。

次にチベットのラマ、ラパ・サンディーという人物が登場します。彼は4D（第四密度）に暮らしています（我々が今いるのは第三密度の物質界）。それで、このラマ（僧侶）は、セザールよりもさらに凄いサイキック能力をもっていました。チベットの伝説で知られるイ ダムという存在に呼びかけ、物凄い力を発揮します。何十年も修行しないと到達できないレベルの人でした。ラドウは、彼の目覚ましい能力に驚嘆し、彼を信頼して、ぜひアプセニ山に一緒に連れて行きたいと言います。アプセニ山も非常に重要な場所だったからです。なぜなら、そのドームの中で見せられたホログラムでの地球の歴史では、9000年前に地球に生息していた人間は、この地域にのみ存在していたとされていたからです。つまり、地球の人口は、ここから世界に広がったということになります。

次にラパ・サンディーは、ラドウと一緒にテレポートします。ラドウが驚かないように、ゆっくりとテレポートし、山の景色が徐々に変化し、チベットの高原に移動します。魚眼レンズになるまで景色が小さくなっていく感じで景色が変わったそうです。ラパ・サンディーは、洞窟の中に入っていき、そこで女神のような女性に出会います。その女性は、覚醒したマスターだったようです。数千年生きており、名前はマチャンディと言いました。マチャンディの皮膚は青く、目が金色。ラドウは、彼女の様相だけでも驚嘆していましたが、彼女のオーラも顔も全てがとても調和のとれて美しいものでした。彼女は聞いたことのない言語で話していましたが、ラドウにはなぜか言っていることの意味が理解できたそうです。とても平和なエネルギーを感じます。

ラドウは、彼女によって意識のアップグレードを受けます。そして、マチャンディは「貴方はチベットの古くからある叡智を人々に伝える使命があります」とラドウに言います。

この部分がこの4冊目に繋がっていきます。特にこのチベットの叡智の部分は、人々が自分の周波数を上げるために活用できる内容として多いに役立つと思います。

はじめに

金原博昭

　この本の原書はルーマニア語で書かれ、２００９年にルーマニアで出版されました。著者はルーマニアの形而上学研究者兼作家であるラドウ・シナマーです。これは彼の一連の著作『トランシルバニア・シリーズ』の第4巻であり、第3巻『エジプトの謎：第一のトンネル』から続く冒険物語です。

　ルーマニアは東欧の国の一つですが、残念ながら、日本にはこの国に関するニュースがほとんど入ってきません。テレビ・新聞等の主要メディアが報道しないからです。そこで、まず初めに、より一般的なルーマニア情報を読者の皆さんにご提供することにしました。

　ルーマニアは、東欧バルカン半島東部に位置する共和制国家で、首都はブカレスト。南西にセルビア、北西にハンガリー、北にウクライナ、北東にモルドバ、南にブルガリアと国境を接し、東は黒海に面しています。国土の中央をほぼ逆L字のようにカルパティア山脈が通り、山脈に囲まれた北西部の平原のトランシルバニア、ブルガリアに接するワラキア、モルドバに接するモルダヴィア、黒海に面するドブロジャの4つの地方に分かれています。ルーマニアはこのように複数の国と陸続きであるため、歴史上、オスマン帝国・ハプスブルク家・ロシア等による支配を受けてきました。

ルーマニアは地方ごとの個性が非常に豊かな国です。観光という面では、国土の隅々にまで見どころが豊富で、とりわけ北部東よりのブコヴィナ地方は、鮮やかなフレスコ画が壁を覆う修道院群が有名です。この点については山田流箏曲名取の冠ゆき氏が詳しく、とりわけ冠氏は、修道院群巡りの拠点となるスチャヴァの西方約40キロの距離にあるカチカの岩塩坑を訪ねることを推奨しています。カチカ岩塩坑の特徴は、なんといってもすべてが手掘りであるということです。機械を一切使わずに採掘されました。冠ゆき氏は次のように説明しています。

入口から木造の狭い階段を降りていくと、その奥には、この入口からは想像できないような塩の結晶の世界が広がっています。その中には、塩の結晶が覆いかぶさるように周りを埋めていて、不思議な静寂を感じさせる塩の人工湖があります。さらに先へ進むと、山小屋やピクニックのできる広場もありますが、すべて塩の結晶で覆われているので、訪問者を雪山にいるような気分にさせてしまいます。一番の圧巻は、さらに奥にあるスポーツ・グラウンドです。非常に広い空間で、バレーボール・サッカー・テニスなどの球技が

カチカ岩塩坑内のスポーツ・グラウンド

カチカ岩塩坑内のピクニックができる広場

楽しめます。

このような場所は他にもあります。現在テーマパークになっているサリーナ・トゥルダも、以前は岩塩坑として使われていました。次ページの写真は、「第12回惑星地球フォトコンテスト」で最優秀賞に選ばれた作品で、沖縄県の新垣隆吾（あらがきりゅうご）氏によって撮影されました。日本地質学会のHPにおいて審査委員長講評として述べられているように、これを初めて見たときは、一体何が写っているのだろうかと疑問に思いますが、写真の下端に人が小さく写っていますので、これが巨大な地下空洞を下から見上げながら撮影された作品であることが分かります。サリーナ・トゥルダは、日本ではほとんど知られていませんが、坑内に観覧車やボート乗り場まである大規模なアミューズメント・パークです。

また、この本の後半部分において、ルーマニア民族やルーマニア語の起源が詳しく論じられていますが、ピーター・ムーンによる「まえがき」に登場するセザール・ブラッドは、次のように主張しています。

●紀元前10000年以降の期間におけるヨーロッパ最古の文明はトランシルバニア地域に存在した。

●紀元前9000年~10000年から紀元前3000年の期間、人々はトランシルバニ

サリーナ・トゥルダ岩塩坑の地下空洞

ア地域にずっと留まっていた。

この期間は日本の縄文時代に重なっています。日本国史学会代表理事・東北大学名誉教授・ローマ大学客員教授である田中英道氏によれば、最近の研究では、日本の縄文時代は約16000年前に始まり約2500年前まで――実に1万年以上にわたって――続いた〝文明〟である、と考えられているそうです。つまり、日本民族による縄文文明とルーマニア民族によるトランシルバニア文明が、それぞれ東洋と西洋における最古の文明である、ということになるのです。

さて、この本がルーマニアで出版されてから4年後の2013年、その英語版が、米国の形而上学研究者兼作家ピーター・ムーンによって彼の出版社Sky Booksから出版されました。英語版のタイトルは〝The Secret Parchment – Five Tibetan Initiation Techniques〟。直訳すると『羊皮紙に書かれた秘伝：チベットの5つの霊的進化の手法』になりますが、これは第三章の内容だけを表していますので、日本語のタイトルは『全てが純金で作られた地下の巨大施設と南極ブイ』になりました。ラドウ・シナマーについては、ピーター・ムーンが「まえがき」の中で詳しく述べていますので、ここでは、ピーター・ムーンについて少しだけお話しておきます。

ピーター・ムーンは、マインド・コントロール（洗脳）や体外離脱について造詣が深く、これが基になってプレストン・ニコルズと出会い、一緒に働くことになりました。プレストン・ニコルズは、電磁気現象に関するトップクラスの専門家の一人として活躍しましたが、惜しくも２０１８年に他界しました。米国ロングアイランドに在るモントーク空軍駐屯地では、時間の操作を含む一連の奇妙な実験が行われていました。プレストン・ニコルズはこれに関与していたのです。二人が共著したモントーク三部作は、いまや伝説的な出版物になっています。

原書のタイトルである『羊皮紙に書かれた秘伝：チベットの5つの霊的進化の手法』についての話は第三章に収められています。この秘密の文書は、通常の手段では行くことのできないチベット奥地の洞窟において、青の女神『マチャンディ』から直接ラドウに託されました。時が熟し次第その中身が公表され、関心のある人々すべてに伝えられるためです。まず初めに、古代チベット語で書かれた原文がシエン博士によってルーマニア語に翻訳されました。それを読者がよりよく理解できるように、ラドウが短い解説を加えたのですが、この仕事はシン・リー女史の指導の下で行われました。シエン博士については「まえがき」の中でピーター・ムーンが詳しく説明しています。また、シン・リー女史はあらゆる面で傑出した女性で、シエン博士と一緒に働いています。この文書がラドウの著作に含められ、ルーマニアで出版されたのが2009年です。そしてその英語版が、ピーター・ムーンによって2013年に出版されました。それから10年が過ぎて、その日本語版を公開する時期がやっと到来したのです。日本語への翻訳はかなり難しかったのですが、私としては非常に栄誉ある仕事をすることができたと思っています。

この羊皮紙文書は、チベットの偉大な賢人パドマサンバヴァによって明らかにされたものであり、前書きに相当する最初のスタンザ（※）およびそれに続く5つのスタンザから構成されています。

シエン博士によれば、最初のスタンザは、パドマサンバヴァの弟子であったイェシェ・ツォギアルによって書き入れられました。ツォギアルは、パドマサンバヴァの主だった弟子の一人であり、パドマサンバヴァはとりわけ彼女を称賛しています。これらの賢人たちは日本ではほとんど知られていません。そこで、読者の皆さんの便宜を図るため、この二人に関する情報を次のようにまとめておきました。

グル・リンポチェとして知られているパドマサンバヴァは、8世紀にインドから出た仏教の指導者です。グルはサンスクリット語で、師・指導者・教師・尊敬すべき人物、などを意味する言葉です。チベット密教の開祖であり、〝ニンマ・パ（ニンマ派）〟と呼称される宗派の創始者です。このニンマ・パとは、チベット語で〝古い・宗派〟を意味し〝古

※ スタンザとは数行から構成される詩の単位のことであり、それぞれのスタンザは同じ行数で同じ脚韻を持つ。

派〃とも訳されていますが、これがチベット仏教における最初の宗派であることに起因します。パドマサンバヴァの生涯および彼が立てた功績は、数多くの伝説によって彩られています。パドマサンバヴァはサンスクリット語で〃蓮華に生じた者〃を意味しますが、この名前は、彼が、今日のパキスタン・スワート渓谷に相当するウッディヤーナ国のダナコーシャ湖に咲いた蓮の花の中から8歳の子供の姿で現れた、という伝説に由来します。この神秘的な子供は国王の養子に迎えられて国政を委ねられましたが、あるとき虚空に現れた金剛薩埵（ヴァジュラサットヴァ）の教えを受けて出家し、後に密教行者となりました。そして、釈迦の弟子のアーナンダ・シュリーシンハなど、多くの偉大な師の下で修行し、密教の大成就者として有名になりました。

その後、彼の神通力を伝え聞いたチベットのティソン・デツェン王によってチベットに招かれ、同じく王によって招聘された他の学者や指導者とともに、土地の悪霊・悪鬼等を調伏して、チベット仏教の基礎を築きました。布教の際には、ときにはなだめ、ときには驚かせるために、八つの異なる姿を見せたと伝えられています。パドマサンバヴァは、ニンマ派のみならず、広範囲にわたる地域におけるチベット仏教の信奉者たちによって〃第二の釈迦〃としてあがめられています。これには、チベット、ネパール、ブータン、インド・シッキム州が含まれます。

イェシェ・ツォギアルはサンスクリット語で〝叡智の海〟を意味しますが、彼女はまた〝叡智の勝利の海〟あるいは〝叡智の湖の女王〟としても知られています。自分の生涯のうちに悟りを開き、チベット仏教の母と見なされています。一部の情報筋によれば、彼女はチベットの王、ティソン・デツェンの配偶者あるいは修法のパートナーであり、そのときにパドマサンバヴァと一緒に仏教を学び始めました。ツォギアルは、パドマサンバヴァとともにテルマ（埋蔵経）を明らかにしたことでも知られており、彼女自身がこれらのテルマの中心的口述筆記者でした。テルマには〝大地のテルマ〟と〝霊感のテルマ〟の二種があり、将来最も適切なときにテルトン（パドマサンバヴァの弟子の化身）がそれを発掘できるように、地中や弟子たちの心の中に埋蔵された霊的な宝物と考えられています。その後、パドマサンバヴァの指示に基づき、後の世代のために、彼のテルマの多くを独力で秘匿しました。

西暦777年頃にチベットのハルヘン地方で生まれたイェシェ・ツォギアルは、チベット仏教のニンマ派では傑出した存在であり、霊性開発を目指す現代の人々にとっての模範とされています。パドマサンバヴァの修法上の主たるパートナーとして、しばしば引き合いに出されますが、イェシェ・ツォギアルは、まぎれもなく霊性開発の卓越した導師であり指導者でした。チベット仏教ニンマ派においては、霊性面で達成された偉業に基づき、女性の仏陀（ぶっだ）として認識されています。
この羊皮紙に書かれた秘伝が皆さんのお役に立つことを心から願っています。

まえがき

ピーター・ムーン

現在トランシルバニア・シリーズと呼ばれているラドウ・シナマーの一連の著作は、まさに驚愕に値する作品です。とりわけ"The Secret Parchment – Five Tibetan Initiation Techniques（羊皮紙に書かれた秘伝：チベットの5つの霊的進化の手法）"の出版は、その『創始者』にとって大きな節目になります。著者の名前と併せて創始者という言葉を私が使ったのは、ラドウが彼の著作において描写し表現している出来事・状況および秘匿された意図が、彼の個人的あるいはミクロコスモス（小宇宙）的な見解をはるかに超えているためです。マクロコスモス（大宇宙）的に見れば、ラドウは、無限の世界に広がるフォース（諸力）の計画や意図を発動させるために選ばれた器なのです。

さて、あなたはそのどこに自分を合わせますか？　残念ながら私は「あなたがこの本を開いてここまで読んだ」という事実は別として、この質問に答えることはできません。しかし、人類の歴史上前例のない驚くべき情報にあなたがアクセスしたこと、この事実だけはお伝えすることができます。そしてこれは、この本の情報が真実であるかどうかにかかわりなく当てはまることなのです。それは全く比類の無いものであり、あなたの心を予期せぬ彼方に向かわせ、これまで休眠状態にあった意識の内奥へとあなたをいざないます。あなたが自分自身をどのようにこれに当てはめられるか――それをお伝えすることはできませんが、とにかくあなたは何らかの理由でこの情報に出くわしました。

しかし、一体どのようにして私がこの驚くべき一連の本の創始者を支援してその願望の実現に関して責任を負うことになったのか、その一端をお話しすることはできると思います。まず初めに、これらの本の物語の登場人物及び彼らの計画や意図が、どのように私の意図や目的に適合しているか――この点についてお話しします。その説明にはこの本に先立つ三巻の本の要約が含まれます。

冷戦の最中、ルーマニア・中華人民共和国二つの共産主義国の間には、自然の成り行きから生まれた同盟関係がありました。偵察・諜報活動の最も先進的かつ秘伝的方法に関して西欧諸国に追いつくために、ルーマニアは中国に助けを求めました。ルーマニアの人々はソ連をそれほど信頼していなかったのです。両国の間には文化交流プログラムがありました。その一環として、中国人の学生がルーマニアの教育プログラムに参加できたのです。中国政府は、超心理学の専門家をルーマニアに派遣しました。彼はあらゆる基準外の事象・現象に対処するための組織を設立することのできる人物です。これらの出来事は「Kイベント」と呼ばれていました。現在のポップカルチャー用語では「Xファイル・イベント」と呼ばれ得るものです。ゼロ局として知られるこの特別部門は、国家元首と安全保障省の長官にしか知られておらず、超常現象に係わる事件を担当するだけでなく、局員の訓練をも行いました。

他に並ぶもののないこの部門を設立した超心理学の専門家はシエン博士として知られており、このシリーズの最初の本である『トランシルバニアの日の出』に登場します。シエン博士は非常に謎めいた人物ですが、この本の中では、彼についてあまり知ることができません。しかし、非常に興味深い人物がもう一人おり、のちほど彼もトランシルバニア・シリーズの創始者の一人であることが分かります。シエン博士は、彼の誕生後に迎え入れられました。この人物の名前はセザール・ブラッドです。彼は非常に太いへその緒を持って生まれたため、彼の出産に立ち会った医者は、それを切断するためにのこぎりを使わねばなりませんでした。これは尋常でない状況だったため、セザールはゼロ局による保護と監視を受け、幼い頃からシエン博士と緊密かつ個人的な関係を築きました。あなたが想像し得る最高レベルの霊性の分野および超自然的領域において、セザールは広範な訓練を受けたのです。

ルーマニア・スフィンクスの左側面

ラドウ・シナマー氏によると、約5万年前に建造された大広間がこのスフィンクスの下に存在し、そこには、現在使われている最先端テクノロジーよりもはるかに進んだテクノロジーが内包されている。

運命が明らかにするのですが、シエン博士は「ほぼ間違いなく人類の歴史上最大の考古学的発見と考えられるもの」の管理者兼守護者としてセザールを育て教育したのです。それは、ルーマニア・スフィンクスの地下に存在する秘密のチャンバー（部屋）であり、5万年ほど前に遡る太古の時代に建造されました。これには未来的かつ先進的なホログラフィー技術が内包されています。

そのチャンバーは、聖書の時代の人々（ついでに言えば私たち自身）の思考・経験能力をはるかに凌駕するものであり、実質的なノアの箱舟と考えることができます。そこに設置されているテーブルの上に手を置けば、誰もが三次元ホログラフィーとして描画されたその人のＤＮＡを見ることができますし、そのテーブルに内包されている他の装置を使えば、他の惑星の種族（異星人）のＤＮＡを同様に見ることが可能で、それには彼らの実際の生まれ故郷を示す三次元画像が添付されています。また、そのテーブルの他の部分に二つの手を置けば、それらのDNAが混ぜ合わされ、二つの生物種が交配された場合にどのような外見になるかが分かります。これらのテーブルの高さは1・8メートルもありますので、それらの建造者はかなりの巨人であったと思われます（※）。

また、この驚くべきチャンバーには特別の〝ホログラフィー投影室〟があり、とりわけ視聴者個人に最も適合する形式で、地球の歴史をホログラフィー的に視聴することができます。しかしこの歴史は、西暦5年の時点で突如として打ち切られています。「ある種のソフトの更新が必要である」というのが、おそらくその理由でしょう。そのホログラフィー投影室には、さらに好奇心をそそる特別な面があります。その一つは、〝地球の深部〟、〝イラク・モンゴル・チベットに存在する類似の施設〟、〝エジプト・ギザ平原の地下〟に至る3つの謎に満ちたトンネルがそこから延びている、という事実です。

セザールは運命に導かれ、シエン博士の指導に基づいて、この考古学史上の驚くべき発見物を管理する立場に就きましたが、発見されたものやそれからの影響及びそれによって引き起こされるであろう出来事についての物語を書くことは、彼の役割ではありませんでした。それゆえ、事態が展開し、様々の出来事が起き

※ ルーマニアに巨人が存在したことは、“The Newspaper” と呼ばれる新聞で確認できる。この新聞の調査チームはバシレ・ルダンという名前の研究者を伴っていた。彼の話では、かつて巨人が住んでいたと言われているボジオルという村にその具体的な証拠がある。すなわちそれは巨人の骸骨が埋葬された墓地である。20年以上前、スカイエニという村でリンゴの木を植えることが決まったが、その骸骨はそのときに偶然発見された。村人たちが丘を掘ったところ、身長約2.4メートルの巨大な骸骨が見つかった。

るにつれて、セザールはラドウ・シナマーを抜擢し、彼にこの仕事を託したのです。ラドウにとって信頼のおける相談相手かつ指導者となったセザールは、この発見の背後で生じているあらゆる政治的陰謀について迅速な教育を彼に施し、同時に超自然的な出来事や秘教・秘伝の研究に彼を導き入れました。これについては彼の最初の本『トランシルバニアの日の出』に書かれていますが、セザールがこの仕事のためになぜラドウを選んだのか、その理由に関しては述べられていません。私がこれまでに知ったことから言えることは、セザールが非常に卓越した人物であり自分の役割を熟知していた、ということです。とりわけこの場合は、彼の超自然的な感性が並外れて正確だったのです。ラドウは見事に仕事を成し遂げました。そして、この本の出版により、全部で四巻から構成されるシリーズ全体の英語版も発刊の運びに至りました。

読者の皆さんは、この発見によって、新たに見いだされたテクノロジー全てを人類全体の利益のために利用する素晴らしい機会が与えられる、と思うかもしれません。ほとんどではないにしても、この発見を密かに知っていたルーマニア政府関係者の多くは、そのように考えていたのです。しかし、事態は異なる方向に動きました。

これまで知られていなかったこの秘密のチャンバーは、ペンタゴン（米国国防総省）が衛星を介して作動する地中透過レーダーを使ったときに初めて発見されました。セザールはこの事実をラドウに伝えました。米国は、偵察目的のみならず、地球上のすべての資源や異常地形等を詳細に調べるために、すべてのテクノロジーを意のままに利用してきました。善い悪いは別として、これがペンタゴンの目的と言えるものなのです。しかし、この機密情報について最も厄介だったことは、ペンタゴン内のフリーメイソン勢力がこの情報を漏洩させ、イタリア・フリーメイソンの頭目であるシニョーレ・マッシーニに伝えたことでした。マッシーニは世界を支配する組織の中心人物であり、彼ら自身のためにこのチャンバーを利用し支配したいと考えていました。それゆえ彼は、当時ゼロ局の長の立場にあったセザールに近づき、協力を求めたのです。セザールはマッシーニを信頼していませんでしたが、政治的事情に鑑みて、ある程度協力せざるを得ませんでした。こうして、イタリア・フリーメイソンの邪悪な勢力の手配によって、ルーマニアが突如NATO（北大西洋条約機構）に組み入れられ、ルーマニアと米国の間に前例のない同盟が構築されたのです。これら一連の政治的策謀は『トランシルバニアの日の出』に詳述されています。主としてこの本は、セザールの人生および彼がこの驚くべき考古学遺物の発見に関与することになった経緯に焦点を当てています。

神秘的で謎めいたシエン博士は、セザールに対する厳格な訓練と教育に基づき、彼がこの秘密のチャンバーを発見するためのお膳立てをしたものの、彼にとってこの発見は遠い昔の記憶のようなものであり、それを現実のものにした政治的策謀や邪悪なたくらみには、表面上全く関与しませんでした。しかし、彼はこの物語における当事者の一人であり、トランシルバニア・シリーズが明らかにした出来事の『創始者』であることは間違いありません。この事実は、二冊目の本『トランシルバニアの月の出：神々の神秘の王国における秘密のイニシエーション』において明らかになりました。

『トランシルバニアの月の出』は、ルーマニア出版社の編集者ソリン・フルムズによる注記で始まります。それにはルーマニアの報道機関によるたくさんの記事の抜粋が含まれており、ラドウによって語られたセザールの話を裏付けるだけでなく、その信憑性について深い洞察を与えます。さらに、ルーマニア・スフィンクス近傍の重要な区域がグーグルアース上で黒く塗りつぶされている、という事実があります。これもまたあなたの興味を引くかもしれません。これらに加えて、2003年にルーマニア・スフィンクスの近くで行われた発掘の期間中、アメリカ人の集団が目撃されました。私はまた、全体的に見てこの物語には価値がある、と信じている数人のルーマニア人と話をしました。彼らはすべて社会的地位の高い人々です。厳密に考えると、一体何が起きたのかはそのすべての詳細とともに依然として謎のままですが、ラドウの著作だけが唯一私たちにその手がかりを与えてくれます。さらにそれらは、政治・権力闘争のありふれた側面を最先端テクノロジーおよび神秘主義の最も深遠な概念にも統合する教示装置の役割をしてくれるのです。

ラドウの著作の出版を担当しているソリン・フルムズは、ラドウに会いたいと願う全ての人々に対する壁の役割をするように指示されています。『トランシルバニアの月の出』は、エリノアという名前の謎めいた男が、ソリンを通じてラドウとの接触を試みるところから始まります。実のところ、ソリンはまだ一度もラドウに会っておらず、彼との唯一のコミュニケーションは、特別のクーリエ便あるいは事前に手配された電話カードだけに依っていたのですが、エリノアがチベットのラマ僧の代理人としてラドウとの面会を求めていることが分かったとき、ソリンとラドウ双方が態度を変え、最終的にこの面会が手配されるのです。この会合は形而上学的な啓示・黙示に満たされており、それらが『トランシルバニアの日の出』に書かれている出来事を考察するためのまったく新しいパラダイム(理論的枠組み)を提示します。ラドウは、自分でも驚くほど自然に、古代の錬金術の思想と不老不死の可能性を受け入れます。そしてそのあとにラマ僧と面会するのですが、彼は自分がシエン博士と同一人物であることを明らかにします。そして、彼がかつてチベットの首都ラサの宮廷においてラパ・サンディーという名前で仕えていたこと、そのときに中国によって侵略されたことを話します。彼は何とかその侵略から逃れました。そして、どういうわけか最終的に中国政府に雇用され、シエン博士と名乗るようになったのです。

ラパ・サンディーは、非常に明確な議題を携えてラドウとの会合に臨みました。それは、あなたが今読んでいる本の焦点となっているもの、すなわち「古代の羊皮紙に書かれたチベットの五つのイニシエーションの手法」に関係しています。ラマ僧はラドウをトランシルバニアのアプセニ山脈に連れて行きたいと考えており、それをラドウに話します。エリノアを含む3人がそこに着くと、神秘的な空間並進が行われ、彼ら一行は、通常の移動手段では到達できないチベットの高峰にそっくりそのまま移送されます。そして、ラドウはシエン博士に付き添われて洞窟に入り、そこでトランシルバニア・シリーズのもう一人の『創始者』に会います。彼女の名前は『青の女神マチャンディ』。タントラ(※)のダキニ天であり、ラドウにイニシエーションを与えるのみならず古代の写本をも彼に授けます。

この写本はまず初めに古代チベット語からルーマニア語に翻訳されて出版されます。それはさらに英語に翻訳され、あなたが今読んでいる本の最重要な部分になりました。『トランシルバニアの月の出』は『トランシルバニアの日の出』に登場した人物についても語っています。そして、次々と起きる劇的な出来事にラマ僧が関与しているのですが、これら二巻の本はびっくりするほど違っていて、状況全体をまったく異なる視点から互いに補完的に見ています。

※ タントラとは仏教においては主として8世紀以降に中世インドで確立された後期密教聖典の通称。ダキニ天はサンスクリット語でダーキニーと呼ばれ、動詞ダーク(飛ぶ)から派生した言葉であり、チベット仏教でもカンドーマ(虚空を行く女)として信仰され、守護尊ヘールカの妃として男尊にシャクティ(エネルギー)を注ぎ込む役目を担っている。

このシリーズの第3巻『エジプトの謎：第一のトンネル』も例外ではありません。ブセギ山脈地下の複合施設内のホログラフィー投影室には、謎めいたトンネルの入口が3つあります。ラドウはゼロ局の一員になり、そのうちの一つである「第一のトンネル」を通る探索調査にセザールと一緒に参加します。このトンネルは、エジプトのギザ平原地下に存在する秘密のチャンバー（部屋）に至っています。彼らはそこで、最初の二巻において明らかにされた発見物と比べても遜色ないほど驚嘆すべきものを見ることになります。そこには石版のようなタブレットがきちんと整理されて収納されています。それは超古代のDVDのようなものであり、記憶されている宇宙の歴史をホログラフィー映像として投影することができます。彼らのミッション（任務）は、膨大な数のこれらのタブレットを確保し入手することでした。タブレットはプロジェクターを必要としませんが、数が膨大なため、その一部しか持ち帰ることができません。その後、それらは詳細な研究・解析・調査のためにアメリカに送られます。一回のミッションですべてを入手することはできませんが、持ち帰られたものだけでも、担当のチームが実際に視聴するのにかなりの時間がかかります。

その「神秘の部屋」には、人の意識を時間に投射するタイム・トラベル装置が存在し、巨大な水晶柱がそのプロセスを促進する役割を担っています。肉体のままタイム・トラベルするのではありませんが、自分自身を時間に投射するためには厳格な基準を満たす必要があり、それには霊性がある程度開発されていなければなりません。また、この装置には生体に共鳴するという特徴があります。つまり、タイム・トラベルを試みる人間の生理面・精神面・感情面の状態に同調するのです。

この装置のもう一つの神秘的な面は、それがある程度の検閲機能を持っていることです。どんな存在がこの装置を創ったのかを知るために、セザールが彼の意識を時間に投射しようとする、その試みが阻止されてしまうのです。それはある面においては有用かつ有益なのですが、この装置の「創造者」は少なくとも現時点においては、彼らに関することを知ってほしくないようです。これら全てから様々な憶測が生まれます。

セザールの最初のタイム・トラベル経験は、イエス・キリストの時代への旅でした。これはこの検閲についての議論にさらに火を注ぐことになりました。ラドウは、最初にホログラフィー投影室を訪れたとき、キリストの磔刑の際に起きた出来事の一部始終を見ましたので、それについて詳しく話します。それには一群のＵＦＯが登場します。どうにもならないほどの雷雨の中、それらが現れて大混乱を引き起こし、その結果恐れおののいた人々が逃げ惑う様子が語られます。これは、情報の信憑性や著者の誠実さに少なからず疑問を投げかけるような話です。しかしながら、このシリーズをここまで読み進めてきた読者のほとんどは、書かれた話を無視してこなかったはずです。大部分の読者は、このシリーズを楽しみ、著者に対して性急な判断を下していないと思います。確かにUFOが登場する話には私も驚きましたが、トランシルバニア・シリーズの本は好評を博しており、それは私にとっても極めて嬉しいことです。さらに重要なことは、ルーマニアの友人であるラドウ・シナマーによって織られたこの華やかなタペストリー（つづれ織り）に私が如何にしっくり収まっているか——これらの論議を呼ぶキリスト関連問題によって、これが少なくともある程度まで分かります。

私はキリスト教に対して個人的な愛着を持っていませんし、教化されてもいませんが、シンクロニシティに関しては奇妙な経験がいくつかあります。その理由により私は、さらに検討する価値のある興味深い現象には注意すべきである、と考えています。私はこれらすべてに関して数巻の本を書きました。それゆえ今は、それらを新しい視点から要約するだけにしておきます。

一九八二年、私が人生で最も精神的に高い境地に達した後、私は精霊・天使の評議会に呼び出されました。どうやら私はカルマのお荷物をうまく捨てることができたようです。それゆえ私は、自分が今取っている人生航路全体を変更する権利を獲得した、あるいはそうすることを許可されたのです。実際に通常の意味で、あたかも映画のドラマであるかの如く精霊や天使を見たわけではありませんが、彼らは間違いなく存在しており、私は彼らの存在を確かに感じとることができたと思います。私にとって最も重要なことは、自分が進化のある段階に到達して新たなより高い使命に手を伸ばすことができたことです。タロットの図柄で見ると、これは『世界』と題されたカードに相当します。あの当時では分かりませんでしたが、私は文字通りこのタロットカードが示す道をたどっていたのです。あまり明確ではないにしても、自分が置かれた状況に照らしてこのカードのことを考えていたことは間違いありません。

当時私に分かっていたことは、自分の運命を選ぶ立場に自分を置いていたので、何であれ自分が望むことはすべて明らかにできるだろうということ、ただそれだけでした。制約は何もありませんでした。たとえ困難な物事を選んでしまったためにその見込みが薄れてしまった場合でも、私は何とかそれらを克服することができたものと思います。多くの異なる選択肢を比較検討することなく、私は、身体にとって有害なすべての条件の除去ないし再配置を選択しました。当時は気づいていませんでしたが、私は「菩薩」または多用されているその用語の少なくとも一つの定義に挑戦していたのです。私が言及しているのは、苦しみからの解放を成し遂げ、他の人々を苦しみから救うという道を選んだ存在です。私のこの決断はロマンチックでも劇的でもありません。それはまさに事実に即した問題であり、それをさらに強化するという考えはありませんでした。私は自分自身のデザインになって創り出された「私自身の言葉に基づく菩薩」だったのですが、天使や精霊は、私の進む道にかなりの程度の実現性を与える他の基本的な問題に気を配ってくれました。

タロットあるいはカバラの『生命の木』の観点からは、どのような神秘的な働きも、木星および4という数によって支配されたセフィロートであるケセドの領域で始まると言われています。その主たる特性の一つは、私が無条件に受け入れた無限の慈悲や思いやりです。たとえそうであっても、私の人生は、悩める魂を安心させるために手を差し伸べる、というような意味では模範的でもなく好見本でもありませんでした。主として私は、かなり常軌を逸した世界で仕事をしていたのですが、何とかそこで生き残ることだけを考えていたのです。やがて精霊は私のより強い願望に対処してくれました。通常、他の人々への援助は、自分自身のために強い立場を確保した後で最もよく行うことができます。これが、飛行機の中で母親が最初に自分の酸素マスクを確保するように警告される理由です。そのあとで母親たちは彼らの小さな子供たちの世話をすることができるのです。

いずれにせよ、私はタロットカード『世界』を受け入れていました。何十年にもわたって蓄積された後知恵により、私はこのカードに非常に豊かな象徴性を見ることができるのです。私とラドウおよび彼の友人たちの間の協力は、このカードによって非常に深いレベ

タロット・カード『世界』

ルで説明されます。それゆえ私は、それを読者の皆さんと分かち合いたいのです。このカードの解釈の一部は次のとおりです。

「このカードは人生のサイクル（周期）の終わりであり、『愚か者』から始まる次の大きなサイクルの前の一時停止を表している。それは完全性を意味する。また、宇宙意識すなわち大宇宙の『大いなる一つ』との完全な結合の可能性を表すとも言われている。完全な幸福は、私たちが学んだことや獲得したことを分かち合い、それらを世界に還元することによって実現する」

このカード自体は緑の花輪に囲まれた裸身の女性から構成されていて、花輪はウロボロス（自分の尻尾を食べるヘビ）のように描画されています。彼女は両手に杖を持ち、カードの四隅に位置する4つの生き物（人間、ライオン、牛、鷲）に見守られていますが、これらは占星術における4つの不動宮、すなわち水瓶座、獅子座、おうし座、さそり座を表しており、ヘブライ語で神の名前を表す「テトラグラマトン」の4つの要素「アレフ、ヘ、ヴォヴ、ヘ」を意味します（※）。

※ ヘブライ語で神は「ヤーヴェ」または「ヤハウェ」というが、その御名を口にすることは禁じられているのでいろいろな言い回しがある。その一つは「テトラグラマトン」つまり「ヤーウェ」の「アレフ、ヘ、ヴォヴ、ヘ」のことであり、「テトラグラム」とも言う。

このカードは、物質世界の四大基本元素（地・水・火・風）の本質を表すだけでなく、ソフィアとして中心に座する女神、すなわち神秘の探求者すべての目標である霊性の要・聖なる中心をも示しています。彼女は秘密の神聖文字である *Shin*、すなわち、テトラグラマトンから進化してペンタグラマトンとなる第五元素を象徴しています。それは、キリスト教神秘思想としてのカバラにおいて「ヨッド・ヘ・シン・ヴァウ・ヘ」が象徴するキリスト、すなわちイェシュアを意味するのです。

大いなる私の覚醒および『モントーク・プロジェクト：時間における実験』をプレストン・ニコルズと共同で執筆したこと、これらの時期の間に私は、自分の使命の達成に有益となる存在を呼び覚ましました。しかし、彼らがどんな存在なのかは明確でなかったのです。プレストンとの仕事は、私を量子物理学の最前線に連れて行きました。そして、彼の話と理論を発表したことにより、文字通り、時間というものに対する科学者たちの見方が変わりました。彼の話を検証しようとしたのですが、その結果、シンクロニシティ（共時性）の原理に関する前例のない経験をすることができたのです。

シンクロニシティという新しい言葉を作り出したカール・ユングは、相対性理論と量子物理学各々の先駆者であるアルバート・アインシュタインおよびヴォルフガング・パウリと緊密に協力して仕事をしました。ユングは、シンクロニシティと相対性理論・量子力学の解釈の間には重要でただならぬ類似点があると信じていました。ユングとパウリは二人とも、論理を発展させるために、人生はさまざまな成り行き任せの出来事が連続したものではなく、彼らがウヌス・ムンドゥス（一なる世界）と呼んだ「より深遠な秩序・道理」が表現されたものであること、これを前提として考えたのです。この「より深遠な秩序」とは、自分自身が埋め込まれている秩序正しい様式に従う「意識の超弦」の密接な関係のことです。そのような様式が具現化すると、霊性が覚醒します。ユングは通常の宗教用語を使い「シンクロニシティは『大いなる恩寵の介在』と類似の特徴を有している」と述べました。ユングはまた、人間の生活におけるシンクロニシティは、夢と同様の役割を果たすと共に、人間の自己中心的意識を「より大きな全体性に基づく思考」に変えることを目的としている、と信じていました。

　私自身の覚醒により、これらのさまざまな「意識の超弦」を私自身が発見し、探求することになりました。これらはこれまでに発刊された数多くの本の主題なので、私はそれらについて詳しくは説明しません。あなた方のほとんどはよくご存じです。

　この時点で追加する主題は時間の指標です。さまざまな時間の流れの中で、何らかの理由で際立っている特定の出来事があります。シエン博士としても知られているチベットのラマ僧ラパ・サンディーはこの観点に立脚して活動している、と私は信じています。ブセギ山脈での発見を可能にした日常的な業務には関与していませんが、これを可能にした特定の物事を効率よく進めるために、時系列上の特定の時点で彼はやって来ました。彼はまた、他の巻において語られた重要な出来事にも深く関わっており、ラドウが秘密の文書を受け取れるように、じきじきに取り計らいました。それは翻訳されてこの本の中に収められています。この本はまた、シエン博士が、秘密の羊皮紙文書の内容を世界に公開すべき時期についても鋭く気を配っていた、という事実も伝えます。彼がそれを時間の指標と見なしていたことは間違いありません。『世界』として知られているタロットカードについて再度考えると、カード自体も非常に重要な時間の指標を表していることが分かります。

魚座の時代の到来とともに、タロットの叡知は、ジプシーによってキリスト教の用語に変換され、4つの不動宮が黙示録の4つの獣に変わりました。これは中世に使われたタロットの一組に見られ、4つの不動宮も4人の伝道者に変換されたのです。彼らは、神の恩寵の究極の表現として中央に座するキリストと共に福音書を著しました。キリスト教徒と東方の三博士のどちらが正しいかということよりもさらに重要なのは、このカードが慈悲のほとばしりを暗示しているという事実です。これは東洋では観音菩薩として認識されています。あなたが読み始めたこの本は、それが象徴する「機動力・推進力としての慈悲」に期待をかけています。

したがってこの本の出版は、無慈悲で略奪的な宇宙から思いやりのある宇宙への変化が起きている「私たちのこの時代」を画するものとなっています。この変化という言葉は、風変わりなものや気の利いたものあるいは平凡なもののことではなく、微量の漏れに比べられた「開栓された消火栓」を指しているのです。

このようにして私は、この類い稀な本を含むトランシルバニア・シリーズ全ての英語版を出版することになりました。このシリーズの他の巻にも心を引きつける情報が満載されていますが、それがこの本の物語とどのように相関しているのか——これは極めて興味深く好奇心をそそる点であり、数多くのさまざまな憶測を呼ぶでしょう。私は今これに興じるつもりはありませんが、タイム・トラベルを研究している科学者デイヴィッド・アンダーソン博士は、私が彼に初めて会ったときから、私をルーマニアに連れて行くことを決めていました。これは間違いのない事実です。彼が私のルーマニア訪問を重要な時間の指標と見なし、私をそこに行かせるために格別に努力したことには疑問の余地がありません。私は過去5年間、毎年夏にルーマニアを訪問しています。そして、その謎めいた美しい国で、少なからぬ友人関係を築いてきました。ルーマニアは古代における東西の交差点であり、未来の政治・経済に関する戦略上の要衝と見なされています。この本を読めば分かりますが、それは私たちの祖先すべてのいにしえの故郷でもあります。それは私たちの皮膚の色には関係ありません。

今お話しする必要があるのはそれだけです。

あなたは今、ラドウ・シナマーの新たな冒険の物語を読もうとしています。これは、彼がエジプト・ギザ平原地下に存在する神秘の部屋への探索の旅から戻った直後に始まりました。この探索調査については『エジプトの謎：第一のトンネル』において詳しく述べられています。彼のこれまでの著作と同様、この本もまた、私たちを全く異なる方向に連れて行ってくれます。これは彼の著作の持つ特徴の一つであり、私としては最も嬉しく楽しい点です。それらは常に予想外の驚きに満ちており、興味をそそる主題にかかわる新たな紆余曲折を明らかにしてくれます。

最後に警告の言葉を一つ加えたいと思います。あなたが古代の写本とそれに付随するラドウの注釈を読むとき、決してそれらを過小評価しないでください。他の文章と同様、紙の上で読んだ言葉を片付けておしまいにするのは極めて簡単ですが、写本に記された理念や行動指針には説得力があるのです。しかし、もしも読者がそれらを吸収・熟考せず実生活に適用しないのであれば、それらはすべて無意味になってしまいますし、良い影響を及ぼすこともありません。全てはあなた次第なのです。あなたという存在を構成する全ての「超弦」が見えるところまで、ご自分を目覚めさせることを、私は切に願っています。

目次

第二章 秘伝の解明と公開に向けた大任を前にゼロ局に襲いかかる障害と妨害の数々！

第三章 羊皮紙に書かれた秘伝‥チベットの5つの霊的進化の手法

第四章 地球外文明のテクノロジーか⁉ リモート・ビューイング探査を阻む南極ホット・スポットでの驚異の発見！

第五章　地質学的に不可能!?　スレアヌ大山塊で発見されたものは、想像を絶する大量の純金の塊だった!?

第六章 純金の壁に描かれた未知の文字原文から読み解く ルーマニア民族・ルーマニア語の起源！

第七章 ルーマニア霊性文明は黄金のエネルギーと共に シュメール文明よりも古くから存在していた！

カバーデザイン　森瑞（4Tune Box）
表紙画像協力　Shutterstock
校正　麦秋アートセンター
本文仮名書体　文麗仮名（キャップス）

第一章

実践的に時空を飛行する能力
リモート・ビューイング——
米国メリーランド基地における
秘密訓練

タイムトラベル体験の衝撃が醒め止まぬ中、ゼロ局の新たな諜報活動に加わる！

「トランシルバニア・シリーズ」の3作目である『エジプトの謎：第一のトンネル』を書き終えた後、かなりの休止期間がありましたが、その後の新たな状況や局面をお伝えするため、私は執筆者として戻ってきました。これらの状況は私の専門的地位の大幅な変更を伴い、さらに、期せずして人類の自覚や生存を特徴づけるものに関わっていました。

一見して2つの異なる物事のように思われますが、それらは両方とも、エジプトへの探索調査から戻った後に生じた出来事の自然な流れに統合されるものなのです。さらに言えば、あのときの経験およびセザールから与えられたかけがえのない知識のおかげで、私の霊性面の進化が促進され、驚くべきことに、それまで比較的なじみのなかった分野に足を踏み出すことになったのです。

執筆者としてはほとんど2年もの間〝黙して語らず〟の状態でした。私自身に関しては、事態が全く異なる方向に展開し、さらに、予期せぬさまざまの要素の介在があったのですが、その進展状況をお伝えすることにより、これまでお待たせしてしまったことに対する埋め合わせができることを願っています。過去2年間に起きた一連の出来事を、私が経験した通りにお話ししたいと思います。

これは比較的簡単ですが、また難しい面もあるのです。「トランシルバニア・シリーズ」の第2弾『トランシルバニアの月の出』において述べたように、私は、青の女神『マチャンディ』から羊皮紙の巻き物を受け取りました。その内容を可能な限り正確に説明すること――これが実際のところ大変な困難を伴う仕事なのです。シエン博士が秘密文書を翻訳し、その神秘的な面の一部を私に示してくれました。私としては、彼から受けた重要な指摘や所見に基づいて、この役割を果たすことになります。それでもやはり〝その翻訳に解説を付けて提示すること〟――この仕事に伴う責任を私が担いますので、それがこの本の最も難解な部分になると思われます。私たちの誰もが持っている理解力・親和力次第ですが、熱心で注意深い読者には、秘密文書が明らかにした概念に基づいて、従来とは全く異なる方法で人生を理解し、その目標を把握することが可能になるのです。

この点に関してセザールが次のように助言してくれました。

「すべてを開示すべきではありませんが、不明瞭のまま残してもいけません。文書の特定の部分を理解するためには、読者は善意を示し、さらに、高慢・尊大でないことを明らかにしなければなりません。あなたは、多くの人々がこのような資質を持っていると思いますか？」

この点について私は次のように答えました。

「若い人たちは特に分かりが早いので、秘密文書の教えに包含された深遠な意味を把握できるものと思います」

セザールが言いました。

「言っておきますが、そのような観点から考えると、大いなる驚きがあなたを待ち構えていることになります。若者の大部分は偏狭で部分的にしか学んでいません。彼らは霊性面の支えを欠く考えだけを見ており、彼らの考える科学的証拠や証明でもって、あらゆる間違いを犯しています」

私は彼に尋ねました。

「どうしてそれが分かるのですか？」

セザールは彼独特のスタイルで微笑みました。

「私たちには、この特定の年齢層からの選別に基づくプログラムがあります。若い人たちの真の能力や潜在的可能性を明らかにする特別のテストがあるのですが、インターネット、とりわけ公開討論会を検索することによっても調べることができます。主眼点を知るにはそれで充分なのです。彼らは各々、他の年齢層の人々よりも洗練されていることを望みますし、彼らの持っている知識でもって他人をびっくり仰天させたがっています。しかしながら、道理や霊性面・神秘的なことになると、彼らの大部分は、無力感や尊大さ・傲慢さを露(あら)わにするのです」

私は彼に言いました。

「少しばかり手厳しすぎませんか？」

「何かほかのことを言ってほしいのですか？　確かに彼らはすべて同じではありません。しかしこの点に関しては統計データがあり、それを無視することはできないのです。現在の社会体制は彼らを困惑させ、まごつかせるだけです。あなたは〝この問題について何をなすべきか〟を私に聞きたいと思っていますね。それに関しては当面議論しないことにしますが、とりあえずは、秘密文書が彼らに影響を及ぼし、ある意味では〝輝くものすべてが金ならず〟を彼らに教えてくれることを期待しましょう」

青の女神『マチャンディ』から受け取った秘密文書が翻訳された後、私はできる限り早くそれを公表したかったのですが、シエン博士によれば、まだその時期ではないので適切な時期が来るまで少しばかり待つ必要がある、ということでした。しかし、思いがけない一連の出来事により、秘密文書を関心のある人々すべてに伝えたい、という衝動が突然湧き上がってきたのです。私の人生における大きな変化がこれに先行して起き、それを促進しました。それによって、私の在り方の方向性そのものも変わってしまったのです。それは大いなる機会の扉を開いてくれましたが、その一方、特別な責任をも伴っていました。それら一連の出来事は、私がエジプト・ギザへの探索調査から戻った数日後に始まりました。まだそのとき私には、超古代の装置の助けを得て経験したタイム・トラベルの衝撃が残っており、依然としてそれからのエネルギー面の影響を感じていました。思いがけないことでしたが、さらに数日間アルファ基地に残り、私に用意された部屋でゆったりと休養することを、セザールが強く求めたのです。私は喜んで彼の求めに応じました。彼の近くでさらに多くの時間を過ごすことができる、というのがその理由です。アルファ基地に戻った後の2日目に、セザールから直接報告を受けるためにオバデラ将軍が基地に到着しました。しかしその後すぐ、それだけが彼の基地来訪の理由ではないことが分かったのです。

次の日はいつも通りでした。セザールとオバデラ将軍は、ほとんどの時間基地内に留まりましたが、私は基地の運動場でくつろぎ、きれいな山の空気を吸いながら、探索調査の際に見たものや感じたことについて思索を巡らしていました。あまりにもそれに没頭していたため時間の感覚を失ってしまい、寒さで手がかじかむまで、周りが暗くなったことに気付きませんでした。私が部屋に戻る準備をしていた時、伝令が私に近づいてくるのが目に入りました。彼は礼儀正しく2メートルほど離れた場所で立ち止まり、私が外交儀礼室に呼ばれていることを知らせてくれました。「セザールからの伝言ですか？」と私が聞くと、彼は「セザール大佐とオバデラ将軍からです」と瞬きもせずに答えました。頷いたものの私は、自分が特別の行動言語規範のある秘密基地にいることを忘れていたのです。私が驚いて「オバデラ将軍？　もしかして私が呼ばれた理由を知っていますか？」と聞くと、「いいえ、全く分かりません」と彼が答えました。

伝令に伴われて、外交儀礼室のある建物に向かいました。その場所に近づくにつれて、説明し難い興奮の気持ちがどんどん湧き上がってくるのが分かりました。あたかも心ここにあらずという感じだったのです。豪華なしつらえの大広間に入ると、セザールが微笑みながら出迎え、体調が良好かどうかを私に聞きました。「とてもいいです」とつぶやくように答えながら、私は部屋の真ん中に置かれたテーブルに向かいました。そこにはすでにオバデラ将軍がいて、ファイルの内容を詳しく検討していたのですが、私はあたかも自分が年長の人々の前に立つ気弱でおどおどした子供であるかのように感じていたのです。私は将軍と握手を交わし、彼の勧めに応じて着席しました。重厚で力強く、思慮深くて素朴な性格のオバデラ将軍は、ルーマニアの人々に大きな影響を与えてきました。もしセザールの同席がなかったならば、きっと私はこの場所から逃げ出していたことでしょう。将軍が正義の人であり、この国のために献身的努力をささげていることは分かっていましたが、それでもやはり私は、彼の前では気後れしてしまうのです。

オバデラ将軍は直接私に話しかけてきました。彼の声は私を驚愕させるほど力強い響きを持っていました。

「ラドウ、探索調査は君にとって役立ったようだね。君は与えられた肉体面・心理面の課題を無事にクリアしたと聞いている。セザールが詳しく報告してくれたが、君がタイム・トラベルの際に見た光景は我々にとっても大変興味深いものであり、重要な情報になる。この点を認識しておいてほしい。目新しい内容ではないにしても、追加情報は常に歓迎される。この件についてはさらに議論することになるだろう」

そう言ってからオバデラ将軍はちょっとの間沈黙し、あたかも適切な言葉を探しているかのように視線を下に向けました。私は敬意を込めて彼のショートカットの白髪や、濃い眉毛、深くしわの寄った顔、輪郭の際立ったあごを見ました。誰もが彼の全存在から、彼の不断の努力および多年にわたって経験してきた戦いや苦難を感じ取ることができるでしょう。その一部については私も聞きおよんでいます。将軍はこれらの試練に打ち勝ち、さらに強くなりました。今や彼の持つ人間関係やさまざまな繋がりは、かつてないほど強力で政治の分野にも直接結びついています。オバデラ将軍が言いました。

「現状において、セザールが一つ提案をしてきた。ざっくばらんに言って私は、控えめながらそれを承認した。ここ数年君が私たちと一緒にいて、本の出版に課された条件を君が尊重してくれたこと、そして、セザールが君に内在するある種の能力に気付いたこと――これらが私を確信に至らせ、セザールの提案に同意させたのだ。いずれにせよ、これは例外的なケースであり、私がそれに対して全面的に責任を持つことになる」

依然として私はそれが一体何なのか分かりませんでしたが、一つの考えが心の中で形になってきました。

「私たちは君にゼロ局の序列に加わることを提案する。もし君が同意すれば、これはたった今から有効になる。例外的に君は、軍人としてではなく民間人としてゼロ局に加わるが、君の地位および立場が何よりも優先される」

私のこれまでの人生は、正しい考えとやり方に基づいていました。私の直感は前々からの言外の望みに裏付けられていましたが、それが実現したのです。すぐには現実と思えなかったほど、私にとって満足できるものでした。それがオバデラ将軍の同席に伴う厳粛な枠組みから抜け出さないように、必死の思いで喜びの気持ちを隠しつつ、私は即刻その提案に同意し、今後の仕事について尋ねました。

セザールがその詳細を少しだけ話してくれました。

「ゼロ局が新たに着手し、将来発展させたいと考えている分野がいくつかあります。そのために米国側との協力関係をうまく利用します。現実と非現実の間の境界線に関わる活動が新たに創設される部門の仕事ですが、あなたの役割はその活動を調整することです。最近私たちは、戦術的かつ管理的な活動に方向を変えました。そのためにこの部門の創設が必要になったのです。例の発見によって、このような再編の速度が速まりました」

　セザールの説明を聞いて、私は突如心配になりました。なぜなら私は、まだそのような活動のための準備ができていないように思われたからです。私の役割の重要さは理解したものの〝新たな部門の活動を調整するのが自分である〟という考え方になじむのは、私にとってより困難なことでした。私の困惑ぶりを見通し、オバデラ将軍が包容力のある声で話してくれました。

「先ほど話したように、最初私はセザールの提案に関し懐疑的だった。しかし、新たな部門の活動を調整する立場には、それに適任であるかどうかにはかかわらず、外部の人間を考慮することができないのだ。現在の状況は細心の注意を要するので、慎重に事を進めねばならない。諜報部の職員から選ぶことも一つの選択肢であるが、〝トワイライト（現実と非現実の間の境界）〟部門の活動の調整は多大の神秘的な物事へのアクセスを伴う。それに、もはやセザールはこの分野の仕事を引き受けることができないのだ」

　そこで将軍は一息つき、好奇心に満ちた顔で私を見ました。

「君はこの領域に関し多くの発見をして、それらに格別の興味を抱いていると聞いている。加えるに、君にはシエン博士および青の女神『マチャンディ』との特別の繋がりがある。私にとってさえもあまりよく分からないやり方で、君は常に我々の方に向かって押され、近づいてきているのだ。それについてはセザールも重要な寄与をしている」

すでにそのとき、私はかなりリラックスした気分になっていて、私の前に開かれつつある未来に自信を持ち始めていました。何だかんだ言っても、結局のところ、何事にも始まりがあるのです。

オバデラ将軍が話を続けました。

「心配はいらない。君は専門課程を履修し、特別のトレーニングを受けることになっている。私はセザールと一緒に状況を分析した。君が果たす任務に関して、彼が君を訓練してくれる。しかし、それでもやはり、君は今後諜報部に特有の義務を負い、ゼロ局に対してはさらに一層の責任を担うことになる。この点を理解することが必要だ。まだ断るための時間が残されているので、よく考えてほしい」

私は提案を受け入れることを決めて頷きました。これまで私は、並外れて重要な多くの物事を見てきましたし、〝そのような活動に特有の規則によって自分の行動が抑制されている〟と感じてきました。しかし、この点はさておき、〝私自身が自分の社会的身分によって縛られない〟という事実が、オバデラ将軍の決定に大きく寄与したようです。これについては後ほどセザールが話してくれました。私は結婚していませんでしたし、家族に関わる義務や責任を負っていませんでしたので、この新たな経歴を、そもそもの最初から大きな強みでもってスタートできたのです。次にいくつかの特定の手続きが必要でした。最高レベルの秘密保持契約に署名し、ゼロ局の人名簿に編入されました。通常、候補者は一連の非常に厳しい身体面と心理面のテストを受けます。そして、選抜された候補者は、3か月にわたる特別の訓練を受けた後、現場で最終的な評価を受けるのです。

リモート・ビューイングに特化したグループでの仕事をたった一人で担当し、米国の集中研修へ出発する！

セザールが次のような打ち明け話をしてくれました。

「すべての評価が済んだとき、どの候補者も適格者として認められなかったときがありました。通例数百人の応募者がありますが、テスト終了後はわずか40人程度しか残らず、さらに最終評価に合格するのはせいぜい2～3人なのです」

技術部門の職員は充分な訓練を受けていなければなりません。ブセギ山脈における発見の後、セザールは採用条件を一段と厳しくしました。必ずしもこれは、訓練のレベルを米国人兵士と同じにするためではありません。彼らはここでは特殊部隊から分離されていま す。それよりもむしろ、3つのトンネルの探索調査の際に起こり得る問題や、予測できない事態に対処するためなのです。専門職のためのこの厳しい訓練は、ルーマニア国土で展開される他の種類の作戦行動のためにも実施されます。諜報部の職員として最終的に採用された人間は、編入後にゼロ局の一員になることを知らされ、その後、別の手続きをすることになります。

数週間の間に基地での生活のリズムに慣れたものの、それはかなり集中的なスケジュールに基づいていました。言うまでもなく、そこで実施される主たる活動や基地内部の構造について書くことは許されていません。私が特別のグループを新たに編成することになる場所は〝自習室〟と呼ばれています。このような部屋は二つあり、その一つは区画の分け方が異なっています。それが一体何なのか、最初私には分からなかったのですが、セザールが手短に説明してくれました。

「オバデラ将軍と私は、リモート・ビューイングに特化したグループを設けることで合意しました。これは遠方の物事や出来事を見通す能力のことです。私たちはこの分野の熟達者のチームを編成しなければなりません。あなたがそれに着手し先導するのです。この目的の達成は極めて重要です」

どうやら、私がゼロ局に雇用されたことが形を取り始めたようです。リモート・ビューイングについてはこれまでにいくつかの文献を読んだだけであり、詳しく調べたことはありませんでした。

私はセザールに言いました。

「リモート・ビューイングのことは分かりません。新たな知識を必要としますので、そのための時間が要ります。私が知るところでは、新たな部門でこの仕事を担当するのは私だけのようです」

セザールが決然として答えました。

「その通り。しかしあなたは米国で行われる集中研修に参加することになっています。ルーマニアを含む特定の国の諜報部局に、米国から提案書が送られました。それは、リモート・ビューイングの分野で入念に企画された研修への参加を奨励しています。彼らの親切さの裏に何が隠されているのかあまりよく分かりません。しかし、私たちはこの機会を利用することができます。もしあの投影室が発見されていなかったとしたら、彼らが私たちに声をかけてくることはなかったでしょう」

事態は急速に進みました。契約に署名してからほぼ1か月半後、リモート・ビューイングの集中研修のために数日中に米国に出発する手はずであることを、セザールが私に告げました。その間にも私は、手元にあるリモート・ビューイングに関する資料を真剣に探しました。残念なことに、インターネットの検索で見つかったものは、この分野のうわべをなでているだけでした。ほどなくして気付いたのですが、この超感覚にまつわる不思議さをさらに深く掘り下げるためには、専門分野の論文や文献だけでは充分でなく、非常に有能で力量のある実際的な指導者が必要なのです。多分それが、米国提案の集中研修の目的なのでしょう。単純に考えて、もしもこの構想が8か国の諜報部局や安全保障部局の参加を伴うのであれば、この研修は〝リモート・ビューイングは誰でも獲得できる能力である〟という一般に伝えられている概念をはるかに超えるものになりそうです。

さらにこの研修は、私が所属する特別の部局における私の知識や人脈を充実させてくれるでしょう。私はこの世界ではまだまだ多くの空白部を抱えており、できるだけ早期にそのようなギャップを埋めねばなりません。この分野では自分が全くまれな事例であることが分かりました。なぜならセザールがおかしそうに、次のような説明をしてくれたからです。

「ほとんど無経験にもかかわらずこの研修に参加できる諜報部員は、あなたを除いてほかにはいないと思います。研修の際、数人の高名な軍関係者に会い、十中八九彼らと議論することになるでしょう。しかし、ブセギ山脈での発見に関連した話は禁じられているので、その旨承知しておいてください」

当初、ゼロ局はニコアラ大尉を派遣したかったのですが、彼はルーマニアの領土に関わる戦術作戦行動を担当しており、この見地から考えて、彼がアルファ基地に留まることが絶対的に必要だったのです。私はやや神経が高ぶっていて、ある意味では、自分がライオンの巣（危ない場所）に入るようなものだ、と考えたのですが、それでもやはり〝予期される圧力に耐えるのに充分な自信と克己心が自分にはある〟と感じていました。米国側によって与えられた機会の有利な点は、どの国の諜報部も自らが希望する諜報員を派遣することができることです。しかし、セザールによると、それにもかかわらず、私が派遣されることについて米国側が眉を上げ、疑念と驚きの表情を顔に出したそうです。彼らにはルーマニア側の選択が理解できず、異なるタイプの潜入行動ではないかと疑ったのです。

そのときオバデラ将軍が介入しました。なぜなら彼は、米国側のプロジェクト総括責任者であるロディ大将の親友だからです。2004年、ブセギ山脈における発見の数か月後、ロディ大将はルーマニアとの協力活動に関する米国側の責任者の一人であり、公正で道理をわきまえた人であることが分かっていました。あの時期両国は狼狽（ろうばい）した状態にあり、性急な決定は、たとえそれがどんなものであれ、元に戻せない結果を伴う行動を招き、両国を混乱状態に陥らせる可能性があったのです。私自身に関する疑問が出た後、オバデラ将軍はロディ大将と電話で手短に話しました。そしてその結果、私がこの特別研修に参加する許可が得られたのです。

米国へ出発する前に、ゼロ局での仕事に関わる訓練と並行して、私は特別の訓練をセザールとオバデラ将軍から受けました。それは、国家機密、防諜機関（ぼうちょうきかん）との相互的な関わり合い、コミュニケーションに関する指示・命令に関わるものでした。その内容をここで明かすことはできません。理由は極めて明白です。このせいで、読者の皆さんがもどかしさを覚える必要はありません。すでに何度も述べたように、ブセギ山脈においてあの驚くべき発見が為されたのですが、時間が経つにつれて私は、その正確な場所を明示できないという事実に関し、私に対して非難が浴びせられていることを知りました。公表可能な情報はこのシリーズの1冊目にすべて含まれていますので、そのような非難は子供じみているように思われます。しかし、ひょっとしたらこのような場合、読者は次のように考えるかもしれないのです。

●私たちの社会はもはや諜報機関を必要としない
●強国・大国との協力関係に障壁を設ける必要はない
●私たち人類は、地球外文明からの来訪者を心から喜んで歓迎することができる
●ブセギ山脈における発見を含め、そのような発見物は、誰もがいつでも入場できる博

物館のように扱われるべきである

人類の爆発的発展のために残されたもの――ホログラフィー投影室だけでなくそこから伸びている3つの地下トンネル――に対して示された妨害のほかに、その逆流となる強い勢力が存在します。それは善に基づいていて人々に情報を提供するものですが、その情報はそのときの状況に合わせて注意深く開示されねばなりません。実のところ、このような複雑な状況下で単純で軽率な判断を下しても、諜報活動に益することはありません。それどころか、短気で我慢が足りない人々や傲慢（ごうまん）で尊大な人々は、そうすることにより、奥深い知識を得る機会を失うことになるのです。しかし、賢明な読者は、超極秘情報や特別に重要な情報の開示が許可されない理由を正しく理解してくれることでしょう。また、生半可な観察をしたり突飛な結論に飛びつくことは、自ら落とし穴にかかるようなものなのですが、賢明な読者は、そのような愚行を避けてくれるものと確信しています。物事には言っていいことと、少なくとも現時点では言ってはならないことがあるのです。しかし、たとえ明らかにできることであっても、それが政府の利益を害したり社会に不測の影響を及ぼさないように、部分的にしか開示されないのです。意思決定の枠組みに鑑みて、これらの点については決して軽々しく取り扱ったり論じたりしてはならない、と私は考えています。

私は極めて速やかに諜報部での仕事や活動になじんでいきました。なぜなら、セザールが話してくれたことおよび私が参加したエジプトへの探索調査から、すでに私は上述の問題に精通していたからです。比較的小さな秘密活動の枠組みの中での〝引き継ぎ〟は、何の問題もなく行われましたので、しばらく経ってからは、ゼロ局の組織表に完全に組み込まれているように感じていたのです。このようにして、私に与えられた役割の重要性や新規性を考慮して、私はすっかりこの仕事に乗り気になりました。そして、早急かつ集中的に、超感覚的能力であるリモート・ビューイングに関する資料の作成に取り組んだのです。米国で実施される研修のためにでき得る限りの準備をすること——これがその目的でした。

ロシアの超常的な手法に基づくスパイ活動——これは空間のみならず時間をも透視する能力である！

ゼロ局の組織に組み込まれるまで、私はただ大まかに〝リモート・ビューイングは、私たちの通常の感覚では把握できない遠く離れた場所を見る手法である〟と考えていました。しかし、研究を始めると、これは空間のみならず時間をも透視する能力であることが分かりました。数多くの深遠で秘伝的な概念について手ほどきを受け、それに慣れ親しんでいた私にとって、この現象が一体何に立脚しているのか、また、どのようにすれば私たちの通常の感覚器官の制約を超えることができるのか、を理解するのは、比較的簡単でした。それに加えて、この分野が軍事作戦行動や諜報活動においても極めて重要であることが分かりました。極秘とされている敵の基地の場所に関する情報は極めて有用であり、敵の秘密兵器を事前に察知できれば非常に役立ちます。またこれは、機密のプランを所持している敵方の人間を捜し出すのにも必要な手法です。当然のことながら、これによって作戦行動の範囲が格段に広がりました。

セザールが次のように説明してくれました。

「米国はこの分野の技術を集中的に開発し、オバデラ将軍によれば、彼らは桁外れの驚くべき成果を上げました。当初、1970年代に、ロシアがこの研究において高度の技量を獲得しました。米国が完全に不意を突かれたのはその時期でした。米国側は、ロシアのスパイ活動によって彼らの防衛網が破られたと考えたのですが、実際は全く違っていたのです。防諜活動によって裏付けが為されたのですが、ロシア側は米国の安全保障に関する情報をスパイ行為によって直接的に得たのではなく、超常的な手法に基づいて獲得したのです。これにより米国は、ロシアによるこの分野の研究が非常に進んでいることに気付き、非常におびえました。なぜなら、ロシア側が米国側の極秘情報を入手するプロセスを自分たちが制御できないのみならず、どこからどうやって反撃すればよいのかが全く分からなかったからです」

それでもなお、米国側は早急に人的・物的資源を結集しました。セザールによれば、訓練施設が設けられ、リモート・ビューイングとして言及されるものに関連する最初のプロトコール（手順）の着想が為されました。研究を始めたチームの人々は、被験者を用いて数百あるいは数千回の実験を行ったそうです。それによって彼らは、リモート・ビューイングにおける知覚の原理や過程を少しずつ理解し始めました。変性意識状態に入り、空間的かつ時間的な隔たりを超えて対象となる人や物に関する機密情報を得るのですが、それを達成するためには厳しい訓練が必要であることが分かったのです。この認識は、ある種のエネルギー情報の正確な解釈に基づいています。私たちの住んでいる三次元空間とは繋がりを持たず、私たちが生きている物質世界よりも上位のレベルに存在する一種のエネルギー情報の〝波〟——そのように判定されるものが在るのですが、このエネルギー情報はその波から発信されます。これは私たちがなじんでいる三次元よりも高次元のレベルです。米国の研究者たちがこの結論に達したとき、彼らは、このような方法で収集される情報を用いるための手順を比較的簡単に理解できるようになりました。唯一の難しい点は、物質世界よりも上位のレベルからやってくる情報の形態を正確に解読することでした。しかし、そうはいうものの、私たちは、気付く・気付かないにかかわらず、常にそのような高次元の世界に繋がっているのです。いかにしてこれが可能になるのかを充分に理解できなかったことを、私は認めねばなりません。セザールがこの点を明確にしてくれることを願ったのですが、すぐにそのような機会を得ることができました。なぜなら、その時期、私たちは基地内で毎日のように会っていたからです。

セザールが次のように話してくれました。

「私たち人間が物質を超えた存在であることはあなたもすでに知っていますが、普通の人にそれについてさらに説明するのは結構難しいのです。もしも私たちが肉体だけの存在であれば、人生に大きな期待を抱くことや明確な目標を設定することはできないでしょう。しかし、私たち人間はもっとずっと複雑な存在であり、宇宙あるいは〝神による創造〟のいくつものレベルに同時に存在できるのです」

私は言いました。

「その点については私も研究しました。そして、3つの主たる存在のレベルについて学びました。それらを振動周波数の低い順に並べると、物質のレベル、アストラルレベル、コーザル（因果）レベルになります。あなたは前にもこれについて話してくれましたね」

セザールは頷きました。そして説明を続けました。

「その通り。創造の３つの基本次元には、概括的でそれらに典型的な振動周波数がありま す。ラジオ周波数の目盛りのようにずらりと並んだ数々の振動周波数です。物質次元、アストラル次元、コーザル（因果）次元は、一緒になっていわゆるマクロコスム（大宇宙）を形成します。これは創造それ自身を意味します」

「ラジオ周波数との比較は面白いですね。それは大宇宙の構造についてより明確なイメージを与えてくれます」

「もしも神が各々の周波数をご自分の内に生み出したとすれば、誰もがその振動周波数と繋がることができます。それは、自分のラジオの周波数帯に含まれているたくさんのラジオ局から自由に選んでその放送を聴こうとするようなものです。つまり、人間の内にあるものと外にあるものの間には明確な対応があるのです」

物質界、アストラル界、コーザル界
この３つの次元世界の境界を自由に行き来できる霊的能力が存在する⁉

エリノアの図書室にあった本のおかげで私にはこの分野の知識があり、この主題にはかなり精通していました。そこで私はセザールに言いました。

「知っていますよ。その対応は、ヘルメス・トリスメギストスに譲渡された有名なエメラルド・タブレットにおいて総合的に扱われています。上すなわち大宇宙のレベルにあるものは、下すなわち小宇宙のレベル（人間のレベル）にも見いだされる、というものです」

「私が小宇宙と言うとき、それは人間の肉体だけでなくそれと同時に存在する他の精妙な構造にも言及しています。つまり私は、人間のアストラル体およびコーザル体も考慮に入れているのです。これに関してはあなたもよく理解していると思います」

私は頷いて同意しました。

「とにかく、私が大宇宙と言うときは、科学者の定義に基づく物質的な宇宙のみならず、アストラル界の宇宙・コーザル界の宇宙にも言及しているのです。あなたは、大宇宙と小宇宙の間の関係についてはよく分かっているようです。それは大変結構。〃創造のすべてが小宇宙である人間の内にも見いだされる〃というのは隠喩であると考えている人々がいます。しかし、この隠喩は大いなる真実を言い表しているのです。なぜかと言えば、3つの体、すなわち肉体・アストラル体・コーザル体を含む人間の内なる小宇宙は、大宇宙のミニチュア版だからです。これは〃大宇宙にあるすべてが人間の内なる小宇宙にもある〃という意味で、非常に正確な対応になっているのです」

「分かりました。しかしこの対応は、あなたが以前話してくれた人間の霊性面の本質についても妥当であり確かなのでしょうか？　もしも人間が自我を持っていて、さらにこのような対応があるのなら、人間には2種類の自我、すなわち小さな自我と大宇宙のための大きな自我、があることになりますか？」

するとセザールは笑いながら言いました。

「いや、違います。しかし、大宇宙の本質が神そのものである、ということは知っておかねばなりません。神秘主義者はそれを全能者、全知全能の神、あるいは永遠なるものと呼んでいます。この本質は〝聖なるスパーク〟のようにあらゆる人間の内に存在しています。たとえそれが可能であることを信じられなくても、その人間には永遠なる神性が宿っているのです」

セザールの説明のおかげで、どうやらこの問題は解決に至ったようですが、まだ明確になっていない他の問題が残っていました。私は少しだけそれらについて考えてから彼に尋ねました。

「3つの次元世界、すなわち物質界・アストラル界・コーザル界が、大宇宙の中でどのように区別されるのか私には分かりません。それらの間には境界があるのですか？　異なる厚みを持った層が重なり合っている、つまり、物質界が底部にあり次にアストラル界、さらに最も精妙なコーザル界がある、というのが私の考えです。しかし、自信を持って言えるのですが、これは単に私の考えにとどまらないと思います。本当のところはどうなのですか？」

「まず初めに、一緒になって大宇宙を形成している3つの宇宙（物質界・アストラル界・コーザル界）が同時に存在し〝小宇宙である人間において各々対応するもの〟と深く関連している、という事実を受け入れねばなりません。大宇宙の特定のレベルに対応しない人間のレベルについては話せません。たとえば、感情は人間をアストラル宇宙に結び付けます。これはその人が知っていても知らなくてもそうなのです。また人間の身体面は、自分の周りの世界として気付いたり、あるいは望遠鏡を通して見ることによって、その人を物質宇宙に結びつけます。同様に、コーザル宇宙は観念の世界と密接な関係を持っています。コーザル宇宙は非常に精妙なので、それを理解し私たちの周りでそれを知覚することがさらに難しく思われるかもしれません。しかし、たとえそうだとしても、それは〝コーザル体〟を通して私たちすべての人間の内に存在しているのです」

　私は言いました。

「しかし、ほとんどの人々はアストラル体やコーザル体などについては全然分かっていません。私たちのほとんどすべては、見て触れることのできる肉体だけに意識を集中しています」

「それは本当です。なぜなら他の二つの不可視体（アストラル体とコーザル体）を伴う行動は、これらの根源的な世界でその人の意識がどの程度目覚めているかに密接に関係しているからです。通常人間は、ほとんど本能のままに、肉体のレベルだけで生きることに満足しています。しかし、もしも人間が充分アストラル界に目覚めれば、ちょうど物質世界でしているのと同じように、アストラル界でも自分自身を表現し、全面的にそれを意識して行動することができるのです」

創造のすべては自身の内側にあり、
その休眠状態にある基本的要素＝大宇宙を目覚めさせることが可能である！

それでもなお私は少しばかり戸惑っていました。そこで、セザールに次のような質問をしました。

「もしも私たちの内にすべてが在り、これらのエネルギー構造あるいは根源的な体が存在するとしたら、なぜ私たちは、肉体を認識するのと同じようにそれらを認識しないのでしょうか？」

「あなたの意識がこれらの精妙な体、すなわちアストラル体あるいはコーザル体のどちらか一つに存するとき、あなたはその体の存在を完全に認識しています。これを確信してください」

そう言ってセザールは一息つき、私をじっと見つめました。

「あなたが眠っているとき、あるいは夢を見ているとき、あなたは自分に肉体があることを意識していますか？」

次にセザールがどんな話をするのかを推測しつつ、私は「いいえ」と答えました。するとすぐさま彼の説明が始まりました。

「あなたが眠っているとき、あなたの肉体はベッドで休んでいますが、あなたはアストラル体と一緒に活動しているのです。そのときあなたの肉体が存在していることは明白ですが、あなたはそれに気付いていません。あなたが目覚めるときも同じです。あなたは自分の肉体を認識しますが、もはやアストラル体は意識していません。これは〝より広い分野の知識を取り込むためには（ある意味でそれは意識の拡大に似ていますが）適切な意識浄化の訓練が必要である〟ということを示しています。たとえあなたが物質世界で何の困難もなく自分の身体を認識して活動できるとしても、アストラル界およびコーザル界では状況が異なります。何とかしてそれらの世界を知覚し理解するためには、それらを完全に意識して活動できるように努力しなければなりません。通常の感覚器官では見ることができないそれらの媒体を、可能な限り浄化して高められた状態にしなければならないのです」

私は困惑して尋ねました。

「あなたが話しているのは一体どのような媒体なのですか？」

「〝媒体〟は深遠で霊性に基づく文献において使われる特別の術語です。あなたの肉体はあなたの意識が物質世界で活動するために自由に使える媒体です。同様に、あなたのアストラル体は、あなたのアストラル界での活動を助けるための媒体です。当然のことながら、コーザル体はあなたがコーザル界を知り、そこでの活動を助ける極めて特別の媒体なのです。これについてはすでに話しましたね」

私は少しの時間思案しました。かなり明確になったものの、依然として私は、上述の3つの体を持って生まれた人間がどこでどのように進化してきたのだろうか、と考えていたのです。この点をセザールに聞いたところ、彼はこの議論がどこに向かっているのかを理解し、それがうれしかったために、微笑みながら答えました。

「構造の面から話すと、肉体は一つの人生から次の人生に変わっても同じ特徴が維持されます。つまり根本的な変更はできません。というのは、もしもあなたが人間として周知の体形や容貌を持っているのであれば、次の人生で全く異なる体形・容貌で生まれてくることはないのです。言い換えれば、あなたは人間の形態として奇異にはならない、ということなのです。個人的なカルマと遺伝情報は、肉体のレベルではあなたを形態的に同じ構造に導きます。修正されるのはその人の精妙な構造、すなわちアストラル体とコーザル体です。実際のところ、それらは一つの人生から他の人生に移行する時、多かれ少なかれ進化します。そして、次の人生を特徴づける主要なベクトル（人生の軌道）が暗号化されるのです。もちろんあなたも知っての通り、これらのベクトルは、あなたが過去の人生をどのように生きたのか、それに依存しています」

私たちの議論によって基本となる要素が明確化されました。私たちを取り囲んでいる大宇宙には見えるものもあれば見えないものもありますが、その中に在るものはすべて、私たちそのものである小宇宙にも存在しています。大宇宙は常に活動しているものの、小宇宙である私たちは〝基本的要素が休眠状態にある〟という問題に直面しています。だからこそ、私たちの内で休眠しているものを目覚めさせることが極めて重要なのです。というのは、そうすることによって初めて私たちは大宇宙を完全に理解することができるからです。大宇宙および神の内に存在するものの一部が私たちすべてに包含されていますので、神が創造において成し遂げられたことを、私たちもある程度まで実現することができるのです。セザールはこの点を見事なやり方で明らかにしてくれました。

「神が創造において達成されたこと（すなわち大宇宙の創造）を人間が部分的に実現できるという事実は、聖書に書かれていること――人間は神ご自身の似姿になぞらえて造られた――に関連しています。この深い意味は〝大宇宙に存在するすべてが小宇宙である人間にも在る〟という事実に関係しているのです。私はこれをすべてあなたに話します。なぜならあなたは〝自分の内にすべてが在る〟ということに気付かねばならないからです。この〝すべて〟はまだ目覚めていませんが、不断の努力によって、あなたの内に眠っているものを徐々に覚醒させることが可能なのです。それによってあなたは〝人々の間に存在する差異というものは、実のところ各々の人間の小宇宙に在るものをどの程度目覚めさせたかによって決まる〟ということを理解するでしょう」

私はセザールの言ったことに注意深く耳を傾けました。そして最後に主眼点をいくつかまとめました。まず初めに私たちは、宇宙の真のミニチュア版である複合的全体です。これが〝小宇宙〟という言葉の意味に他なりません。また、私たち小宇宙は、〝大いなるすべて〟である大宇宙のミニチュア版レプリカ（小型模型）であり、同時に、その融合された一部なのです。この全体の外に在るということは大宇宙から分離することであり、全くの論外です。私たちが全体の中の部分として大宇宙に包含されているということ、そして同時にそれが、創造における物質レベルあるいは他の精妙なレベルに存在するすべての人間に反映されているということは、理解しがたい神秘なのです。たとえば、天使や他の神々たちの場合、彼らの内にすべてが在るわけではありません。セザールが明確に述べたように、一人を他の人々から引き離すのは一つあるいは別の種類のエネルギーであり、それが創造における何かとの親和性をその人に与えます。それは特別にその人のためのものなのです。

大宇宙にあるフォースの源を目覚めさせたら神となれるのか⁉ それは部分的似かよりにすぎないのです!

セザールが明らかにしてくれたことについて黙想することにより、私は〝大宇宙が小宇宙である私たちの内に部分的に反映されている〟という事実をさらに一層深く理解することができました。奥義や秘伝に関する文献のほとんど全部には、この点を理解すべきであると書かれているものの、はっきりとは述べられていません。霊性面の進化に基づき、ある種のイニシエーションの手法を使うことによって、人間は小宇宙である自分の内に潜在しているエネルギー源にアクセスすることができる——これが主眼点です。小宇宙である私たちの内で対応するフォース(力)とエネルギー源を目覚めさせることにより、大いなる大宇宙のエネルギーとの親和性に基づいて巨大なパワーを獲得することが可能になります。もしそれでもまだこのプロセスが完全に理解できないのであれば、全く間違った考えに繋がってしまう可能性があります。セザールは、彼が持つ臨機応変の才に基づいてこの点を明らかにしました。それは私たちにとって戒めとなるように意図されたものです。

「ある人々は〝大宇宙におけるフォースの源を覚醒させてそれを進化させることにより、その支配者である神になることができる〟と思うかもしれません。しかし、たとえ私たちがそのエネルギーを最大限進化させ増大させたとしても、決して神と同等にはなれません。これはルシファーだけが愚かさの果てに考え付いた誤謬なのです。それゆえ、小宇宙である人間と大宇宙の間の類似が示すものは同等性ではなく部分的似かよりにすぎない――この点を肝に銘じておくことが極めて重要です。霊性に関する文献には〝一滴の水は大海に通ず〟という隠喩が引用されています。しかし、その一滴の水が〝自分は大海であり自分が望むことは何でもできる〟と考えるのは馬鹿げたことです。実際のところ、水を大海たらしめるフォース（力）が存在するのですが、一滴の水ではそのフォースを制御できません。なぜなら、一滴の水はあくまでも一滴であり、大海ではないからです。あなたがこの類推を理解できることを望みます。小宇宙である人間のどの部分も巨大な有機体の細胞のようなものであり、その活動を通じ、その独自性に基づいて、創造に関わる神の計画の実現に寄与することができるのです」

セザールの説明に魅了された私は彼に言いました。

「つまり、それによって、聖人や偉大な霊性面の導師の働きを説明することができるわけですね」

「その通り。神の顕現を熱望する人は神の実在世界と調和していて、その統一体の一部になっています。その実在世界の全体はそれに反映され、それはまた実在世界全体と一致しているのです。このようにして、あなたは奇跡がどのようにして起きるのかを理解することができますし、並外れた人々が示す神聖さや清らかさ、神秘的な恍惚状態や超常的パワーがどのようにして現れるのかを理解することができるのです。悪はこのような人々には決して現れません。いつぞやあなたに〝悪の不在は善を意味する〟と話しましたが、まさにこれがその理由です。同じことが悪をもたらす人にもいえるのです。その人間は悪を代表し、自分の周りの世界で悪を実践します。個人的選択に基づき、すべての人は善あるいは悪の形成・構築に寄与することができるのです。もちろん、善であるか悪であるかによって、それらの行為は根本的に異なる結果をもたらします」

「そうです。それはきわめて明白です。しかし、それでもなお、大宇宙のように実質的に無限であるものが、どのようにして小宇宙のように有限なものに収まり得るのか――この点を理解するのはかなり難しいと思います」

セザールは、これが私の考え違いであることを、次のように根気よく説明してくれました。

「あなたは今〝大宇宙をひな型とし、それになぞらえて創られた小宇宙が人間である〟と言われる理由をよりよく理解できるものと思います。しかしそれは隠喩的な手法なのです。これが鍵であり、この点を深く理解しない限り、〝いかにして自分の内に神および神の創造を見いだすことができるのか〟、これを知ることは事実上不可能ですし、〝なぜ天国のみならず地獄や悪魔も人間の内に存在するのか〟、その理由を知ることもできません。もしもあなたが、この根本的な真理、すなわち〝神の創造したすべてが部分的かつ同じようにあなたの内に存在する〟ということを完全に理解できないのであれば、いくつかの矛盾に対する答えを得ることはできません。

例を挙げましょう。神が存在しないと言う人々がいます。しかしその一方、神は存在すると言う人々もいます。なぜこのようなことが可能なのでしょうか？　また、〝愛などというものはない〟と主張する人々がいる一方、〝愛は永遠である〟と言う人々もいるのです。なぜでしょうか？　神が大宇宙を創造したように、人間は、小宇宙すなわち大宇宙のミニチュア版として創造されました。神は同時に至る所におわすので、人間の内にもおられるのです。この神の臨在は聖なるスパークであり、永遠かつ不滅です。過去の聖人や悟りを開いた人々は、この点を強く言っています。なぜなら、彼ら自身が内なる神の臨在を深いレベルで体験しているからです」

このようにセザールが明確化してくれたことが黙示となり、私の理解がさらに深まりました。なぜかといえば、それには特別な意味合いが含まれていたからです。私は大宇宙が隠喩的に表現された小宇宙であり、潜在的かつ部分的に類似した形で、あらゆるものが私の内に存在しています。潜在しているこれらの特性を顕在化しさえすれば、私が望むすべてを得ることができるのです。

集合的意識の海に飛び込む⁉
リモート・ビューイング能力の開発に必要な秘伝的な知識とは⁉

リモート・ビューイングを伴うプロセスは、私の内に潜在している能力であり、呼び起こされるのをひたすら待っています。リモート・ビューイングによって得られる情報は、三次元物質世界よりも高いレベルからエネルギー波を用いてやってくるのですが、その解読が難しい理由が今分かりました。たとえ私の内なる小宇宙における創造のすべての次元がそこに在るとしても、私はまだその多くを認識していません。

これはまた、ほとんどの人々についてもいえることですが、まさしくこの点が、私たちの文明が無知であるそもそもの理由なのです。リモート・ビューイングにおいては、小宇宙である私や他の人間の内にすでに存在している情報が、最新化してもらえるのを待っているのです。たとえ私の探索調査の対象がすでにこの手順を終えていたとしても、私の内にはすでに正しい答えがあります。その特定の情報は、三次元物質世界よりもより複雑で精妙なレベルの世界に見いだされるのですが、最終的には、それを取り出すための経路に充分な刺激を与えさえすればよいのです。実のところ、リモート・ビューイングの対象となる情報の領域は集合潜在意識なのです。

これは他のどんな分野にもいえることですが、誰もがリモート・ビューイングを上首尾に実施する方法を学ぶことができます。どれだけ努力することができるか、また、どれだけ経験を積むことができるかによりますが、誰でもそれを達成することができるのです。たとえ人々が〝リモート・ビューイングは特定の生得の能力を必要とするので、それなしではリモート・ビューイングは不可能である〟と言っても、それを真に受ける必要はありません。

幸運にも私は、自分のリモート・ビューイング能力を開発するように勧められただけでなく、そのための貴重で秘伝的な知識をセザールから与えられました。それによってリモート・ビューイングという現象をより深く理解することができたのです。この情報が読者の人生観・世界観の転換点となることを願い、私はそれをそのままご提供します。

リモート・ビューイングは、ありふれた日常的なものを超えてその一歩先へ進むことを意味します。より適切に言えば、それは集合的知識の海に飛び込むようなものであり、

〝三次元宇宙の彼方(かなた)には別の何かが存在する〟と確信できるだけの信念・意志・内なる衝動を持っている人々には、リモート・ビューイングを行うために必要なすべてが備わっているのです。しかし〝それを達成するためのプロトコル（手順）の最終段階は軍や諜報(ちょうほう)部(ぶ)の支配下にある〟という事実をここで述べておく必要があります。ただし、たとえこれらの上級段階の承認が得られなくても、人間に特有の制約条件や知覚面の制限を上首尾に回避する方法・手段があるのです。

再度言っておきますが、身体面・霊性面・精神面の健康状態が正常であれば、誰もがリモート・ビューイングの能力を獲得することができます。そのような知覚を介して私たちは、実践的に時空を旅する能力を開発します。それは、さまざまの人々や場所・状況を見て、それらに関する情報を収集するためです。それはテレビや映画館で映画を見るのに似ている、と読者の多くは思うかもしれません。しかしそれは大きな間違いです。すでに述べた上位の機密の局面を除いて、リモート・ビューイングは、誰もがほとんど四六時中している二つの行為、すなわち感知と解読だけに厳密に関連しています。

私たちはこのようにして、物質のレベルよりも高い振動数のレベルからやってくる情報やデータを感知し、首尾一貫した三次元の思考形態に変換して解読します。そして最後にこの三次元の思考を双方向性の情報に変換して具象化します。この双方向性の情報はスケッチを意味する〝次元の輪郭線〟を用いて記録されます。色・質感・温度・味・匂い・音等を表現する言葉を書くことも可能です。要するに、リモート・ビューイングは、人類の集合潜在意識が統合されている別の次元からやってくる情報・データを感知することなのです。その後、そのデータは論理一貫した三次元の思考形態に変換されて解読されます。そして最後に、それを具体化し、スケッチや知覚された言語情報の形態で、双方向性の情報として捕捉するのです。

さらに少しだけ深く考えるならば、それは、私たちの人生において毎日繰り返されているプロセスであることが分かります。たとえば、ヘッドフォンで何かを聴いているとします。実際のところ、私たちが聴いているといっているものは、私たちに向かって動いてきているエネルギー情報なのです。私たちの耳はそれを聴き、波の形をしたデータを脳が電気化学的に変換して解読します。このようにして、私たちは意味・意義のある首尾一貫した三次元の思考形態を獲得するのです。これらの新たな思考形態は音と呼ばれています。その後私たちは、音によって引き起こされた印象を、言葉あるいは映像・画像としてさえも再現できるのです。

これは、私たちが理解できない言語で誰かが話しかけてきたのと同じです。その情報を解読することはできませんので、何を言っているのかを理解するために、何か他の手段に頼らねばなりません。そこで私たちの各々が持っている別の能力、たとえば暗示的なジェスチャーを使うことになります。私は最初、リモート・ビューイングによって受け取られた影像は、ちょうど私たちが絵画や映写スクリーンを見るときと同じような直接的機能である視覚に基づく、と考えました。しかし、人が遠い場所に関する情報を得るため正確にリモート・ビューイングの手順を踏むとき、視覚によって得られた影像は、実のところ、知覚された影像なのです。それはその人が夢を見ているようなものです。夢の中の視覚影像は、夢を見ている人にとっては個々の瞬間が全く現実のように思われますが、それは目の内部の視覚作用を伴ってはいません。目によってつくられるものが心の内に在る〝目〟の普遍的な特性に繋がる――これがそのときに起きていることなのです。誰もが想像力を持っています。事実、私たちが夢を見るときは、私たち自身の想像力を使って視覚化を行っているのです。ある意味では、私たちが本を読むときあるいは風景を心に描くときにも同じことが起きている、ということができます。

ここで再度述べておきたいと思います。私が言及している視覚化は思考に固有の本質であり、目のレベルの視覚を暗示する生体内作用ではありません。誰もが日中これを絶え間なくしています。その具体的な例は、車の中で白日夢を見る、あるいは、何かを想像しているときです。リモート・ビューイングに求められることは視覚化の質の変更だけです。

これは知覚・認知の修正を伴います。私たちの思考過程には常に内なる精神面の刺激が与えられています。しかしそれに対して私たちは、常日頃から意識的に注意を払っていません。それに集中することにより、脳によって解読された外部刺激を三次元の思考形態に修正するのですが、それは〝私たちの外側の現実世界〟として解釈されます。通常私たちの主たる注意力は、いわゆる外部世界に向けられています。しかし、リモート・ビューイングの根底にある知覚は、深いレベルの私たちの心、とりわけ潜在意識に直結しているのです。

私たちがリモート・ビューイングに関して経験を積めば積むほど、私たちの注意力の焦点が外部世界で行っている仕事や活動から潜在意識を通して受け取るメッセージへと変化する、という傾向が出てきます。この起源は、時空の制約を受けることなく働く宇宙意識にあります。秘伝や奥義に立脚する社会では、意識や活動の焦点を単一方向的に潜在意識の最も深いレベルに向けることが目的となっており、この潜在意識は、宇宙意識に存する無限の知識に即刻かつ直接アクセスできるのです。

これは難しそうに思われますが、実際は難しくありません。私たちには、文化や宗教にかかわる思考・行動をあらかじめ決めておくという傾向があります。私たちがリモート・ビューイングを行うとき、正確に質問すること、および、この傾向に適合する形で現れる答えを観察することが、私たちに求められるすべてのことなのです。人生における無限の繋がりの網においては知識が解決の鍵であり、それは、心の深いレベルに焦点を向ける能力が増幅されるにつれて、さらに一層正確な形で出てきます。それはすべて心の深いところにあるのです。

シータ波こそが理想的な状態！
アメリカの基地における集中研修で14人中5人だけが残った！

アメリカのメリーランド基地で私たちを訓練した将校の一人は「人生は心による探検旅行のようなものだ。君たちは危険にさらされるけれども、その原因を深く究明すれば効率的にそれから身を護(まも)ることができる」と常々言っていました。リモート・ビューイングの手法を極めれば極めるほど、あなたはいかに心が複雑で広大であるかを実感するようになります。ところで、このジャングルの危険さは、それを感知したいと望めば望むほど現実のものになるのです。私たちには二つの選択肢があります。一つは自分たちがあらゆる種類の危険にさらされていると考えること、もう一つは落ち着いてゆったりとした心構えをすることです。心の在り方次第で、自分たちが住んでいるこの宇宙が自動的に変わります。このどちらを選ぶかは私たち次第なのです。

もちろん、私がアメリカの基地で受けたリモート・ビューイングの集中研修は、すでに活性化されていたある種の精神面の能力を伴いました。数多くのテストが為され、その結果が点数として出されました。そして、最後に5人だけが残ったのです。私は訓練の上級段階に進むことができましたが、一体何がこれに寄与したのか、正確な理由はよく分かりません。多分、それはセザールとの長時間の議論、あるいは、セザール、エリノアおよびシエン博士から長年にわたって為された説明のお陰ではないかと思います。ことによると、神秘学や霊性についての私の個人的な研究、あるいは、セザールの指導の下で行ったささやかな瞑想（めいそう）の試みにも関係しているかもしれませんし、それら全部を合わせたものかもしれません。全部で14人の被験者の中から5人だけが残った、というのが事実なのです。アメリカ人が二人、カナダ人が一人、ブラジル人が一人、そして私です。

西欧の諜報部は、リモート・ビューイングを達成するために数多くのプロトコル（手順）を使いましたし、今でも使っています。アメリカで奨励されているプロトコルはある意味で気をそらすことです。もしも〝どんどん修正される課題や規格外の課題〟から私たちの意識的な心を完全にそらすことができれば、私たちは潜在意識からのメッセージに集中することができます。なぜならそれが、情報の流れから離れられない〝道具〟（すなわちリモート・ビューイング）の源泉だからです。

ある国においては、シータ波として知られている心のレベルにアクセスするために、意識状態を急速に変換する手法が用いられています。潜在意識の非常に深いレベルに基づいて仕事をする人がシータ波の状態になれば、リモート・ビューイングは極めて自然な能力になるのです。得られた結果は本当に目覚ましいものでした。シータ波はリモート・ビューイングを達成するために理想的な状態です。なぜかといえば、シータ波が脳内で優勢であれば、リモート・ビューイングは容易に実現できるからです。これまでの経験で分かったのですが、リモート・ビューイングをうまく実施するには集中的な視覚化訓練は必ずしも必要なく、むしろ脳内をシータ波の状態にする方が得策なのです。こうすれば視覚化がごく自然の能力になるからです。

まさにそもそもの初めから私たちは、自信・確信がこの分野における成功の鍵である、と教えられてきました。それとは逆に、懐疑的な態度や疑念は失敗につながるのです。また、研修に参加した私たち全員は、科学的知識の境界付近にあるリモート・ビューイングに確信を持っていますが、それでもやはり、自信・確信の度合いは各々異なっています。私たちはこの点に留意するように言われました。研修が先に進むに従い、この点が明らかになってきました。より一層難しいテストによって、何人かの参加者は潜在意識のどれかのレベルに障害になるものを持っていることが分かったのです。結局のところ、彼らはこの段階を乗り切れなかったため、より高度なレベルの訓練に進むことができず、即刻基地を去りました。

自信・確信と疑念・懐疑心の問題は、普遍的法則の役割を果たします。自信・確信が疑念の山を動かすことができるように、懐疑的な態度や過度の理性は変容を阻害し、その人を疑念の籠(かご)に閉じ込めてしまうのです。そして、そうこうするうちにこれは恐怖を生み出し、偏執症・妄想症・偽りの安らぎ状態を引き起こします。成功の根底にあるものは、リモート・ビューイングでも他の分野でも大体同じです。努力ではなく自信・確信および熱意に注意を向けるのです。私にはその両方がたくさんあります。私はセザールの助けにより霊性を開発してきました。またその一方、ゼロ局の一員であることは大いなる喜びであり、国家の機密情報を入手できる立場にいることも私に満足感を与えてくれたのです。しかし、たとえこのような特別の要因がなくても、目標を達成するあるいは望みをかなえる自分の能力に自信を持っている人は、すでに無意識のうちに成功への門戸を開いているのです。

すべてが偏在、すべてが同時⁉
宇宙意識との交流に入れば、どんな種類の情報にもアクセスすることが可能！

　しかし私は明確に述べておかねばなりません。誰にも可能ではあるものの、リモート・ビューイングは容易にできることではないのです。これを達成するためのプロトコル（手順）には数多くの段階があります。その一つが欠けていたり、中間レベルの一つが遮断されたりすると、提示された時空の目標を失う、という結果になってしまいます。宇宙意識は意志力で瞬時にアクセスできる純然たる情報の〝倉庫〟であり、リモート・ビューイングの訓練は、そこに至る道を徐々に切り開いてくれます。心の他のレベルを超えること、および、宇宙意識への橋渡しをする潜在意識のより深いレベルに直（じか）に繋がること、これらによってのみ私たちは知覚に基づく現実世界を超越することができるのです。

　〝宇宙意識との交流に入ることによって、私たちは実質的にどんな種類の情報にもアクセスすることができる〟という事実がこれによって説明できるのです。このレベルではすべてが同時なのです。すべてが偏在しているという感じであり、過去と未来が現在に再結合しています。宇宙意識はすべての生命形態に共通の環境のようなものであり、時空に関するどんな種類の情報も存在します。リモート・ビューイングをしている人が探している情報も、まさにそこにあるのです。そこでは、想像力に基づく視覚化や視覚に基づく知覚が強化され、五感が鋭くなって生物学的でなくなります。あたかも大海にいてすべてが瞬時に意のままになるような感じなのです。

訓練の初日から私には分かっていました。アメリカ側は、私たち被験者の中で誰が脳内のシータ波状態をも超えて非常に高いレベルにまで到達できるのか、これを知りたかったのです。セザールと同様、なぜ彼らがこれを実施したのか、はっきりとは分かりませんでした。何らかの理由があるのでしょうが、それは隠されたままだったのです。当然のことながら彼らは、そのような人間の能力を彼ら自身の個人的な目的のために使うつもりなのでしょう。これが、すぐにでも分かる理由ではないかと思います。とりわけ軍事分野でリモート・ビューイングができる人間は、高度に集中された状態および受容性に富む独創力を獲得するために、さらに激しい訓練を受けます。そのような状態や創造性は、目を開けているときでさえ、彼らの意志力で実現できるのです。目を開けたままでも深いシータ波のレベルでこのように活動できる秘訣は、意識を私たちの内側、とりわけ思考の流れに集中し続けると同時に、リモート・ビューイングを行って外部知覚をも達成することです。

現時点で私は、このような能力を持った人間を一人だけ知っています。彼はカナダ人で、私を含む5人の中から最終的に選ばれました。彼は驚異的な習得能力とすばらしい知覚能力を持っています。私の知る限り、テストの際、彼が提示された目標を間違えたのはたった1回だけでした。

潜在勢力によりゼロ局と私にかけられた圧力！　出版の延期、沈黙の理由!!

私はアメリカに出発する前、理論面で可能な限りの準備をしました。プロトコルによって特定のレベルの防衛手段と連絡システムが与えられましたが、それでもなお、研修が最終段階に入るとともに、私から見ると政治的と思われる横やりが、ブカレストから入ってきました。これらは決して楽しい話題ではないのですが、今ここで話すことにします。私が直接それに関与している、というのがその理由です。

後で分かったのですが、それはルーマニア諜報部内の他の派閥に起因する上層部からの干渉でした。ゼロ局が維持している独立性および指導力が、彼らにとって我慢ならないものだったのです。遺憾ながら、諜報部のそのレベルで多くの背信行為が為され、面倒な事態になっていました。ミッション（特定の目的を果たすための作戦）を全うする責任を持ったグループが、彼ら自身の利害に関し何度となく相互に影響し合う場合、事態がいつも順調に推移するとは限りません。諜報部には、ゼロ局の記録保管所から自分たちに有利な点を引き出したいと考えている人々がいます。この記録保管所にある国家の最高機密は、そのような人々の想像力を相当に煽り立てます。彼らはあからさまに、あるいは痕跡を残さずにこれを実行することができないので、最後の手段として裏から手を回すという行動をとるのです。少しずつ一連の依存関係がつくられ、しばしばそれは政治的に非常に高いレベルにまで達します。まさしくこれが、私に関して起きた問題でした。

ルーマニア上院の重要な委員会の一員が、アルファ基地を視察するため、ゼロ局に圧力をかけ始めました。すでに私たちにはこれについての警告のメッセージが届いていましたので、〝不可抗力の場合を除いてこのような要請を差し止める法的権限〟を発動しようと試みました。国家への反逆や重大な首脳部の交代等がこれに該当します。たとえ私たちの拒否の回答が正当化されたとしても、それが不自然な決定であると判断されて、その結果、その委員会とゼロ局とりわけオバデラ将軍の間に緊張状態が引き起こされる——実のところ、これを現実のものとすることが、この圧力の真の目的だったのです。その後調査が行われ、その結果、ゼロ局の細かな区別立て等の情報を入手する権利が委員会に与えられる可能性が出てきました。私に関して彼らが考えたもっともらしい名目は、雇用されて間もない新人がこのようなミッションに派遣されることは本来あり得ないし、提示されたテーマに対処するにはもっとこの分野で経験を積んだ人間が選ばれるべきである、というものでした。

彼らは実際には、特定の国家機密の保持に関するゼロ局の独占的な地位に楔（くさび）を打ち込み、機密情報の一元化に歯止めをかけたかったのです。

　しかし、もしもそれが現実のものになれば、大変なもめごとが生じるに違いありません。オバデラ将軍とセザールには、十分すぎるほどそれが分かっていました。まず初めに、命令系統の水平方向への拡大は、慎重な取り扱いを要する国家の重大な機密事項（例えば秘匿されている場所や地域）をより多くの人々が知ってしまう、ということを意味します。それは混乱を引き起こし、情報漏れの原因になり得るのです。もしもブセギ山脈地下の複合施設が情報共有の対象になれば、米国側との協力関係がすべて台無しになってしまうことでしょう。実際のところ、政界上層部に端を発した今回のごたごたは、それを狙っていたものと思われます。その背後には、一刻も早くブセギの複合施設に入りたいのでそのためにはどんなことでも厭わずにする、そのような〝高潔な人たち〟が何人かいるに違いありません。

　オバデラ将軍とセザールは、事態がさらに悪化する前にこの難局を切り抜けねばなりませんでした。しかし、それは厄介極まることだったのです。もしも重大な処置が講じられなければ、明確に定義されたゼロ局の立場を危うくする〝より大きな潜在勢力〟を解き放ってしまう危険性があります。上院委員会の代表者とオバデラ将軍の間で3回にわたる協議が為されました。そのうちの2回にはセザールも参加しましたが、彼によると、この政治屋は真っ向から脅しをかけたそうです。それは、もしも彼が要請した安全保障にかかわる修正が為されなければ、委員会に呼びかけて問題の分析を始めさせる、というものです。彼はそれ以前に私の米国への出張に言及していましたが、それは口実にすぎませんでした。この策略家は〝彼自身が背後に隠れた勢力を代弁している〟という事実さえも隠そうとしなかったのです。

遺憾ながらこれは、政府の特定なレベルにおいてはごく一般的な状況なのです。ゼロ局に対する攻撃が今回為された理由の一つは、ある種の機密事項について私が執筆し、出版さえもしている、という事実でした。これが事態をさらに一層紛糾させたのです。これは細心の注意を要する状況であり、すでに数か月以前に表面化していたのですが、ＲＩＳ（ルーマニア諜報部局）責任者の秘密会議で問題解消とされていたのです。私はこれまで、この点について詳しく知らされたことはなかったのですが、オバデラ将軍とセザールは、特定の範囲内であれば執筆の継続が可能であることを確信させてくれました。もちろん私は全面的にそれに従っています。

しかし、この問題が再び今提起されたということは、あの〝厄介なこと〟が忘れられたわけではなく、むしろ増幅されていることを示しています。そして、私の執筆活動を妨害するだけでなく、ゼロ局の支配権を握るために、この取るに足らない〝不祥事〟を利用し、諜報部局の現行の体制に裂け目を入れようとしていたのです。もしもこの直後にトランシルバニア・シリーズの4巻目を出版すれば、それは火に油を注ぐことになるのは明らかです。私はそのような愚を犯すわけにはいきませんでした。それゆえ、すべてが落ち着き、ゼロ局における状況・局面を明らかにする、という私の役目の継続が可能になることを願いつつ、私はじっと待たねばならなかったのです。この待機の期間は充分すぎるほど長引き、3冊目の出版後2年が経過して、やっとセザールから執筆再開の許可が得られました。

たとえていえば、私は両手両足を縛られたような状態だったのです。ですから、私が今置かれているこのような込み入った状況を、読者の皆さんには是非とも理解してほしいのです。もしも財力・政治力のある有力な人たちの助けがなかったとしたら、この本を出版する機会は決して得られなかったことでしょう。もちろん、私が知っている舞台裏の状況をすべて明らかにすることはできません。それに加えて、ある人々のグループが存在しているのです。しかしセザールによると、彼らはルーマニアの有力者の大部分を支配している途方もない勢力の一部であり、私はむしろそれについては知らない方がよいそうです。

水が実質的に常時沸騰しているような状況下で相対的な均衡を維持するために、特定の問題を明確に示すことだけが許されているのです。国家機密にかかわる問題や細心の注意を要する点に言及することにより、上院委員会の背後にいるグループが過度の圧力をかけてきた——オバデラ将軍がこのように考えたとき、彼は特別のやり方で行動しました。数人の委員が主導権を奪取するための破壊的試みを画策していたのですが、オバデラ将軍は、高いレベルのコネを使うことにより、まだ蕾（つぼみ）の状態にあったその芽を上首尾に摘み取ったのです。

後で分かったのですが、国家の極秘事項が眼前に提示されたとき、オバデラ将軍は大変驚いたそうです。なぜなら、それは彼が担当している部局および軍の一部だけが知っているはずの情報だったからです。このゆゆしき問題はオバデラ将軍を脅迫するために使われました。これが決定的な理由となり、オバデラ将軍は、自分の持っている高いレベルのコネに頼らざるを得なかったのです。委員会の非常に敵意に満ちた破壊的な攻撃に対して反撃する、というオバデラ将軍の決意は、少なくとも差し当たりは有益な結果をもたらしました。委員会によって上程された議案が、国家の安全にかかわる極めて容易ならざるものだったため、オバデラ将軍は政治的な支援を求めました。それは、事態がさらにこじれないようにするためであり、助けとなる情報の収集に必要な時間を確保するためでした。それでも、委員会からの圧力は続き、それが限度を超えたことが何度もありました。

そのレベルでは、要人である一人の委員が委員会を代表し、協議は非公式な論調で終始していましたが、明らかに彼は、ゼロ局に対して敵対的な考えを持っていました。例を挙げると、議論における決定的に重要な点の一つは、1990年代にオルシチェ山脈で途方もない発見が為されたことでした。それは重要な国家の権利と利害に関するものであり、発見後即刻かつ最終的に閉鎖されました。これに関して委員会が取ったやり方は異端的かつ例外的なものでした。ゼロ局は最初からこの発見に関わってはいませんでしたが、当時委員会は、次のような見解に信憑(しんぴょう)性を与えるために動いていました。①閉鎖が隠蔽工作であること、②実際のところ、権限のある国家機関に知られないように多くの物事が秘匿されており、これは極めて重大な犯罪であること。私はこの問題が非常に気になりましたので、それについてセザールに尋ねました。彼はそれに関して少しだけ話したものの、さらなる説明は私の米国出張後にしてくれるということでした。

後ほど分かったのですが、それはまさに驚嘆に値するものであり、それにより〝当時一体何が起きたのかを是非とも知りたい〟という思いが強く湧(わ)き上がってきたのです。すでに私はリモート・ビューイングの能力を身につけていましたので、それは私にとって手軽に扱える案件である、と考えました。しかし、結局のところ、この場合には役に立たないことが分かりました。なお、これについては先取りしないことにします。なぜかといえば、この件はこの本の最後の章で大きく取り上げるからです。オルシチェ山脈における発見は、自然の本質とルーマニアの人々の起源を示し〝それが本当は何であり何であったのか〟についての不変で疑う余地のない証拠を提示してくれる――これが私の個人的な意見です。無知であるがゆえに、私が愛国主義を誇張して得意がっている、と非難する人々がいますが、〝まずは辛抱強くそれらの出来事の説明に取り組み、その後で一般的な意見を述べる〟――私はこの点を彼らに代わって提案します。

すべての人々を喜ばせることは事実上不可能です。しかし私は、あの発見に関する個々の情報から多くの質問が生まれること、および、それが、私たちの先祖の時代に興奮を覚える人々の心にルーマニア人の真の起源にかかわる確実な情報をもたらしてくれること、これを切に願っています。これらの問題は、私が望んだほど早くは解決しませんでした。政治家の介入により、ある程度当該の人々の気分が落ち着きました。そして、それが助けとなって、私は米国メリーランド基地に出発することができたのです。

しかしそれでもまだ、オバデラ将軍とセザールが対処せねばならない曖昧模糊とした状況が残っていたのです。その結果、これらの出来事を取り巻く状況についての本を私の帰国直後に執筆して出版するのは適切でない、ということになりました。つまり、上院委員会との協議や緊迫した局面の背景となる物事に関する本の出版は、再度延期になったのです。しかし、その後事態がそれなりにうまく収まり、政治的な状況が別の成り行きを迎えました。その結果、出版の許可が下りたのです。以上私は、事の顚末をすべてお話ししました。それによって読者の皆さんは、それ以前に私が沈黙していた理由およびその背景について、適宜考えてくださるものと思います。

私がルーマニア諜報部局の特別機で米国メリーランド基地での研修に出発する前の緊迫なやりとり！

さて、ここで、私が米国に出発する前の時点に話を戻しましょう。オバデラ将軍が要請した政治介入の後でさえも、異なる形で嫌がらせが続き、そのため、私たちの日常の活動がある程度阻害されました。そのため、少なくとも私が出発する前は、政府上層部による法的措置を回避することにしたのです。しかし、事態は私たちが望んでいたようには推移しませんでした。私の出発の5日前、オバデラ将軍は、当該の問題に関する新たな協議に招かれたことをセザールに告げました。あなた方が知っての通り、常にこのような協議は、同等かつ有益な交渉と合意を前提としています。しかしこの場合、手元の問題それ自体が不正まがいのものであるため、私たちは自分たちに有利な面を持ち得なかったのです。それにもかかわらず、協議に応じずに済ませることはできませんでした。セザールは、彼らが到着した時点で、彼らからの圧力が非常に大きいことを察知しました。そこでセザールはオバデラ将軍に、彼らの裏面工作を弱めるために私（ラドウ）も協議の場に同席することを提案したのです。私がこの問題に直接関わっている、というのがその理由でした。その案の有利な面を見抜いたオバデラ将軍は、即刻同意しました。

　これは、委員会の代表者に対する不愉快極まる奇襲になっただけでなく、脅しなどの危険な手段を自由気ままに使えないようにしたのです。さらに、この既成事実に直面することにより、今回は彼が引き下がり、より明確な議題に基づく新たな会合を改めて求めてくる可能性もありました。私は以前、政府機関で働いていましたので、その男を知っていたのです。何らかの問題が目に留まると、彼はすぐに結果が出ることを執拗に求めました。彼には外交面の判断力や行動する際の我慢強さが欠けていたのです。実際のところ、彼は短気で自己中心的であり、権威主義的かつ辛らつなやり方で、個人的に関心のあるすべての問題を解決しようとしていました。このようにして私は、その予定された会合を心理学的に分析してその結果の概略を記し、取るべき戦略に関し、セザールおよびオバデラ将軍と事前に合意したのです。

　その会合はブカレストの高級レストランで行われました。そこは政治活動の主たる拠点とみなされていた場所です。私たちが最初に到着し、その約15分後に上院委員会の代表者が着きました。オバデラ将軍およびセザールと無頓着に握手を交わして着席し、私に目を向けることなく冷ややかな声で「この男は誰?」と聞きました。

オバデラ将軍は私を紹介するとともに、私が数日後に出発する予定であることを明確に述べ、さらに、私がすでに米国メリーランド基地から信任状・資格認定書等を得ていることを付け加えました。このあくの強い男は、いかにも気分が悪そうに言いました。

「私はこのような状況は好まない。話すべきことはある。しかしそれは、部外者を前にしてはできない。あなた方はそれを承知のはずだ」

そのとき突如、オバデラ将軍の態度が厳しさを増しました。

「ドモティ議員、問題が解決済みであることは明白であり、それゆえ、これ以上圧力をかける道理はないはず。もしも必要であれば、我々は大統領に話を持っていくつもりだ」

二人の間の議論は白熱化しました。セザールと私は黙ったままそれを見ていました。それが私たちの戦略だったからです。興奮すると彼の血糖値は下がってしまうのですが、彼は胃に問題を抱えていましたので、一刻も早く食べる必要があったのです。私たちはその事実を知っていました。それゆえ、すべての料理をテーブルに並べさせておいたのです。

結局のところ、ドモティ議員は、私が出発するまでどのような決定も保留する、ということで納得せざるを得ませんでした。いったん研修が始まってしまえば、対外協力プロトコル(手順)が有効になり、それによってゼロ局が他の組織から区別されます。その結果、二国間の関係に著しい影響を与えることなくゼロ局がより大きな組織に吸収される可能性はなくなるのです。しかし、ドモティ議員はこの事実を知りませんでした。それは、この問題が片付いたことを意味します。

それは長く退屈な夜でした。ドモティ議員は粗野な知性の持ち主ではありましたが、気が早くて巧妙かつ融通の利くタイプの人間でした。たとえ微妙な差異を理解せず、一般的な見解を持っていなかったとしても、彼はそう簡単には惑わされなかったのです。彼および彼の代表するグループが望む方法でこの問題を解決するチャンスがまだ残っている——この点を説明し、彼の警戒心を解いて落ち着かせるまでに数時間かかりました。しかし私たちには分かっていたのです。彼らがルーマニア・米国間の規範となる決議について知るときには、彼らにできることは何一つ残されておらず、重大な不祥事が表面化するであろうことを——。しかも、ゼロ局は、この方法により自立した立場を維持することができ、政治的あるいはその他の利害関係に依存せずに済むのです。

2005年の12月初め、私はRIS（ルーマニア諜報部局）の特別機で米国に出発しました。その飛行機には3人の大佐を含む米国人将校が同乗していました。彼らはブセギ複合施設にかかわる特命全権公使でした。スペインに短時間立ち寄った後、私たちは無事にメリーランド基地に到着しました。その翌日から研修が始まりましたが、米国人たちは非常に生真面目で時間に几帳面でした。何しろ彼らは自費で参加していたのですから——。設備は興味深いものでしたが、目を見張るようなレベルではありませんでした。海軍と空軍の将校たちがあちこち動き回り、チラッとのぞき見しながら、私たちのうちの誰が最も有望なのかを推し量ろうとしていました。間違いなく彼らは、参加国諜報部との協定に基づいて、その各々に、自分たちが指揮している作戦への貢献を望んでいたのです。

妨害を乗り超え、4番目の成績で研修を終えるとゼロ局からの帰国命令が届く!

米国からの〝出資金〟が非常に高いことが分かり、私は可能な限り集中度を高めるとともに、ほとんどすべての時間、ゆったりと受容的な状態を保つように努力しました。それが常にリモート・ビューイングに効果的だからです。それでも、行き来する数多くの大佐や将軍たちの中に、私を好まない人間が一人だけいました。その人はフォリー大佐でした。私のそばを通り過ぎるたびに、彼は必ずといってよいほどひどく私を罵り、説教さえもしたのです。それは一般的にも、また、私について書かれる最終報告書にとっても、決して好ましい状況ではありませんでした。単に彼が私を毛嫌いしているだけであり、それ以外の理由はなかったので、彼が私の神経を逆なでしていることは誰の目にも明らかだったのです。

しかしそれは、私には高いものにつきました。私はＲＩＳ（ルーマニア諜報部局）の存在価値にかかわる〝保険〟としてゼロ局から派遣されてきたので、ＲＩＳのイメージを悪くするわけにはいかなかったのです。今回の特別研修に参加した他の国々の諜報部の考えは分かりませんでしたが、その時点で５人しか残っておらず、他の被験者はすでに帰国させられていました。状況は残酷なまでにはっきりしており、帰るあるいは留まる、このどちらかだったのです。そして、残った被験者たちはさらに高度なテストを受けねばなりませんでした。私はカナダ人の被験者に格別の敬意を払っていました。彼は非常に感受性の鋭い男であり、特別の知覚能力を持っていました。あくまでも個人的な判断ではありますが、私は彼の価値をはっきりと認めていました。もしもフォリー大佐が馬鹿な悪ふざけで私にストレスを与えなかったとしたら、私はさらなる能力の向上を実現できていたのかもしれません。

しかし運命の力により、この問題は見事な解決に至ったのです。私がメリーランド基地に来てからすでに2か月が経っており、その間私は懸命にリモート・ビューイングの実践に励んでいました。米国人が物事を極めて真面目にとらえていることはすでに述べましたが、ここは非常に重要な基地であり、さまざまな大物軍人たちがほとんどいつも訪れていたのです。そのうちの一人が、当時ペンタゴン（国防総省）の長であったイノサント将軍で、私の滞在中に数回この基地を訪れました。すべてにおいて厳しく抜け目のない人ですが、適切であると感じた場合には、ためらうことなく、部下と楽しそうな口調で話しました。私がこれまでに将軍から受けた印象は、彼がある程度私を気に入ってくれて私が置かれた状況に興味を持ってくれた、というものでした。これがブセギ複合施設に関連する米国の対敵防諜活動の直接の結果である、とは必ずしもいえませんが、私に対する彼の最初の印象は好意的なものだったように思われます。それに加えて将軍には並外れた威厳がありました。そのためか、彼が部屋に入ってくると全員が起立しました。これは階級的に当然のことですが、それだけではなく、将軍が話し始めるまでの間、全員が沈黙を保ったのです。

あの日フォリー大佐は不運でした。イノサント将軍は、部屋の奥のテーブルで、身をかがめて彼の副官の一人と話をしていたのですが、フォリー大佐には将軍が見えなかったのです。私たち被験者は、将軍の面前で行われる機密かつ重要なテストの準備中で、短い休憩を取っていました。そのときフォリー大佐が、いつものごとく不用意に部屋に入ってきて、何の理由もなしに私をいびり始めたのです。将軍が私とフォリー大佐に注意を向けたのが、目の片隅に見えたのですが、依然としてフォリー大佐は将軍が部屋にいることに気付かなかったのです。テストの責任者である数人の将校がフォリー大佐に警告しようとしたのですが、将軍はそうしないように彼らに合図しました。それは少しばかり困惑するような状況でした。意識下の直感的反射作用でしたが、私はすぐフォリー大佐に言ったのです。もしも朝9時から10時の間の彼の行為が彼の奥さんにばれれば、おそらく彼女を喜ばせることにはならないだろう、と——。

墓場のような静けさに包まれました。私はカニのように赤面し、自分の持ち物をまとめ始めました。もはや私がそこにいる理由はないと考えたからです。そのとき、静寂を破るように、将軍の快活な笑い声が部屋に響き渡りました。しかし、それでもなお、敢えて一言何かを言おうとした人間は一人もいませんでした。フォリー大佐の執念深い性格と彼の地位を知っていたからです。彼はあたかも目玉をくりぬかれてしまったかのようで、怒りのあまり真っ赤になりましたが、一言も話すことができませんでした。笑いが止まらないまま、イノサント将軍が言いました。

「ハッハッハ！　フォリー、君は今までずっとそれを我々に隠し続けていたのか！」

そのとき初めてフォリー大佐は将軍に気付きました。彼は将軍に敬礼し、彼に対する将軍の反応を好意的にとらえて、私（ラドウ）をルーマニアに送り返す命令を準備中です、と言ったのです。すると、驚くべきことが起きました。突如イノサント将軍の態度が変わったのです。それまでの楽しそうな表情から一変し、ドスの利いた冷たい声で言いました。

「フォリー、君は私の承知していないことを何かしたいのか？」

フォリー大佐は、よろめいてどもりながら弁解しました。

「い、いいえ、閣下、あのー、お気に障ったかもしれませんが――」

将軍は冷徹な目で彼を一瞥して言いました。

「明日、君は空軍から海軍に転属になる」

「しかし、閣下、私は――」

将軍は声を荒げました。

「フォリー、これは命令だ。署名入りの転属命令が君のデスクに配布される。君は明日一番にそれを見るだろう。もはや君がここにいる理由は何もない」

そう言ってから将軍は私の隣に席を移し、非常に親しげに話しかけてきました。そして、フォリー大佐を完全に無視し、やや皮肉っぽく彼を批評したのです。大佐はすっかりしょげ返り、うなだれた様子で出ていきました。彼はその日を境に姿を消しました。イノサント将軍によるこの介入は、私にとって大いなる励みになっただけでなく、私を大々的にあと押ししてくれました。その後すぐ、私の〝株〟は記録的な上昇を遂げたのです。そして、より注目され、敬意を表されるようになりました。このすべては、実際の評価や判定に基づくものではありません。この点は確かです。むしろ、これまでに述べた出来事や状況の巡り合わせによると思われます。とにかく私は4番目の成績を収めました。これは誰もが認める勝利です。これが私にとって何の役に立つのか、はっきりとは分かりませんが、最優秀者の一人として研修を終えることができた、という事実は、私に確かな自信を与えてくれました。

私たちはリモート・ビューイング研究のより高度な段階に進むべく必要な準備を整えていました。ちょうどそのとき、セザールが機密回線を使った電話をかけてきて、理由を何も告げることなく、直ちに帰国するように私に言ったのです。私も何も質問しませんでした。私はそれを直接メリーランド基地の長であるロディ将軍に報告しました。彼は私の研修の中断と突然の帰国を残念がりましたが、1年後に行われる研修の際、選抜チームの一員として訓練を再開できる、と話してくれました。それは私にとって大変うれしいことでした。私は基地内で待っていたジープに急いで乗り込みました。そのアメリカ的な効率の良さを、私は本当に羨ましく思いました。

飛行場に着いたとき、顔見知りの将校二人に挨拶(あいさつ)しました。彼らはブセギ複合施設にかかわるミッションに配属されていたのです。あたかも私が誰でありメリーランド基地で何をしていたのかを十分承知しているかのように、彼らは責任を持って対処してくれました。

即刻搭乗したB－52戦略爆撃機の飛行経路は来たときと同じで、スペインに短時間立ち寄った後、ブカレスト空港の隔離された滑走路に無事着陸しました。泥の混じった雪と雨は快いものではなく、メリーランドとは全く異なるものでした。ゼロ局に所属するヘリコプターに滑走路から直接乗り込み、アルファ基地を目指しました。そこでは大いなる驚きが私を待っていたのですが、それは全く予期せぬものだったのです。

第二章

秘伝の解明と公開に向けた大任を前に
ゼロ局に襲いかかる障害と妨害の数々！

不老の秘密をたたえる、若く美しい女性シン・リーとの次なる任務とは？

アルファ基地に着くと、セザールが微笑みながら出迎えてくれました。彼は米国メリーランド基地での〝一件〟のことを聞き、すでにそれをオバデラ将軍に報告しておいたのです。その後すぐ二人で将軍に会いましたが、そのとき彼は声を立てて笑い、セザールに言いました。

「イノサント将軍がいかにしてフォリー大佐にお灸をすえたのか分かったかな？　たとえしばらくの間会わなくても、彼とはいつでもうまくやっていける」

セザールが私に向き直って言いました。

「ラドウ、あなたは仕事を立派にこなしてくれました。しかし今、事態は違う方向に進んでいます」

再び上院委員会との問題が起きたものと予想し、私は眉を寄せました。すると将軍が即刻、私を安心させるように最新の状況を説明してくれたのです。

「いや、ドモティのことではないのだ。今のところそれはうまく抑え込んでいる。とはいえ、あの男はいつも我々をじっと見ている。それゆえ我々は常に用心していなければならない。私のオフィスに移ってくれないか？」

次に与えられる任務に興味津々だった私は、言われるままに将軍の後をついて行きましたが、ドアの所で立ち止まってしまいました。シエン博士がテーブルに座っているのが見えたからです。

「ラパ・サンディー！」

驚きと喜びのあまり、思わず私は大声を出してしまいました。シエン博士は以前と全く変わっていませんでした。小柄で頭がわずかに禿げており、よく知られた中国風の上衣を身に着けていました。それは紺青色で袖は白色でした。シエン博士は私を見てゆっくりとおじぎをし、微笑みました。私は急いで彼の手を取って強く握りました。しばらくぶりの再会だったのですが、もしもルーマニア政府が彼の助言を求めていたのであれば、これは極めて重要な事柄に違いありません。しかし、私がそれを口に出す前に、シエン博士が言いました。

「その件はすでに解決済みで、今はすべてうまくいっています。まずはシン・リーに会ってください」

感情が高ぶっていたため、私は部屋の中の状況を充分に把握できていませんでした。非常に若くてとびきり美しい女性がシエン博士の隣に座っており、セザールとオバデラ将軍はそれぞれ二人の隣に座していました。セザールの話では、シン・リーは、ゼロ局が創立された1980年代に、アシスタントとしてシエン博士に同行していたそうです。私は彼ら二人を見て「この人たちは年を取らないのだろうか？」と思わざるを得ませんでした。あたかも、彼らは加齢とは無縁であるかのように見えたのです。すると、シエン博士が再び私の考えを言葉にしました。

「以前話したように、私とシン・リーにとって時間の経過は無きに等しいのです。しかしそれはさて置いて、あなたがしなければならない重要な仕事があるのですが、それはすべてあなた次第なのです。あなたがもっとよくこの点を理解できるように、シン・リーが手助けします」

私はまだ頭が混乱していました。一体私は何をするのだろうか？　この女性はどんな人なのだろうか？

この二人は一体どうやって老化を防いでいるのだろうか？　たくさんの質問が私の頭の中でぶつかり合って私の心を掻き乱していました。しかし、メリーランドでの訓練のお陰で、心の働きがゆっくりと正常な状態に戻り始め、的確な答えを出し始めたのです――シエン博士がここを訪れたのには重大な理由があり、それが私だけに関係しているのではないことは明らかである。マレー人の特徴を持ったこの途方もなく美しい女性は、私が通過せねばならない茂みを抜けられるように道案内してくれる。この二人をよりよく理解するためにリモート・ビューイングが使えるのではないか、等々。しかし、すぐさまシエン博士は私の心を読み、次のように言いました。

「私たち二人にもアメリカ式の手法が使えるとは思わないでください。それよりも、時間を無駄にせず、シン・リーと一緒にできる限り早く仕事を始めるのがいいと思います」

私には直感的に分かりました。この会議の前に、羊皮紙に書かれた秘密文書についての会議がシエン博士・オバデラ将軍・セザールの間で行われていたのです。それは、この文書に包含されている情報が公開されるときが来たことを意味します。シエン博士の助けを得て、すでにそれは古いチベットの方言からルーマニア語に翻訳されていました。そのとき彼は、まだそれを公開する時期ではないことを明確に述べていましたが、今や状況が一変したのです。一日も早くそれを出版するために、私の役割を果たすように要請されました。さらにシエン博士は、秘密文書を構成する5つのスタンザに短い解説を加えるのが望ましい、と助言してくれました。それは、興味・関心を持った読者を啓発して秘密文書の中身を深く理解させるためです。そして、その解説の本質を明らかにするのがシン・リーの役目であり、私に与えられた任務においては、それが決定的に重要なのです。

「その解説はセザールでは駄目ですか？」と聞くと、シエン博士はわずかに微笑みながら答えました。

「いや、必要とされる説明は他の誰かがしなければなりません」

私はシン・リーを見つめました。彼女は体形の面でも完璧であり、その微笑みはあまりにも魅力的であるため、私は自分がそれに対して全く無防備であるように感じたのです。この点に関する最後の努力として、シエン博士に質問しました。

「羊皮紙に秘められた謎を解明するために、どのぐらい長い期間が必要ですか？　私には別の任務がたくさんあるのです」

「ちょうどそれに必要なだけ長い期間です。無駄にする時間は全くありません」

セザールによると、ルーマニア政府は再度シエン博士の助力を求め、シエン博士はそれに応じて、政府が提起した補足的な国家安全保障にかかわる問題のため、少しだけ長い期間アルファ基地に留まるそうです。この期間、シン・リーはほとんどいつも私のそばに居るようですが、私にはシエン博士とセザールの〝術策〟が理解できませんでした。私はこれを認めねばなりません。しかしながら私は、シン・リーの存在をうれしく思う半面、彼女を見ると心が圧倒されるような震えを感じました。この女性の完璧な美しさは、どのような美の基準をもはるかに凌駕（りょうが）しています。彼女の容貌はマレー人に特有のものであり、説明し難いアジア人の愛らしさを湛（たた）えているものの、西洋人の顔立ちからもそんなには外れていません。シエン博士・オバデラ将軍・セザールを含むチームが会議をする際、シン・リーはほとんど発言しませんが、彼女が口を開くとき、その声は極めて力強く、言いたいことを明確に表現します。ときにはわずか訛(なま)りが入りますが、それがまた彼女を一層魅力的にするのです。

彼女の〝時空不変性〟および若さの秘密を憶測してみたのですが、データ不足のため答えは得られませんでした。エリノアの場合は理由がはっきりしています。彼の生命体の機能はあの金属物体から影響を受け、それが驚くべき寿命を与えるのです。シン・リーの場合も、時間の経過が差し止められているのですが、その理由を説明するデータは何一つありません。その後、セザールからこの点についての情報を得ようと試みました。しかし彼によると、この件はタブーだそうです。

「当面あなたはこの知識を必要としません。たとえそれを知ったとしても、あなたは脱出方法の分からないジャングルの中で迷子になるだけです」

「しかし情報が皆無の状態では、このような重要なテーマについての話は誰にもできませんよ」

「このような物事は、そのままにしておくのが最善な場合もあるのです」

こう言ってセザールは話を終えました。

シエン博士とシン・リーの二人が霊性の面で高度に進化した人間であることは明らかです。彼らは明確に示された特定の任務や使命をすでに達成しており、それゆえ、自ら進んで他の人々に援助を与えているのです。今回私に与えられた任務は、メリーランドで行われた研修よりも何十倍もさらに困難なものです。最近私は、自分が道理や霊性の面で〝怠惰〟であり、とりわけそれが米国空軍基地で課せられた綿密なスケジュールによって引き起こされたものであることに気付きました。リモート・ビューイングの成功の美酒にいささか酔ってしまい、霊性に基づく真の教えを見失い始めていたのです。私にとって〝ためになる経験〟の主たる部分は、リモート・ビューイングではなかったのです。むしろそれは、霊性に秘められた謎を正しく理解することであり、シエン博士は特にその指導をシン・リーに依頼したのです。

このような状況にもかかわらず、〝授業〟はすぐには始まりませんでした。その後2か月の間、私は日常の業務を続けるとともに、新たな部門のスタッフを選別し、ニコアラ大尉と共にいくつかの戦術行動に参加しました。為すべきことがたくさんあり、注意力があまりにもきつく絞り込まれてしまったため、どう考えても、シン・リーによる説明を理解し吸収できるとは思えませんでした。その上、この期間、彼女はほとんどの時間、シエン博士と一緒に首都に出掛けていて留守にしていたのです。彼らの任務は、細心の注意を要する国家の安全保障にかかわるものであり、私の知り得ない事柄でした。

2006年5月、米国のロディ将軍がゼロ局を訪れました。以前述べたように、彼は快活・聡明・生真面目であり公正な人物です。驚いたことにセザールは、会議が始まるまでの間、彼を迎えて応接するという大役を私に与えたのです。おそらく彼は〝将軍と私の間で一種の共感が得られた〟という事実を当てにしていたのでしょう。私がメリーランド基地を出発した後に研修報告書が送付され、それには私に対する高い評価が示されていたのです。ホスト役を務めてロディ将軍と話ができることを私は名誉に思いましたが、その一方、議論の主題を完全に理解していませんでしたので、実際問題としてそれは、私にとって相当に危ないことでもあったのです。

彼は広範な軍隊経験の持ち主なので、あたかもこれを多忙な任務の中の休憩時間であるかのように考え、間違いなく私を〝簡単に攻略できるいいカモ〟とみなしたかもしれません。将軍はセザールの良き友人ですが、国家の安全保障や対敵諜報活動という非常に微妙な分野においては、常に事態は、抜け出すのが困難な危険な状況になり得るのです。セザールでさえも、後ほど、将軍が今回とった攻撃的行動は私に彼を応接させたゼロ局に向かって放たれた矢ではなかったのか、と自問自答しました。たとえロディ将軍とセザールの間の共感や友情が極めて深いものであったとしても、それには限界があると思われます。

それによって将軍が〝外交儀礼として新人に接見されたことにより、自分の体面が傷つけられた〟と考えた可能性もあるのです。

ルーマニア諜報部局とペンタゴンの間に生まれた緊張と米国国務長官からの脅し！

しかしその後、セザールと一緒に問題の分析をしていたとき、事態はそれほど単純ではないことが分かりました。ロディ将軍は、ルーマニアの西側に位置するオルシチェ山脈に言及し、この疑いようもなく例外的な事例について何か知っているかどうかを私に尋ねたのです。私は驚きました。なぜなら、セザールがこれまで一度たりとも明確にしていなかった件に関し、米国人の高官から質問されたからです。

セザールが私に次のように説明してくれました。

「その点に関し、事態はさらに面倒なことになっています。信じてほしいのですが、それは私たちにとっても大きな謎なのです。これについては、今ではなく別の機会に話します」

もしもすべてがそこで終わっていれば、問題はそれほど重大化しなかったはずです。しかし〝オルシチェ山脈と極秘米軍基地の間の繋がりを示すデータが存在する〟というようにロディ将軍が理解したらしく、それがオバデラ将軍とセザールを心配させ、悩ませていたのです。

セザールが言いました。

「もしもロディ将軍がこの件をはぐらかしているのであれば、事はまさに重大です。私は彼をよく知っていますし、彼は常に自分の持っている機密情報には自信を持っていますから——。これは、私たちがまだ知らない重大な物事が進行中であることを示しています」

「将軍もそのように感じていると思います。さもなければ、彼はその情報に基づいて直接あなたに尋ねたはずです」

セザールはちょっとの間、沈黙してから言いました。

「彼はわざわざルーマニアにやって来ました。これが非常に気になる点です。彼は私が普段知っているロディ将軍ではなく、恐怖に駆られていてもはや機密情報の流れに確信を持っていない、という印象だったのです」

「正式な協議が為されたのですか？」

「何か信頼できるものが双方にあれば正式な話が始められるのですが、今回はそうではなかったのです」

私は当惑してその場に立ちつくしました。オバデラ将軍に目をやったところ、彼は両手で頭を抱えていました。セザールもまた表情を暗くしていたのです。愕然(がくぜん)とした私はつぶやくように言いました。

「オーケー。しかしそれは、私たちの身近な場所で何が起きているのか分からない、ということですね」

二人は無言のままでしたが、やっとのことでセザールが口を開きました。

「それは問題ではありません。実際のところ、ロディ将軍は〝我々がそれを知っている〟と考えているのですが、その一方、それが全く真実ではない場合、我々はそのことを彼に伝えたくないのです。これは、彼と私たちの間に緊張を生じさせます」

セザールがオバデラ将軍に言いました。

「将軍、最後の協議さえも効果的ではなかったのですか？」

オバデラ将軍がゆっくりと顔を上げました。目は疲れ切っており、どうすることもできないという無力感が漂っていました。彼は言葉を切り、間をおいて、重苦しい声で話し始めました。

「今回我々がどのようにして行き詰まったのか、君は分かっているだろう。彼は私を信じていない。誠に残念であるが、こちらが何もしていないにもかかわらず、何かが損なわれてしまった。あたかもつい今しがた、すべてが停滞してしまったかのようなのだ」

私は将軍に、この難局を切り抜ける上でシエン博士の助けが得られるのではないですか、と聞きました。米国側は彼のことを承知しているのですが、これについては常に外交的に回避されていたのです。

「シエン博士によると、彼による介入には限界があるらしく、ある種の物事は我々だけで解決しなければならないそうだ。この点についてはセザールがシエン博士に直接に話をしているので、さらによく知っている」

セザールが私に次のように説明してくれました。

「この場合、双方の関与に基づいて問題が解決されねばなりません。現時点では、そうすることが必要なのです。米国側の高官たちは非常に誠実な人たちです。しかし、それでもやはり、彼らはある程度までしか理解していません。この件の微妙なニュアンス、および、なぜそれが他の方法ではなく、こうでなくてはならないのか――この説明は、彼らの理解力の限度を超えてしまうように思われるのです」

ロディ将軍は帰国しましたが、問題は何一つ解決していません。相互の信頼の欠如によりルーマニア諜報部局とペンタゴンの間の関係が悪化し始めている、というのが、この困難かつ厄介な問題なのです。私がルーマニア諜報部局について話すとき、それはゼロ局のことであり、ブセギ山脈における大いなる発見に深く結びついています。ロディ将軍がルーマニアを去ったわずか数日後に、米国国防長官が、明確な目的を持って極めて短時間ゼロ局に立ち寄りましたが、それによりこれらの出来事の背景事情がさらに一層込み入ってきました。ルーマニアの首相、国務大臣、オバデラ将軍、および米国国防長官だけが出席して非公開の政府間協議が行われました。しかし、その後のオバデラ将軍は、いまだかつて見たことのないほど憂慮し困ったような顔つきだったのです。セザールでさえも非常に当惑した表情をしていました。

将軍によれば、その時その場で情報の開示が為され、〝ペンタゴンとCIAが、長年にわたり、超心理学分野の広範な研究プロジェクトに数千万ドルもの巨額資金を提供し続けてきた〟という事実が明らかにされたそうです。これらのプロジェクトは、両国の大学および民間の研究機関との契約に基づいています。〝この分野においては、知らないと見せかけるよりも、常に注意を配り目を光らせておくのが望ましい〟という理由でこれを実施している、と米国側は述べました。予知能力・透視能力とテレパシー（精神感応）が彼らの最大の関心事ですが、実際のところ、これらの現象は米国の軍や諜報部によってすでに研究されているのです。会議の2時間後にその議事録がゼロ局に送られてきましたが、それには、米国側が次の事実を強調している、と記されていました——超感覚実験グループが金庫に保管された書類の内容を読み取る、あるいは原子力潜水艦の中の物や乗組員を正確に調べるための方法を確立する、という目的に基づいて、いくつかの実験が為された。

原子力潜水艦は地球上で造られた最も複雑かつ高価な乗り物であり、とりわけ多弾頭魚雷および二重に暗号化された発射コードを伴うため、決定的重要性を持っています。議事録の内容を見て私は、思わず笑いたくなってしまいました。そして、第三者的立場で言いました。

「この中身は全く取るに足りません。米国側はリモート・ビューイングに基づき、かなり以前にこのすべてをやり遂げています。議事録に書かれているように、さらに多額の資金が秘密作戦のために米国国家予算から引き出されたことは確実です」

実際のところ私には、これらの秘密のプロジェクトが一体何なのかが分かっていました。なぜなら、私はつい最近その一つに参加しているからです。米国側の言っていることは、高官たちの目に入った砂粒にすぎません。それはすでに達成済みの進歩を隠すためのものであり、私はこの事実を充分すぎるほどよく理解していました。いつものことながら、これらの場合でも〝攻撃は最大の防御なり〟なのです。部屋の中には、私のほかにセザール、オバデラ将軍、そしてシン・リーがいました。彼女はブカレストで行われた政府との秘密会議の後、将軍と一緒に戻ってきたのです。全員が状況を明確に把握していたものの、私には彼ら全員が沈黙している理由が理解できませんでした。

そのとき不意にシン・リーが言いました。

「状況はさらに込み入ってきました。米国国防長官が脅しをかけてきたためです」

オバデラ将軍が急きょ、シン・リーの発言に注意を向けました。彼女は国防長官との会議には出ていなかった、というのがその理由です。私は急いで議事録の中身を調べましたが、そこには脅しを示唆するような点は何も記されていませんでした。

シン・リーが発言を続けました。

「依然としてその脅しは続いています。アメリカ側は〝オルシチェ山脈にかかわる実施要綱のすべての提出を要請する〟とは言いませんでしたが、その一方〝実施要綱のすべてを必要としている〟と冷ややかに言ったのです。これは、事前に政府間レベルの同意が為されていたことを意味します」

この事態を収拾し、そのような外交的事前取引の存在を否定してくれることを願いつつ、私はオバデラ将軍に目を向けました。なぜかというと私は、アメリカ側がこの問題を提起したやり方が気に入らなかったからです。将軍は、憂慮や懸念および彼が常に受けてきた圧力によって打ちひしがれているように見えましたが、それはほんの数分間だけでした。椅子からすっくと立ち上がり、白髪交じりの髪に両手を通し、厳しい表情の顔を両手で覆いました。その後シン・リーは無言で立ったまま視線を落としていましたが、将軍は彼女を感嘆の目で見つめながら口を開きました。

「シン・リーの言ったことは正しい。セザールも知っているが、1994年以来、舞台裏の火事が続いている。機密情報は皆無だし、残されている関係書類は極めてわずかなのだが、彼らはそれを信じてくれない。彼らは私を壁際に追い詰め、無能呼ばわりしている。首相は私に注意を促した。もしも3か月以内にこの問題を解決できなければ、もはや私を支持できないので、私をゼロ局から解任するように大統領に直言するそうだ。そのような同意が国防長官と為されたように思う。しかし、もしもそれが現実になれば、強いてセザールをゼロ局の長に昇格させることが難しくなる。なぜなら、彼らはその地位に的を絞ってハゲタカのように集まってくるからだ」

私たちは全員困惑して立ち上がりました。少なくとも私には、一体それが何を意味するのか完全には理解できませんでした。オバデラ将軍が続けて言いました。

「それにもかかわらず私は、この情報を外部に漏らさないという約束を首相から取り付けた。これによって事態を調停するための時間がある程度稼げると思う」

そしてセザールの方を向いて言いました。

「明日私はイノサント将軍と話をするために米国ペンタゴンに出発する。事態の打開のためにまだ何かできるかもしれない。ニコアラ大尉を呼んで、出発の準備をするように指示しなさい。私がいない間、コード（暗号）を君に預けておく」

私は、この年老いた将軍が、今回の打撃から不死鳥の如く立ち直っていくのを目の当たりにしました。新たな着想が得られると彼は、何とか窮状を打開できることを願いつつ、一層厳格かつ綿密に行動するのです。そうはいうものの、状況は極めて深刻でした。なぜなら、首相および大統領からの指示は無視できないからです。もしもそれが実行に移されるなら、ホログラフィー投影室の管理・安全に一体何が起きるのか、それを明確に見通せる人間は誰もいません。まずは十中八九、USAPエージェントが即刻潜入してきて、軍事力が民間勢力（言いかえれば政治派閥）と結びつくことでしょう。これが何を意味するのか、誰もが分かります。程度の差はあっても、フリーメイソンのエージェントが、ブセギ複合施設にかかわる指揮管理系統に侵入してくるのは間違いありません。それは前例のない恐ろしい結果を招くことでしょう。

シン・リー以外の全員がやきもきしており、彼女だけが依然として待機状態のままでした。将軍が別れを告げ、基地を去ろうとしたとき、シン・リーが普段と変わらない様子で言いました。

「将軍、ペンタゴンの長はあなたに会わないでしょう。これは明確な結果が出ない出張になります。どうか時間を節約し、将来のためのエネルギーをとっておいてください」

オバデラ将軍は何も言わなかったものの、不機嫌な表情を隠すことはできませんでした。セザール以外の誰も、シン・リーの予見が的中するとは考えていなかったように思います。将軍は、米国行きの飛行機に乗るためにブカレストに向かって出発しました。しかしセザールの話では、その翌日の正午、米国大統領はオバデラ将軍のペンタゴン訪問を知っていたそうです。ルーマニア政府との秘密裏の協議が為されたようですが、その後、状況はさらに悪化したように思われました。というのは、それは公然たる無視と判断され得るからです。米国ワシントンDCの洗練された執務室においては、昔からの友情関係や繋がりは考慮されず、実利的で差し迫った事柄だけが優先されるのです。

数時間後にセザールが言いました。

「ルーマニア諜報部局はホワイトハウスから確認を得ました。米国国務長官は、オバデラ将軍に会わないようにという指示をイノサント将軍に出したそうです。まさにこれは、年老いた将軍に強打を浴びせたことになります」

事態が危険な方向に向かっていたことは明らかであり、セザール自身もそのことで頭がいっぱいのようでした。

数日後、オバデラ将軍は、友人であるイノサント将軍に会うことなくルーマニアに戻りました。彼の顔には、退陣の始まりの兆しが微かに見受けられました。疑いもなくオバデラ将軍は、彼の統率力が失われることによりゼロ局が望ましからぬ影響を受けることを見通していました。彼はこれまで、身を挺してゼロ局に対する攻撃を受け止めてきたのですが、事ここに至って、その代償を払うことになったものと思われます。おそらく疲労の蓄積もその一因でしょう。ゼロ局は戦術的にも理論面においても非常によく態勢が整っている、というのが私の見解です。この数か月間はほとんど休みなしのスケジュールが続き、プロトコル（手順）・暗号・戦術計画の作り直し、とりわけ人員の見直しが為されました。しかし、統率者が変われば政治的干渉を受けることになり、ゼロ局の活動全体の安定性が損なわれるでしょう。実際のところ、これは非常に大きな違いになります。オバデラ将軍は、20年もの長い間、敵対勢力がゼロ局の〝裏庭〟へ侵入するのを防ぎつつ、何とかこの点に関する均衡を維持してきました。しかし、ゼロ局への圧力や脅しが繰り返された結果、最近この問題を取り巻く空気が一段と熱気を帯びてきて、不可避の結果が生じる瀬戸際まで事態を追い詰めてしまったように思われます。

　オバデラ将軍が退役の意向を示したのはまさにそのときでした。それを聞いたとき私は、心にとげが刺さったように感じたのです。ゼロ局すべてが実質的に彼の一生の仕事であり、それは常に脅威にさらされ続けた長い生涯でした。ブセギ山脈地下の複合施設は、敵対勢力によって支配されてはなりません。国家の利益はそれを前提として検討されるべきですが、それはオバデラ将軍の経歴・名声・信望を超えたところにあるのです。私はそのときまでに多くを学び、霊性の分野における名状しがたく精妙な面を充分に理解しました。しかし、控えめにいっても全く不適切と考えられる不正に直面したとき、自分が恐怖・怒り・無力感に圧倒されてしまったように感じたのです。私はこれを認めねばなりません。

シン・リーは言う「神々は善と悪の領域をはるかに超え、事を納める」と！

そのとき、シン・リーの手が軽く私の腕に触れたのを感じました。彼女が言いました。

「行きましょう。そのときがついに来ました。ここで私たちができることはもう何もありません」

短い状況説明が為された後、私たちは外交儀礼室に留まっていました。セザール、ニコアラ大尉、他の将校二人、そしてオバデラ将軍が一緒にいましたが、将軍は無言のまま物思いに沈んでいるようでした。セザールを見たところ、彼は言外の意味が込められた面持ちでシン・リーと顔を見合わせていました。その理由は分かりませんでしたが、それを見て私は、少しばかりゆったりとした気持ちになりました。

シン・リーは、軽く会釈をしてから外交儀礼室を退出し、私のオフィスに入ってきました。相変わらず彼女は、事態の影響を何も感じさせない様子であり、一分の隙もない態度とごく自然な振る舞いを保っていました。しかし私自身は、ゼロ局内で起きていることにより、非常に困惑していたのです。事態が変化してすべてが修復されることを、私は最後の瞬間まで願っていました。それはこれまでに幾度となく実現していたのです。重大な決定はまだ為されていませんでしたが、それについては薄々感じていました。そのため私は、気分が落ち込んで冷静さを失っていたのです。何らかの説明を求めていた私は、次のように言いました。

「ほんの少し前、私は諜報通達書を受け取りました。ハルバーグ公爵夫人がブカレストにやって来ます。まさにこの緊迫したときに何かが起きているようです」

自分が壁に向かって話しているのではないことを確かめたかったため、私はシン・リーに単刀直入に質問しました。

「彼女が〝黒い貴族〟の常任会員であることは知っていますね？」

シン・リーは首を縦に振って同意しました。

「そうです。彼女はローマ・クラブの会員でもありますが、現在これらの組織は、名前が示唆するほどの重要性を持っていません。他の組織の方がもっと危険なのですが、それらが急激に力を結集したのは何となく変ですね。おそらく彼らは、このようなきっかけが起きるのを長い間待っていたのでしょう」

私は力なく肘掛け椅子に腰を下ろし、下を向いてしかめ面をしていました。もしもこのような事態が続くなら、私の契約はそのうちに破棄され、安全保障に関する条項だけが残ることになってしまうでしょう。悲しいことですが〝政治的圧力に打ちのめされてしまった〟というのが私の見解だったのです。なぜ神がこのような状況をお許しになったのか、私にはその理由が理解できませんでした。すると、シン・リーの態度が突如として冷たくなりました。

「もしも私があなたのことをシエン博士から聞いておらず、もしもセザールがあなたの個性や特性に関する概要を作成していなかったなら、私はあなたに対し〝そんなことを言うあなたは大馬鹿である〟と言ったことでしょう。この場合はまだ事態が修復される見込みがあるのです」

私は自分の耳が信じられませんでした。とどのつまり〝シン・リーはまさに驚きに満ちた女性である〟と自分に言いきかせたのですが、たとえそうであっても、この美しい女性がこのように大胆不敵であり豪胆であるとは、とても考えられなかったのです。しかし、私の内面の法廷においては、自分が彼女から言われたもの（大馬鹿）に相当することを全面的に認めていました。まるで何事もなかったかのように、彼女はそれまでと同じ自然な口調で話し続けました。

「現在の状況や局面をあなたはもっと注意深く見るべきであり、もっと深く考えるべきです」

依然としてシン・リーの返答に困惑していた私は、彼女に尋ねました。

「一体何を祈ればいいのですか？　何について熟考すべきなのですか？」

彼女からの答えを期待せず、私は一人つぶやきました。私をこのように鋭く判断するこの女性は一体誰なのだろうか？　私は自分の内に籠り、ゼロ局やオバデラ将軍への信頼が損なわれることを非常に憂慮していたのです。しかし、今ここで彼女は、私の性格の癖を厳しく直そうとしていました。

「あなたが解決できることは何もないのですから、今はあなたが被害者ぶるときではありません。それは狼狽と失望をもたらすだけであり、それでもって事態を修復することは決してできません。実際のところ、それはあなたが解決できる問題ではないのです。ゼロ局については憂慮しないことにしましょう。それを対処できる人が他にいるはずです。あなたがまだ理解していないことは、今非常にひどいと思われる状況が実際は望ましい結果に至る道である、ということなのです」

「そんな馬鹿な！　あなたは一体何を言っているのですか？　オバデラ将軍はもはやゼロ

局を統括する立場にはいません。それが状況の改善なのですか？　悪いことのどれが実際は良いことになるのですか？」

内心彼女の言ったことに何か間違いが見つかることを期待しつつ、私は陰険に見える態度で彼女に聞きました。

シン・リーはキラキラ輝く目と晴れやかな微笑みで私を見つめながら言いました。

「私は今あなたを見ています。全く理由がないにもかかわらず、思いがけずにあなたは子供と同じぐらい純真で無邪気になってしまうのですね。私は今それを実感しました。自分では知らないままなのですが、あなたは純真で無邪気なのです。それは非常に良いことです。なぜかといえば、もしもあなたがこの天与の資質を〝要求に応じて〟使おうとすれば、あなたは実利的になり、すべてが台無しになってしまうからです。純真かつ無邪気であることは、まさにあなたが自由に使える権利です。もっと言えば、それらは一人の人間・一個人としてのあなたを超越するほどのものなのです。しかし例外があります。先ほど言ったように、それはあなたがいささか馬鹿になることであり、その場合、あなたにはこの天与の資質が見えなくなってしまいます」

私は強硬な態度で彼女に言いました。

「その種のことばを使うのはやめてください」

「そのことは忘れて、あなたを超えるものに意識を集中してください。つまらない人間にならないことです。私はある人を知っていましたが、彼は子供のとき、自然界の精霊とよく一緒に遊んでいました。彼の両親を含むすべての人々は、彼のことを知恵遅れだと思っていました。しかし実際に彼は、自然界に住んでいる素晴らしい生命体と一緒に遊んだのです。それらは彼にしか見えませんでした。もしも今あなたがしたような非定型的なやり方で、この子供のような率直さ・純真さ・無邪気さがもっともっとあなた自身を包み込むようにすれば、まだあなたには、馬鹿にならない可能性が残ります。あなたはこれを知らねばなりません。しかし、もしもあなたがささいなことに夢中になり、実利的な打算に身をゆだねるなら、あなたの運は尽きてしまうでしょう」

私は彼女の辛らつな言い方に慣れ始めました。なぜなら〝それらの表現に伴うフォース(力)やエネルギーが、気に障る言葉を強調するのではなく、全く異なる意味付けをしている〟ということが、さらに明確に理解できたからです。

シン・リーが平静な口調で言いました。

「とりあえずは〝ひどい事態と望ましい状態〟の問題に戻りましょう。というのは、それが私たちの議論の始まりだったからです」

「ああ、あなたは忘れていなかったのですね」

「あなたのような〝機知に富んだ人〟の発言をそう簡単に忘れられると思いますか？　言うまでもなく、多くの場合、悪い物事は本当のところ良いことなのです。神について一方的な考え方をしている人々にとって、このような分析は衝撃的かもしれません。なぜなら人々は、〝大いなる神は曖昧さをも好む〟という事実に隠された意味を理解することなく、神を真・善・美だけに結びつけて考えているからです」

「その隠された意味とは何ですか？」

と私が聞くと、彼女は次のように答えました。

「忍耐強くあれ、ということです。この言い方は逆説的ですが、それは〝ある神々は善悪の領域をはるかに超越している〟という事実を意味しており、それゆえ、これらの神々は二元性を超えた存在なのです」

どぎまぎしたものの、私は本質的に議論の主題を理解しました。そして彼女に言いました。

「人生において大変な損害を被ったり打撃を受けたりした人々の所に行って、彼らにこの事実を確信させることができますか？」

「これは細心の注意を要する問題です。いかなる事情があっても、私たちは、神が邪悪であるとは言えません。〝悪の存在下においてさえも神を見いだせる〟、これが理解できるなら、それは私たちにとって賢明なことですが、ほとんどの人々にとって、この真実は思考を妨げる大きな障壁となるのです。彼らが人生において何度も何度も失敗するのはそのためです」

私は態度をさらに融和させて尋ねました。

「どのようにすればそれをさらによく理解できますか？」

「神がすべてのすべてであることを一時たりとも忘れないことです。これにより〝善と悪は両方とも絶対的存在である〟という二元論から解放されます」

私は絶対的二元論のさまざまな面について読んだことがあり、それによって、清教徒の信仰に関わる永遠の問題である原罪（※）の考え方が私の心にもたらされました。

これは、東方典礼においてフェリクス・カルパ（幸運な罪）として示されています。キリスト教はこの板挟みの問題を解決するために〝まさに原罪は人間を魂の救済に導く道そのものを示している〟と説くことによって原罪を正当化せざるを得ませんでした。もしもこの主張を受け入れるなら、２千年もの長い期間続いてきた清教徒信仰の狭量な偏見が克服されるでしょうか？　この点は極めて疑問です。しかし、どれだけ多くの教区民がこれを理解できるのかを知ることが私の目的でしたので、私はシン・リーによる説明にさらに耳を傾けました。彼女は単に優雅であるだけでなく叡智（えいち）にも富んでいるように思われたの

※ 原罪とは、アダムとイヴの罪が全人類に遺伝的に受け継がれているとみなし、人間が神の命令に背くという罪を犯すのは生まれながらに罪深い存在であるからだ、とする考え方のこと。

です。

「実のところ〝悪であるものにおいてさえも神が見いだされ、至高の善の如く感じられる〟という見解は、〝姿を見せる悪は絶対的な悪ではなく、それゆえ全面的に善に敵対するものではない〟という考えをその本質において表明しているのです」

それ相応の理由から、私は彼女に尋ねました。

「もしも物事がこのようであるのなら、なぜ私たちは自分自身を善と悪に向き合わせるのでしょうか？」

「悪の経験が私たちをして、自身の弱さや罪に向き合わせるのです。それが理由です。なぜなら、今私たちが何度もひどい結果を味わっているのには正当な理由があり、それが私たちの過去の行為に痕跡として残っているからです。しかし、たとえそうであっても、もしも私たちが過去にひどいことをしたことを心底認めれば、ある意味でそれは、悪ではあるものの、少しだけ善に傾くのです」

彼女の言ったことは正しいと思います。今だけでなく常に正しいのです。一般的に言って〝まったく悪いことを知らない人々が実際には愛に乏しく、他人に対して思いやりに欠けた振る舞いをする〟ということに気付く場合が、日常生活には何度もあるのです。数多くの宇宙起源論においては悪が原罪とみなされ、その罪は〝創世〟あるいは〝大宇宙〟の実際の条件をも決定します。悪は不可解かつ謎の事柄であり、誰もがそれについて話すことができます。なぜかといえば、それは心や理屈・道理に基づく通常の方法では理解できませんし、その説明はめったに見つからないからです。それゆえ、無知な人間にとって悪はほとんど理解不能のように思えます。もしも人間が本当に正しくそれを説明できるなら、悪は起爆装置が外された爆弾のように見えることでしょう。ひとたびその不可解さが完全に解明されるならば、悪は消滅するのです。

この点については、私の東洋に関する知識や秘儀に基づく見解が役に立ちました。私はヒンドゥー教の壮大な叙事詩マハーバーラタからの意義深い引用文を思い出したのです。そして、それにより私は、このような状況において行動する賢い方法を導き出すことができました。長い間それを探し続け、再度その引用文を見つけることができたのです。私はここでそのすべてをお話しします。

至高の真理を完全に理解した偉大な賢人が次のような助言をしました――善と悪を拒否し、真実と虚偽を拒絶しなさい。そしてその後、これらすべてを否定し、最後に否定する行為そのものを否定しなさい。この考えは、紀元前500年頃のインドの哲学書であるカタ・ウパニシャッドにおいて述べられています。当時の英雄ナシケタスが死の世界の神であるヤマに尋ねました。「おおヤマよ、教えてください。お願いします。善悪を超えるとどうなりますか？」これらの哲学的考察はシン・リーによる含蓄のある説明を基礎にしていますが、それらをさらに長引かせたくはありません。これらの引用文に注意深く目を通すことによって、次のような考察が得られました：もしも私たちが悪を超えられないなら、善を超えることもできない。しかし私は、これに関連して形而上学的分析の必要性に気付いたのです。それなしには、善悪の問題をより優れた方法で理解すること、それを願うことさえもできません。

シン・リーは次のように考察しました――悪は依然として疑う余地のない現実であり、ともかくも私たちが無知の状態に直面している限り、否定することも避けることもできません。彼女はまた〝悪には謎のようなものがあり、その現実性は道理や理性に基づく考慮の対象になり得ない〟ということを示してくれました。このようにしてその形而上学的特質が現れます。そして、それにより私たちは、人知で悪を理解することはほとんど不可能であることに気付かされるのです。しかしこれは、神の全知全能に関しては妥当な陳述ではありません。

シン・リーは私に要請しました。

「少し考えてみてください。もしも神が害を及ぼすなら、それは神ではありません。神にとって悪は全く存在しないのです。ひどい苦痛・苦悩・憎しみ・不正・残酷好き等は、人生のいくつかの側面を人間が近視眼的に見たものにすぎません。それらが悪として解釈されるのです。しかしながら、もしも神がそれらの存在を許容するならば〝確かに神が承知しておられる〟という理由から、それらは間違いなく生じます。しかし、人間は無知の状態に陥っており、それゆえ、差し当たりそれを知ることはありません。人間ができることのすべては、霊性の面で進化した未来の人生においてこの謎に対する答えを知ること、それを願うことだけなのです」

私は考え込んだままでした。議論の根拠は確実であるものの、人間の気質があまりにも強いため、これらの原理が束縛を受けることなく示現するとは考えられません。私たちは危害を被るとすぐさまそれに対する対応策（それには報復さえも含まれます）を探しがちですが、私たちのほとんどは、その傾向が強すぎて理性的で賢明な状態にならないのです。たとえ、それが悪を説明することさえもできずそれを除去することもできないことが毎回合理的思考によって非常に明確に示されたとしても、この気質や傾向は繰り返し現れます。なぜなら、結局悪の謎めいた働きが、常にきれいな心から生じる愛や無邪気さの並外れたパワーによって心の中で変容し、化けてしまうだけだからです。

私はシン・リーに次のように言いました。

「しかし、他にも問題が生じる可能性があります。具体例として挙げれば、もしもある人がさらに深く悪行に陥ってしまうと、当然の結果として苦悩が生じ、それがその人にとって耐え難いほどひどくなり、その結果、その人をさらに一層無謀な悪行に駆り立ててしまいます。それから抜け出すための出口がないように思われるのです」

シン・リーが明確に答えました。

「一見したところではそうです。大体の場合、最初人間は苦悩と悪に直面しますが、その後、これらの経験に基づいて、霊性の面で成熟した状態に進化することができるのです。しかし、その人が規則や原則を強制的と考えて自ら進んでそれらを破れば、奇妙で危険な世界に入り込んでしまいます。そして、それから内なる苦悩が生まれてあまりにも激化してしまうため、寛容あるいは絶望が、犯した過ちに代わる唯一の選択肢になってしまうのです。なぜなら、その人にとっては引き返す道がないからです。この極度の恐怖を克服し、自分が為した悪行を超える必要性のゆえに、人間は、超越的・超自然的な経験が一筋の光明であることに気付きます。ひどい苦悩や魂の苦難に直面したとき、ほとんどの場合、人間は神に逃げ道を求めますが、これでもってその理由を説明することができるのです。もちろん、このように大目に見ることは、完全に意識のある状態で責任ある行動が為された後でなければなりません。なぜかというと、もしもこの点が些細(ささい)なこととして扱われれば、もはやひどい過ちについては話さずに単に間違った手順として語ることが、その人にとって可能になるからです。ある種の原則や規則を大幅に破ると、私たちは自分自身の自由・権利と向き合うことになり、さらにそれを通して、私たちが担う責任と直面することになるのです」

シン・リーはこの時点で、慎重に扱うべきテーマである〝意識状態での自由と行動〟に言及しました。キリスト教会はこれを非常に危険な問題であると考えており、重大な懸念を抱きつつ、〝人間が個人としての自由を全面的に行使して教会があらかじめ決めた法や規則を破ってしまう可能性〟を注視しています。キリスト教会は〝無知は私たちを罪から完全に解放するのに充分である〟と述べて、誤った行いや行動に関連する無知を性急に許していますが、これがその理由です。言い換えれば、もしもあなたが聖なる告解の際に〝自分のしたことが悪いことだとは知らなかった〟と言えば、許しが得られるのです。安息日に働いていた男とイエスの出会いを示す聖書の文面を思い出しましょう。イエスはその男に次のように言ったのです。「もしもあなたが、安息日の厳格な規則を破って為していることが何なのかを正しく理解すれば、あなたは幸せになることでしょう。誰も安息日には働かないのです。しかし、このことを覚えておいてください。なぜなら、もしもあなたがこれを本当に知らないのであれば、あなたの運は尽きてしまうからです。あなたは聖なる法を破っているのですから」

従ってイエスは、安息日との関連でその男のことを考慮していたのであり、キリスト教会がしているように男との関連で安息日を考えていたのではないのです。こういうわけで、聖書のこの文面は非常に危険であると考えられていて、とりわけ聖職者を動揺させ、彼らの考えや権利に揺さぶりをかけています。なぜかといえば、それは選択の自由の必要性を巧みに強調しているからです。また、それにより〝意識状態で責任を持って賢く行使された自由〟が人間に与えるパワーを推し量ることができます。これがもう一つの理由です。しかしながら〝人間に自由を与えることは危険である〟というのがキリスト教会の意見なのです。自由であることの必要性は、罪や無秩序に対する弁明・弁解を意味しません。それは、キリスト教会が課した規則を正当化するために、教会のほとんどの代表者たちによって発動され、長い期間をかけて罪や無秩序に対する言い訳になったものです。

これまで一度も罪を犯したことがなく、堕落したことも悪事を働いたこともない完全な人間の原型を想定すると、そのような人は、多くの場合、肉体と魂両方で感じられる弱さ・過ち・罪・苦悩の経験を持っていません。シン・リーも同意見ですが、私の考えでは、これらの弱さや過ちの経験がない場合、創世の際に存在した基本的実在世界の正しい理解を得ることは、不可能ではないにしても難しいと思われます。もしそうでないとしたら、人間の条件や人間社会、別の人間に会うこと、および介在するもろもろの関係を受け入れることは困難でしょう。大抵の場合、これらの種類の経験から、最も純真で気持ちを高めさせる愛、思いやりや慈悲に溢(あふ)れた愛が生み出されます。全面的に愛するという行為を高みからのみ実践する、と主張することはできません。なぜなら私たちは愛する人々の間に交じって下にもなることが必要だからです。

このようにして、彼らが抱えている苦悩・罪・困難を、心の底からの強烈かつ生き生きとした経験を通して知るようになるのです。それゆえ、もしもそれについて深く考えるならば、私たちは即刻次のことに気付きます。以前一部の人々の考えていた神に関するたくらみの多くが、悪の問題によって永遠に打ち砕かれ、その結果、私たちは神による創世の複雑でさまざまな側面について、より一層謙虚で現実的になるのです。

ゼロ局の中心人物だったオデバラ将軍の解任とペンタゴン長官のアルファ基地訪問の意味など⁉

私にとって、その日は忘れられない日になりました。シン・リーの並外れた心理的手腕と論証の巧みさがはっきりと示されたからです。さらに言えば、彼女は、私が自分自身のエゴの境界を越えてほんの少し前進し、その先を見ることを可能にしてくれました。それは私の内なる旅であり、青の女神『マチャンディ』から託された秘伝の文面を説明するための準備だったのです。しかしそれでもなお、その草稿の作成を可能にする状況が整うまでには、さらに4か月待たねばなりませんでした。

ところで私は、オバデラ将軍の任務が継続されることを望んでいました。しかし、それははかない期待であることが分かりました。年老いた将軍は、まさに忍耐の限度に達したように見えたのですが、実のところそれは、予期せぬ驚きの終わりではなかったのです。諜報活動の不透明な分野において、将軍は数え切れないほどの人間関係や繋がりを持っており、それゆえ、依然として、非常に顔が広く強い影響力を持った存在でした。指揮・管轄をする立場からは退いたものの、相変わらず現役勤務のままであり、予備役将校になるという選択はしなかったのです。ルーマニア首相による政治的決断は、外交圧力にも起因し、稲妻のようにゼロ局を揺るがしましたが、オバデラ将軍の現役勤務は、それに対する抵抗だったのです。誰もが〝将軍の解任など全くあり得ない〟と考えていました。しかし、それは実際、驚くほど速く起きたのです。

それでもなお、事態は私たちが願っていたよりもずっと良い結果となり、アルファ基地に残っていた私たち全員を勇気づけました。私たちはそれを静かな拍手でもって迎えたのです。すでに述べたように、オバデラ将軍はたやすくあきらめるような人ではありません。しかしこの場合、解任の意図は政界のトップから出ており、将軍自身、もはや指揮・管理のための手段を充分に持っていませんでした。それゆえ彼は、ゼロ局を去らねばならなかったのですが、それは彼が25年以上にわたって管理保護してきた部局でした。裏から手を回すには、高いレベルの人間関係や繋がりが必要です。しかしオバデラ将軍は、目に見えないそれらの資産を充分すぎるほど持っていましたので、曲がりなりにも私たちは、直接の影響を受けずに済んだのです。

私は個人的には、ハルバーグ公爵夫人のルーマニア訪問がオバデラ将軍の解任を速めた、と確信しています。外交と政治には不文法があります。それゆえ、オバデラ将軍がゼロ局から解任された後、私たちだけは何の騒動もなくゼロ局に残ることができました。それが嵐の前の静けさにすぎないとは思っていましたが、少なくとも〝揺れ〟の影響から立ち直るための時間を少しだけ持つことができたのです。

シン・リーの説明は彼女の思考の精神に立脚していましたが、それに沿って事態がそれなりにうまく収まったことは、極めて興味深いと思います。オバデラ将軍は今回ペンタゴン（米国国防総省）訪問を拒絶されました。彼はその衝撃から立ち直れないのではないか、と私はうすうす感じていました。理由として考えられる点は次の3つです。(1)彼はイノサント将軍との個人的関係を享受してきた、(2)彼はこの場合諜報にかかわるすべての情報を入手できる立場にいなかった、(3)もしかしたら彼はそれらに関する事実を知りたくなかった。私たちは〝それがホワイトハウスからの命令に基づいていた〟という点に鑑み、数回にわたってその状況の明確化を試みました。そして、その結果をオバデラ将軍に提示しようとしましたが、常に彼は、詳細情報を受け取ることを拒否したのです。

暫定的な権限の委譲がかなり長い間続きました。極めて自然な流れでしたが、セザールがゼロ局を率いる立場に就き、ニコアラ大尉がセザールの以前の任務、とりわけ戦術面に関する役割を引き継ぎました。私は、ブセギの複合施設にかかわる主たるプロトコル（手順）の管理に対して責任を負うことになり、その意味では、少しだけ改善された自分のオフィスをうまく維持することができました。もちろんそれは、より高い立場に就いたことを意味しますが、それはまた、米国人担当者との人間関係にかかわるお役所仕事が増えたことでもあるのです。それにもかかわらず、私がペンタゴンの高官と非常に良い関係を築いていたため、すべての物事が順調に進み、誰もが満足していました。

私たちには、夜アルファ基地の外交儀礼室でテーブルを囲みながら議論をする、という習慣がありました。その際私たちは、多分これはオバデラ将軍の退陣が残した明らかな〝権力の空白〟によって生じた一時的な状況である、ということで全員が合意しました。セザールは将軍の側近中の側近として知られており、ＲＩＳ（ルーマニア諜報部局）における超自然力の分野で尊敬を集めていました。しかし、結局のところ、ゼロ局の指揮管理は政治的なものに変わっていったため、彼の暫定的な地位は長くても1年だけになるだろうと思われていたのです。

しかしその後事態が変わりました。セザールが政治課題・政策・構想を年老いたオバデラ将軍と共有していたことは、あまりにもよく知られていましたので、政府の超自然力担当部局の人間は、誰一人としてセザールがゼロ局の長に留まることに関心を抱いていませんでした。そのとき、先ほど私が言及した意外なことが起きたのです。それは酸素の気泡のようなもので、それにより私たちは、自分たちがもはやそれほど孤立した存在ではない、と考えるようになりました。オバデラ将軍は数か月前に受けたペンタゴンに起因する衝撃からまだ立ち直っていない、というのが私の意見でした。この推測が正しいかどうかは分かりませんが、事態は突如として新たな展開を見せたのです。

将軍が辞表を提出したあと、ペンタゴン長官によるルーマニア訪問が電撃的に告げられたのですが、その発表の場所はブカレストではなくアルファ基地だったのです。たとえそれが公式の訪問ではなく特定の目的のものであると言われたとしても、それは私たちを行動に走らせる重要な出来事です。オバデラ将軍と根拠地（アルファ基地）で30分間会うことがイノサント将軍の旅程に組み込まれていました。パキスタン行きの飛行機が迂回路(うかいろ)をとることになるため、それは、古くからの友人であるオバデラ将軍に好意を示すことにより数か月前に生じた緊張状態を緩和させる、ということを意図しているように思われました。

ゼロ局の指揮管理という重責から身を引いたばかりでしたが、オバデラ将軍はそれを断るという姿勢や立場はとりませんでした。二人の間には個人的なつきあいもありましたが、それを超えて、ルーマニアと米国の間には諜報・軍事活動のレベルで今もなお良好な関係が続いており、それは台無しにするにはあまりにも価値が高いものだったのです。ヘリコプターが基地に着陸したとき、私はその場に立ち会ってイノサント将軍を迎えましたが、二人の将軍の間で手短かに交わされた会話をかろうじて聞き取ることができました。

オバデラ将軍がイノサント将軍に言った言葉はかなり辛らつでした。

「ペンタゴンには迎えてくれなかったけれども、また会えて嬉しいよ、ビル！」

それに対してイノサント将軍が冗談抜きに答えました。

「どこか人払いできる場所があるかね？　君と話をすることが必要だ」

二人は建物の中に入りましたが、外交儀礼室ではなく以前オバデラ将軍のオフィスだった場所を使ったのです。誰も会見の邪魔をしないこと、また、誰もその部屋に出入りしないこと――これがオバデラ将軍の命令でした。彼らは25分ほどそこに留まり、その間ずっとヘリコプターはエンジンを止めませんでした。ほぼ30分が過ぎて二人が部屋から出てきましたが、会見が有意義であっただけでなく、オバデラ将軍にとって驚くほど好ましいものであったことが見て取れました。将軍は以前よりもずっとくつろいだ表情であり、穏やかで上機嫌でさえあったのです。オバデラ将軍と別れの挨拶を交わした後、イノサント将軍は、専属の警護官に付き添われて急いでヘリコプターに乗り込みました。

外交儀礼室で私は、セザールおよびニコアラ大尉と一緒にオバデラ将軍を辛抱強く待っていましたが、やっとそこに将軍が入ってきました。彼は全く前置き情報なしで言いました。

「ヘリコプターは現在ブカレストに向かって飛んでいるが、その一方、必要書類は今準備されている途中だ」

そして、決定的な効果のある一呼吸を置いたあと、満を持して話し始めました。

「うーん、結局のところ〝狼〟は私を失望させなかった。私はゼロ局から退くけれども、近い距離に留まるつもりだ。ビルはあのときの外交面の結末を残念に思っているが、あのときの命令は国務長官から直接きたため、彼にはどうすることもできなかったそうだ。しかし、水面が少しだけ静かになっている今、彼はブセギの複合施設と繋がる常設の〝連絡橋〟を必要としている。彼は私が辞任したことを承知しているが、それゆえに、私に次の仕事を提案するためにルーマニアに立ち寄ったのだ。私はペンタゴンで、ビルと同じ通路側にオフィスを持ち、そこで仕事をすることになる」

それはまさに大変なニュースでした。私たちはさらに強力な後ろ盾を得ることになり、それによって今後の分裂を防ぎ、私たちに対して用いられている敵方の戦略に打ち勝つことができるでしょう。

セザールが言いました。

「イノサント将軍との話の結果には私も満足していますが、協力面の議定書があると客観的な見解を維持するのは難しいと思います。米国側は官僚制度の導入を望んでくるでしょう」

「その点については、すでに大まかに話をした。それは特定の範囲内での戦術行動の適応ということになる。その他の点に関しては変更が多く出ないことを私は願っている」

私はかなり興奮して言いました。

「これは波風を立てることになりますね。私たちの〝お相手〟には相当な痛手になるでしょう！」

「まさにその通りだ。しかし、彼らにはどうすることもできない。自ら進んでこの危険を冒すつもりがあるかどうかを二度にわたってビルに尋ねたが、〝自分が一身に責任を負うので、概要的には、異議を唱える者は誰もいないだろう〟というのが彼の返事だった」

ほぼ1年にわたって続いた緊張状態と労苦の末に、ようやく私たちは平穏で落ち着いた展望を望むことができます。結局のところ、ゼロ局における状況の変化は、それほど悪いものではありませんでした。おそらく、より適切に言えば、この影響力のレベルの修正がゼロ局内で必要だったのでしょう。シエン博士とシン・リー女史はほぼ2か月間留守にしていました。しかし、彼らがどこにいて何をしていたのか、私がとやかく言うことでないのは明らかです。ただ私は、秘伝編集の最終期限が迫ってきているのではないかと思いました。それは私に委託された特別の任務なのです。私はある事柄について少しだけシン・リーと議論しました。そのテーマは、翻訳の文面を全体として改訂して指針をいくつか定めることでしたが、それは、私が自分の所感と共に主張したものです。

シン・リーが私に言いました。

「あなたがどれだけ多くの文章を書くのかは重要でありません。それどころか、文面は可能な限り簡潔かつ明確でなくてはなりません。何といっても質が第一です。理解する人々はいますが、その一方、心の茂みに迷い込んですぐに自分を見失ってしまい、そこから抜け出る方法が分からなくなってしまう人々もいます。私の役割はあなたを導いて、秘密文書の5つのスタンザの意図・目的をできる限り明確かつ適切に提示できるようにすることです」

時が来てこの秘伝の文面が参照されると、すべての物事は、それと比較されて重要性が下がってしまうでしょう。

「であれば、私の役割は何なのですか？」

シン・リーは少しの間じっと私を見つめてから答えましたが、その声はあたかも別の世界から届いているかのように思えました。

「あなたの任務は、あらゆるところにそれを知らしめることです。たとえ悪意を持っていたとしても、誰もそれを止めることはできません。これまで障害や妨害が数えきれないほどありましたが、今やすべての準備が整っています。あなたの時が来たのです」

第三章

羊皮紙に書かれた秘伝‥チベットの5つの霊的進化の手法

純化された意識レベルへ！　秘伝文書の注釈と解説の仕事のため、謎めいた存在シン・リーが私に施した微調整！

2006年の初め、私はすでにシン・リーの監督下で、秘伝の文面の起草に取り組んでいました。一連の要因が、これまで私たちのいつもの活動であったものに〝切れ目〟を生じさせ、その結果、この仕事が可能になったのです。これはまさに奇跡的なことでした。オバデラ将軍がペンタゴンに移った後、ゼロ局を取り巻く状況は一層平穏になり、セザールは、ゼロ局の統括管理の役割を何の苦もなく引き継ぎました。一方、私は自分の任務を極めて上首尾に遂行し、とりわけ、ブセギ基地にかかわるルーマニア・米国間の協力に向けた建設的で新たな取り組みをしばしば実施しました。シエン博士とシン・リー女史はアルファ基地に戻り、その結果、〝舞台裏で裁定を行う強力な組織〟は少しだけ撤退しました。

オバデラ将軍は、ブセギ基地にかかわるルーマニア・米国委員会の上級代表になりましたが、彼を取り巻く状況のこの突然の変化には誰もが驚きました。ブセギ基地は極めて重要な戦略上の要衝であり、計り知れないほど貴重なテクノロジーの情報源と考えられていますので、ブセギにおける基地はペンタゴンにとっても最大の関心事なのです。それゆえ、オバデラ将軍のオフィスは、イノサント将軍のオフィスのすぐ近くに設けられました。

私はこのすべてに、厄介で謎めいた存在であるシン・リーを付け加えねばなりません。彼女は常に注意深く言葉を選び、熟慮して得られた結果に基づいて話します。愚かにも私は、過去数か月間、彼女の言葉による表現や言い回しを個人的な問題と考え、彼女が私に対して何か含むところがあるのではないか、と思っていました。しかし実際はそうでなかったのです。彼女がその後説明してくれましたが、彼女の妥協を許さない言動は、私の本性から〝残余物〟の大部分を取り除くために欠くことのできないものだったのです。それは秘伝文書への注釈や解説を私が起草するという重大な局面においては、絶対的に必要でした。秘伝が明かした深い知識およびその精妙な考えを理解することによって醸し出される愛は光に満ち満ちています。

とりわけ自分の仕事を考慮すれば、私が日常生活においてしばしば直面する不愉快な面はこの愛の光と比べると実質的に無意味である――ある程度の助けがあったものの、私には、自力かつ完全に意識のある状態でこの気付きを得ることが必要でした。たとえ私たちが〝自分たちの日常生活の活動は非常に重要である〟と考えたとしても、このような努力は、私の心および賢明な読者の心双方に、決して乱されることのない平安と静謐(せいひつ)をもたらすことになっています。私はシン・リーによる〝訂正〟と説明に基づく現実の真っただ中にいますが、私自身の性格・個性が〝微調整〟されるのを全面的に楽しんでいます。

シン・リーによれば、秘伝文書の隠された意味をよりよく理解して提示するためには、純化された意識レベルの維持が不可欠なのだそうです。遺憾ながら、無頓着あるいは邪悪な考えは、精神疾患や内面の凶暴性を持った非常に多くの人々に共通しています。しかし、この訓練により私は、自分の心をこのような考えがほとんどない状態にすることができました。

シン・リーが言いました。

「あなたは内なる均衡と調和および結束を達成しました。それによって今あなたは、自尊心やうぬぼれでもって対処しなくなります。しかし、あなたが長い間その状態でいられるとは思わないでください。本当に先に進むためには、ずっとその状態を維持しなければなりません。ほとんどの人々はこの試験に落第します。グループや社会が失敗し、大いなる願いや目的がかなえられないのはここです。これは非常に難しい試験なのです」

「私はゼロ局のことを考えています。これはゼロ局にも適用できると思いますか？　あなたもお分かりのように、私たちはこの国の利益を望まない特定の階層の人々と戦っています」

シン・リーが答えました。

「それは全く異なる状況です。物理的条件に基づいて変化するものがたくさんある、と考えてください。それらには階層・序列、秩序・道理、利害等が含まれています。しかし、それでもやはり、ゼロ局内で起きていることは、ある種の人々によって明白に示された〝隠された意図〟の現れである、と言えるのです。その全面的修復も最終的には可能です。すなわち、ゼロ局の支配管理を望んでいるグループに対して何らかの効果が生じるように、ゼロ局が動くことができるのです。しかし、これにはかなりのエネルギーが必要ですし、非常に面倒なので一筋縄ではいきません」

「分かりました。しかし、それでもなお〝グループの規範〟は普遍的に正当です。そうではありませんか？　私はそれが正しく機能する方法に注意を向けています。例えば、そのグループの主たるメンバーが互いに離れていて、彼らの間の距離が非常に大きい場合、それは問題ではないのですか？」

言うまでもなく、私は特にオバデラ将軍に言及していました。たとえ将軍が、考えや意図を私たちと共有して生き生きと存在していたとしても、将軍との大きな物理的距離はやはり障害になります。しかし、たとえそうであっても私は、その逆の正当性を確かめたいと思います。ほとんど何も変わらなかった、と私は考えたいのです。現在、とりわけ高いレベルにおいて、オバデラ将軍の行動力は限られていますが、将軍の強い影響力は、彼の人間関係や彼が裏で引く〝糸〟を通じて、ブカレストおよび米国軍事外交上層部の両方で今もなお感じられます。彼の持つ力量と臨機応変の才に基づき、将軍は私たちを助けて戦いを断念しないように全力を尽くしているのです。

シン・リーの叡智に満ちたアドバイス
フリーメイソン勢力との戦いとゼロ局グループ内の調和と結束について!

シン・リーが答えました。

「それは極めて重要です。まず初めにそれは、グループの一致団結する力、そしていかにしてそれが四分五裂するか、なのです。私が〝一致団結する力〟と言うとき、それは調和のとれた状態を意味します。それは重要な目標の達成を願う強いグループすべてに欠かせないものです。この状態は、邪悪な力に直面している破壊できない一枚岩のようなものであり、その邪悪な力は一枚岩の破壊を望んでいます。まさにこれが、邪悪な行動の規範が〝分割して征服せよ〟に要約され単純化されている理由です。悪がそれ自身に強いられると、協力・協調は生まれることは生まれますが、目を開ける前に死んでしまいます。団結力と調和的協力を示すことなく四分五裂してしまうのです。通常、悪の力は人々や組織を通して善に敵対します。まず初めに、結束と調和の状態を破壊しようとします。それまでそのグループは考えや行動において一致団結していたとしましょう。しかし、もしもそのグループの調和が破られれば、結束の状態は失われ、その結果、その効果的な働きは劇的に下がってしまうのです」

私はそのような様相や状況を非常によく理解していました。なぜかと言うと、私はそれらについてセザールと何度も議論したからです。まさにそれらは、とりわけフリーメイソンの勢力との戦いが何に基づくべきかを理解するためには、絶対不可欠の方法だからです。

私は言いました。

「知っています。そのような不協和音が生じる典型的な状況は、自尊心が誇張されたりするときです。グループの何人かにそれが出てくると、しばしばそれは怪物のように増幅するのです。すると、互いに調和することなく別々に行動する傾向が現れます。そうです。私はその仕組みや働きを正しく理解しています」

シン・リーが手控えることなく言いました。

「そうですね。それについてはまた議論しましょう。あなたが言った通りです。グループ内にそのような人たちがいる場合、彼らは即刻排除されねばなりません。なぜなら、彼らはあたかも病原菌であるかのようにグループ全体をひどく駄目にするからです。しかし、もしもグループのメンバーの間に調和がもたらされたとしたら、一体何が起こると思いますか？」

私は気をよくして言いました。

「うーん、あたかも私たちが幼稚園にいるかのようですね！　そのグループが霊性に基づくものであろうと、秘伝的なものであろうと、あるいは政治志向のものであろうと、グループの性格には関係なくそのパワーは増大します」

「性急に結論を出す必要はありません。なぜかと言えば、私がこの点についての話を望むのにはそれ相応の理由があるからです。思い出してください。グループが調和と結束を示せば、そのパワーは非常に大きくなります。しかしこれは、調和の状態を個々のメンバーに伝えるのが目的ではなく、彼らの能力を急激に増大させることを目的としています。もしもあなたがこれを正しく理解すれば、それは極めて重要な問題の捉え方になります。たとえ何人かが霊性や秘伝に基づく概念を知っていたとしても、もしも彼らのエゴ（うぬぼれ・自尊心）が大きくなったり過度に示されるならば、グループの効果的な働きは低下し、その全面的な崩壊にさえも至るのです。なぜなら、それはグループメンバーの間に不協和音を生じさせ、結束の欠如をもたらすからです」

低位の意志のエネルギーの扱い方、高位の意識のパワー、エネルギー増幅の方法！

彼女の説明に鼓舞激励された私は、即刻、私たちの個性や独自性に立脚して創造される宇宙を、私たちの内なる小宇宙からの推測に基づいて心に描きました。私に分かる範囲でお話ししますが、問題となる要素は個々人のエゴであり、それは、うぬぼれ・身勝手さ・尊大な欲求のような、一連の不調和な特性を明白に示します。そのすべては、私たちを統一性のある総体的な視点から分け隔て、現実世界の断片だけが見えるようにするのです。しかし、それにはほとんど意味がありません。もしも私たちがうぬぼれの心を克服し、謙虚さや真の愛を示せるようになれば、エネルギー面で調和し首尾一貫した状態が私たち自身の中心に生まれることが分かります。そうなれば、まとまりと調和のある大宇宙の他の領域と一致して振動することが可能になり、それによって私たちは、より一層有能で効率的になり、発想を充実させることができます。なぜなら、それらのパワー領域と私たちの間に精妙な繋がりが確立され、それがさらに私たちを助けて、調和とパワーが増幅された状態を私たちの内に生み出してくれるのです。

シン・リーは私の意見をとりわけ高く評価し、心から私の進歩を祝福してくれました。

そして、さらに次の点を明確に述べました。

「しかしながら、その状態を達成して人間の凡庸なレベルを超えるためにはまず初めに自分の〝意志〟をはっきりと示さねばならない、ということを決して忘れてはなりませんし、意志なくしてはほとんど何も為されない、ということを理解しなければなりません。ここで私が言っているのは、誰もが使っている無意識の意志ではなく、意識的で有意な意志を使う努力のことです。それによって私たちの存在自体が変わるのです」

私は言いました。

「もちろん誰も、自分の意志を発現せずに自分を超えて成長することはできません」

すると、シン・リーがすぐさま私の間違いを訂正しました。

「あなたは話しますが、理解していません。意志の深い意味を把握するように努めてください。あなたは、行動する際だけでなくこの秘伝文書について書くときにも意志を表明します。この両方の場合、私たちは意志に関して話しますが、それは完全に同じようには発現されません。一体何が違うのでしょうか？　結局のところ、意志とはそもそも何ですか？」

私は驚きのあまり彼女を見ました。そして、少しばかり落胆して言いました。

「あなたが説明してくれると思ったのですが――」

「心配はいりません。あなたの答えを期待していたわけではなく、あなたの意識を少しでもこの主題に近づけようとしただけです。無意識的に発現された意志と全面的な責任を伴う意志の間には極めて大きな違いがあります。それは〝意志はすべての明示・表明を可能にするのみならず、私たちが感知するその明示・表明の維持をも可能にする基本的なエネルギーである〟という事実に起因します。たとえば、宇宙の法則は神の御意志が顕現したものであり、それは精妙で隠されたエネルギーなのです。もちろん、理想的な状態は、私たちの意志が神の御意志と調和しているときです。なぜかといえば、そのようなとき私たちには、自分たちが間違っておらず、私たちの意志が良い結果をもたらす調和的なものであることが分かるからです。

しかし、もしも私たちの意志が神の法に対抗するならば、それは善くない意志であり、一般的に強情さ・頑固さとして定義され得るものです。〝人間は潜在意識的かつ動物的な意志をも持っていて人間として統合された存在と一体化しており、それなりの役割が与えられている〟というのは事実ですが、さらに重要なことは、人間には明確に意識された意志があり、その意志がその固有のエネルギーの純化に関与している、ということです」

「個々の人間が持つ意志のエネルギーには微妙な差異がある、すなわち無意識的・潜在意識的な意志と明確に意識された意志、言い換えれば、低いレベルで発現する意志と高い上質のレベルで発現する意志がある。このように理解していいですか？」

「そうなのですが、あなたはまだいま一つ理解していません。この低位の潜在意識的な意志は身体の特定の機能、とりわけ動作や無意識の行動をするための補助的な役割しか持っていない、とあなたは思っています。しかし、私があなたに伝えたいのは、低位の意志が持つパワーと重要性を無視すべきでない、ということです。なぜかというと、これには、その人の人生において劇的で目覚ましい変化を引き起こす可能性があるからです。

大抵の場合、意志の持つ低位で本能的な面が発現すると、それはその人すべてを掌握し、制圧さえもしてしまいます。悪徳や情欲について言えば、低レベルの意志に起因するこのような強い感情が現れると、その人間は退歩してしまいます。ひどい堕落が起きることさえもあります。ここに問題があるのです。正確に言えば、この無意識かつ潜在意識的な意志は、人間を鎖で縛って低位の衝動に屈服させ、次第に下向きの道へと押しやってしまう傾向があります。これもまた意志のエネルギーなのですが、レベルが低いのです。しかし、もしもあなたが高位のエネルギーを充分目覚めさせるなら、それは効果的にこのような衝動や低レベルの傾向に対抗し、それらを支配して撃滅することができます。このような状況においては、高位の意志の役割が絶対不可欠なのです」

私は言いました。

「分かりました。しかし、あなたもご存知のことと思いますが、それらは常に変動を伴います」

「そのような変動は、低位の意志が高位の意志に克服されない場合にのみ生じるのです。しかし、低レベルの傾向が制御されるなら、私たちは、それが〝訓練〟を受けて純化されるのを目の当たりにします。それゆえ、意志の持つ高位のエネルギーを呼び起こして増幅させることが肝要です。例を挙げると、他の人々から助けを求められたとき、喚起され増幅した高位のエネルギーによって、彼らの低レベルの意志のエネルギーが払拭されて鼓舞されるのです。ときには、これら2種類の意志の間で一騎打ちが行われます」

私にはまだ明確にすべき点が一つ残っていました。そこで、それをシン・リーに尋ねました。

「もしもある人々が、自分たちはそのような高位の意志を持っているので他の人々を癒やして助けることができる、と思っているとしたら、その場合はどうなるでしょうか？」

「そのような場合には、進化に不可欠な常識や霊性面の成熟さが欠如しています。実際に私は、たくさんの出来の悪い人々を個人的に知っています。彼らは、自分たちにはある種の能力やパワーがあると信じていて超自然的な概念について話し、彼らよりも弱い人々の心を捻じ曲げてしまうのです。おもしろいことに、実際のところ彼らは自分たちの使命を確信しているのですが、もちろんその信念は凡人の単純さと無知に基づいているのです。高位の意志が持つパワーやエネルギーにより〝私たちの言葉と行動各々に真の価値がある〟という事実を良識のみに基づいて忠実に立証することができます。

しかし、もしもこのようなパワーやエネルギーをはっきりと示すことができないのなら、あるいは、自分たちの主張に確たる根拠がないならば、たとえ私たちが何を言おうとも、それを他の人々に永久に信じ込ませることはできません。言葉や下手な身振り手振りだけでは長期的な効力の維持には不十分です。なぜなら、結局のところ、すべての物事は生み出された結果でもって評価されるからです。望ましい結果を得るためには、意志の持つこの高位のエネルギーが要るのです。そして、それが増幅されるためには、充分かつ完全で意識的な努力が必要です。たとえ成功を望んでも、この高位エネルギーなしでは失敗に終わってしまいますが、もしもこのエネルギーを自分たちの内で目覚めさせ増幅させるならば、充分それを達成することができるのです」

ここでシン・リーは最も重要な点に言及しました。

「あなたは本質的な面を理解する必要があります。望むだけでは充分でありません。その望みを意識的な意志で持続させることが大切なのです。もう一度言いますが、単に欲するだけでは不十分です。あなたが何かを望むなら、その達成を容易にするエネルギーを持つことが極めて重要なのです。あなたが願い事をしてからそれが実現するまでにかかった時間を測ることにより、あなたが意志のエネルギーをどれだけ多く持っていたのか調べることができます。その時間が短ければ短いほどあなたの意識的な意志の持つエネルギーが大きい、ということになります。人が意識的意志の発する精妙なエネルギーを持っているかどうかは、その人の外見からは判別できない――これがその理由です。しかし、先ほど話した〝標識〟が、その人の意識的意志のパワーを明らかにしてくれるのです。

仮に、あなたが空腹だけれども何も食べるものがないとしましょう。しかし、もしもこの意志のエネルギーがあなたにあれば、何らかの方法で誰かがあなたに食べ物を持ってきてくれることが分かります。どんな手段によってそれが為されるのかは不明ですが、その出来事は実際に起きます。こういうわけでもしもあなたの意志が高いエネルギーを持っていれば、あなたはそれによって導かれ、数多くの成果を挙げることができるのです」

明快な例に基づく説明を聞き、この問題が理解できました。しかし私は、ずっと以前に危険な道を選んだ数人の友人の経験に基づき、さらにいくつかの点を明らかにしたいと思いました。

「しかし、潜在意識的意志のエネルギーの場合は、人を押しとどめる〝鎖〟のようなものがあるのです。例を挙げると、たとえある人が喫煙や飲酒を止めたいと考えても、まさにその瞬間に別の人が現れて、その人をパーティーに招待したり煙草(たばこ)を勧めたりするのです。これはどのように解釈したらよいのでしょうか？　これはこのような人たちへの試みなのですか？」

「それは、何らかの形で発現した低レベルの意志に関連付けられるゲームのようなものです。これはその人にわなを仕掛けるのですが、ここで注目すべき点は、私たちが容易に目標を達成できるように、高レベルの意志のエネルギーが存在しなければならない、ということです」

私はいささか落胆して言いました。

「私の知っている限り、ほとんどの人々は彼らの内に存在する意識的意志を感知していませんし、おそらくそれを増幅したいとは思っていません」

シン・リーが答えました。

「ある意味、それは当然なのです。人々はこの高レベルの意志を獲得するのに必要な努力を回避してしまいます。しかし、もしもその人が前向き志向で、身勝手さやうぬぼれがまだあまりないのであれば、可能性はあります」

「その目的のために私のしなければならないことがまだよく分かりません」

神の御心は計り知れぬ⁉　人が窮地から脱出するには「神の御意志に従って事を為す」ことが絶対に必要！

するとシン・リーは、人が窮地から脱するのに役立つ最良の助言を与えてくれました。

「この消費社会においてそれがどんなに奇妙に見えようとも、間違いをせずに生きるためには、いわゆる〝不可欠〟な必要性、すなわち〝もっともっと〟の必要性および競争力の必要性を最高のレベルで凌駕（りょうが）することが必要なのです。そのためには、謙虚に神の全知全能の御意志に心を開き、同時に、あなたが完全さを求めていることを明示することが絶対に必要です。自分たちが神の御意志を実行していることを実感することが、私たち人間にとっては非常に重要なのです。なぜなら、そのとき私たちは、自分たちが神の無限の叡智（えいち）と調和していること、および、神が私たちを通して私たちと共に達成したいと望んでおられるすべてのことと調和して自分たちが行動していること、を確信できるからです。

あなたの場合を例にとってみましょう。もしもあなたが破壊的かつ低レベルの方法で自分の意志を発現したならば、あなたは秘伝文書およびそれに伴う短い解説文を出版するという任務を断らねばならなかったでしょう。しかしあなたは、それが非常に困難であるにもかかわらず、その任務を引き受けました。あなたはその目的のために自由意思に従って行動し、意識的で全面的な責任を伴う意志を表明したのです。他の誰かであれば、曖昧な理由でそれを拒んだかもしれません。

神が強要して私たちに何らかの行動をさせることは決してありませんが、私たちの内にその特別なエネルギーがあり、それによって、私たちが神の全能の御意志に調和して行動する、あるいは調和せずに行動する、といったことが起きるのです。自分たちの望むことだけをするように求めたり、そのような行動だけが自分たちの役に立つと考えるならば、やがてそれは低位の利己的な意志を過大視することになり、エゴの増幅さえも引き起こします。さらにまた、人間の非常に低い面が増幅される、あるいは魔神信仰をするように運命づけられる――このようなことさえも起き得るのです」

私はイエスの地球における生涯の最も劇的な瞬間のことを考えました。イエスが「父なる神よ、もしも可能であればこの杯を私から取り去ってください。しかしもしもそれがかなわないのであれば、あなた様が望まれるようになさってください」と祈ったとき、彼はどのように神の御意志の実現を願ったのでしょうか。

そのとき、シン・リーの声が私を現実の世界に引き戻しました。

「それは霊性面の進化の最も重要な局面の一つだったのです。もしも数多くの転生における失敗の根源的理由を理解しないのであれば、人間の霊性面の進歩について語ることはできません。しかし、人間の意志が神の御意志とさらに一層調和した状態になれば、その人は自分の進んでいる道が正しいことを確信できます」

「でも、どうすればそのような確信が得られるのですか？　どうすればそれが分かるのですか？」

「その方法は、多くの人々、とりわけ無神論者にはおかしいと思われるかもしれません。ある意味、彼らは最も不幸な人々です。神と心を通わせたいと謙虚に願い、神の助けによって自分の為すことすべてに神の御意志が反映されるように願うことが極めて重要です。そのときになって初めて、自分のしていることが真に賢明なことであるという確信が持てるのです。よく言われているように〝神の御心は計り知れぬ〟――これがその理由です。

〝自分の意志ではなく、神の御意志に従って事を為す〟という着想を得ることが絶対に必要です。なぜかといえば、そのときに私たちは、神が私たちと共に在ることを確信でき、それによって多くの苦痛・苦悩や誘惑が減じられるのです。ほとんどの人々は、さまざまな問題や苦しみ・恐怖・誘惑に直面していますが、なぜそれらが生じるのかを理解していません。彼らの人生は切迫し、締め付けられていて、苦痛・苦悩に満ちています。しかし、神の御意志に基づいて行動すれば、私たちはもっとたやすく問題を克服し、試練を乗り越えることができるのです」

「これは個々人の霊的進化の根本的諸相であると理解しています」

「他の方法はあり得ません。霊性面の進化を心から願う人は、神の御意志に基づいて動かねばなりません。それが私たちの人生において最も大切なことだと思います」

「しかしながら、ある人々はこれが彼ら自身の自由意志に課せられた〝試み〟であると考えています。それは〝下降〟であり、それによってさらに一層もめ事やいざこざが起きてしまう、と彼らは考えています」

シン・リーはゆっくりと頷き、彼女が私の話した状況を理解していることを示しました。

「これは彼らの内面において凡庸な気性が優勢になり、彼らのマインド（Mind）とハート（Heart）の間に裂け目が生じているためです。神の答えは常にハートにもたらされるのですが、そのような人々は、この点を理解していません。マインドはエゴや個人主義が発現する〝司令部〟のようなものなのです。すべてを支配しすべてを決定する〝中心的存在〟が自分であることを人間は望んでいます。このレベルでは、自分のエゴを増幅するダーク・フォース（暗黒面の力）のゲームが為されているのですが、その人はそれに気付いてさえもいないのです。何らかの救済策がなければ、その人は堕ちてしまうだけであり、苦痛・苦悩がさらに増大します」

私は思い出しました。私たちの歴史はそれを示す具体例に満ち満ちています。大政治家と言われている人たちは、自分たちが庶民の手の届かない無比の存在であると考えたとき、あたかも稲妻のように堕ちてしまったのです。そのとき私は改めて実感しました。もしもパワーや権力への衝動が高位の意志によって抑制されないならば、そのパワー・権力は非常にはかないものになってしまうのです。

シン・リーは説明を続けました。

「自分自身を神の御意志に委ねれば自分の存在価値が下がってしまう――このように思われるかもしれません。しかし、実際はその逆で、その人は高められるのです。なぜなら、神の御意志に従って行動するとき、人は自分自身を創造の神に同調させているからです。神は決して間違いを犯しませんから、その人は自分が間違っていないことを確信できます。しかし、はかりしれないほど無知である場合、その人は、神もまたしくじりをする、と考えてしまいます。その具体的な例は、人間の運命に関して神が不条理に思えるときですが、もしも本当にそうであれば、創造主と創造物の間の違いは一体何なのでしょうか？　神が失敗するということは、この双方が競い合って間違いを犯すということになり、その結果、無秩序や混沌（こんとん）が生じてしまって、理解できることが何もなくなってしまいます。

しかし、宇宙は無限に長い期間、比類なき完璧さで運行を続けており、その法則は永久不変です。あなたが神の御意志に従って事を為せば、あなたは真に無敵になる――これがその理由です。このように人間には自由が与えられていますが、それでもなお、人間は間違いを犯しやすいのです。もしも人が、自分は何でもしたいことができる、と言っていて、実際にそうするならば、その人は真に自分の自由を表明していることになりますが、その半面、いつでも邪悪に陥ってしまう可能性を持っています。悪魔は人間の喜ぶようにしますが、宇宙と調和し神と親密な関係を築いている人間は、自分を喜ばせることではなく、神が望むことをします。これが〝悪魔志向〟と〝神志向〟の間の違いであり、先ほどの説明の理由になります。この基本的な要因に留意してください」

シン・リーが何か非常に重要な点を強調したいと思ったとき、彼女の周りの空気が変化して、頭のてっぺんからつま先まで電気が走ったような感覚になります。私は言いました。

「しかし世の中には〝好きなときに好きなことをするのが本来の自分である〟――この点を強調する人々がたくさんいます。私自身それを何度も聞きましたし、彼らは自分の発言に確信を持っていて、ある種の根拠もあり、一般的に良いと思われることさえもしているのです」

シン・リーが答えました。

「私はあなたの言っていることを明確に理解しています。それらの人々は善事・悪事の両方をすることができるのですが、いつでも常に好き勝手をしていて、これが邪悪な人々の場合に関連して多くの人々を惑わすのです。彼らが多くの人々を欺く理由がこれです。しかし実際のところ、自分のやりたいようにすることにより、彼らは無秩序に振る舞い、自分を神との調和状態から引き離しているのです。もちろん神は誰にも強要しませんが、これらの状況においては、それらの人々は自分たちの行動の尻拭いをしなければなりません。彼らは善人にもなり得るのですが、間違いなく彼らは悪なのです。比較のために言うと、神の御意志に従って事を為す人々は、たとえ彼ら自身が気付かなくても、実際は、低いように見えた状態からそびえ立ちます。このようにして、私たちが決して間違いを犯さないことがはっきりと分かります」

私は感激して言いました。

「まさにそれは、完全さに至る道のように思われます」

「確かにその通りです。結局のところ、あなたが〝私は神の意志に従って行動したが、ひどい結果に終わった。私の仕事は破綻し崩壊した。私の人生は大失敗だったのだ〟などと言うことは決してないのです。このようなことはあり得ません。神はただただ善である――これがその理由です。しかし、人間が好き勝手をして他の道を選んだ場合は、陥落・堕落する可能性が極めて高くなります。

つまり、私たちには二つの基本的な選択肢があるのです。〝人間は自分の好きなようにしてもいいのだ〟と考えて、自分の地位や名声を上げることもできます。しかしその結果、そのような人たちは自分を貶めることになるのです。二つ目の選択肢は自分の人生を神に委ねることです。この場合、その人は神と連帯します。そしてその結果、神がその人を介して御業を為す、ということになります。こうして、人間は神に近づくための真に重要な一歩を踏み出すのです。〝このように、あえて自分を低くする人は実際には自分を高めることになる〟――この真実を忘れてはなりません」

シン・リーとのこの議論を自分の本に含めるべきかどうか――私はこの点を熟考し、彼女の助言さえも求めました。秘伝文書を提示するという状況において、また、日々の生活のためにもこのような意見・考えを理解することが非常に重要である、ということから、私たち二人は上記の議論を本に含めることで合意しました。シン・リーによる説明・表現の語順にはやや奇妙に思われる点があり、それを明確にするためには数多くの奥義書が必要ですので、私はあえてそれを自分で調整することにしました。

　再度言っておきます。現在私は記録保存用にデジタル技術やコンピュータ機器を使っていますが、実際のところ、それが極めて有用であることが分かりました。これらの議論について執筆し、それを目前に迫った目的に適うようにうまく適合させようとしたとき、別の記録が見つかったのです。一般的に言って、私たち現代人の人生には成果の集大成や成功が欠けている場合が多いのですが、数か月前にシン・リーがその理由を説明してくれました。この記録はそのときのものです。このテーマはまた、〝前向きで建設的な意志〟の発現のみならず現代人の人生の全体的な調和・均衡にも関連していると思われますので、それも非常に役立つのではないかと考えました。この議論は半時間ほど続いたと記憶しています。しかし、何がきっかけでそれが始まったのかは覚えていません。

あのとき私は言いました。

「多くの人々は、人生において成功を収めていないことや自分たちが望んだものをまだ得ていないことに対し不満を言いますが、その理由を理解していません」

「そのような人々はまだ調和を達成しておらず、自分自身の内で互いに対立する二つの力の間の戦いが繰り広げられています。彼らはある瞬間には何かをすることを決意するのですが、そのとき、内なる悪魔のようなものが〝お前は成功しない、成功はあり得ないよ〟と告げるのです。内なる争いが始まり、この不毛かつ無益な対立にエネルギーが費やされます。ある状況においては、この争いが、破壊的・悲観的・否定的な力の勝利に結果してしまいます。その場合、これらの人々は望んでいた行動を実際に始める前に、敗北してしまうのです」

私は尋ねました。

「そのような好ましくない結果にならないためには、どのように戦えばよいのですか？反発行動の必要性を感じますが、この場合はそうではないのですか？」

「邪悪な目的は常に弊害をもたらします。自分の性格や人格を変えるためには、前向きで積極的な習慣を身につけ、それが悪い習慣に取って代わるようにしなければなりません。もしもこれが完了しなければ、進化が阻止されてしまいます。問題がそのまま残り、彼らは人生においてもっともっと苦しみあえぐことになるのです」

シン・リーの魔法に身を委ねて！　羊皮紙文書の公表準備は進展していく！

シン・リーとの議論には、私を引き付ける特別なパワーがありました。私はこれを認めねばなりません。彼女は単に謎めいた存在であるだけでなく、彼女が自分の考えを表現するやり方や彼女の主張の創造性・重要性によって、部屋全体が魔法にかかってしまうように思われました。そして私は、あたかも別の世界へ旅をするがごとく、その魔法に身を委ねたのです。シン・リーには私との議論の中身を均整のとれたものにするセンスがあり、特定のテーマについての主張をいつすべきか、それにどれだけの時間を費やすべきかが分かっていました。私の理解に不足がある場合は、たとえそれがほんのわずかであったとしてもそれに気付き、精緻かつ複雑に編まれた彼女の個性の糸を巧みに操ることにより、驚くべき正確さで私を導いてくれました。

私は次に行う彼女との打ち合わせや議論を切望していましたが、このような活動の性質上、私たちがより頻繁にそれを実施することは不可能でした。シン・リーが基地を出入りするときはいつもシエン博士と一緒でしたので、彼女の不在期間が長いときもありましたし、短い場合もありました。彼らがどこに行ってどんな仕事をしたのか誰も知りませんでしたが、政府の命令に基づいて彼ら二人には完全なる自由が与えられており、好きなときに基地を出入りすることができたのです。彼らが諜報部の活動にどのような貢献をしているのか、私は知りませんでしたし、この点に関しては、セザールからのさらなる説明もありませんでした。

私について言えば、羊皮紙文書の文面を起草できる状況が迅速に整ってきました。何か月もの準備と明確化のための議論を経て、何とか私は、それを簡潔かつ最終的な形にまとめることができました。いかに奇妙に見えようとも、その文面には子音で終わる詩が５つあるだけなのです。それが現代の人々の知識になるように、適切に翻訳されて知的な方法で整えられ、さらに、私からのささやかな寄与である手短かな解説を付記することが必要でした。しかし、たとえそうしても〝霊性に基づくその真意がすべての読者に充分理解される〟という確信は、残念ながら持てなかったのです。

当初、私が青の女神『マチャンディ』から羊皮紙文書を受け取った直後、それをできるだけ早く公表すべきであることを力説しましたが、ラパ・サンディー(シエン博士)は〝当分の間、果実は熟さないだろう〟と述べて、それに同意しなかったのです。その後、いつも起きることではありますが、私の人生が新たな進路を取り始めたため、それへの関心が薄くなり始めました。しかし、ようやくそのときがやってきて、シエン博士が私の任務を思い起こさせてくれたのです。

しかし、もしも私が物事を正確に見ていれば、すべてが、霊性に関心のある人々のみならず私自身にとっても最もためになるように手配されていた、という事実が理解できたことでしょう。羊皮紙文書の文面は、ぴったり正しい形に収まっているように見えます。もしも読者がそれを正確に理解すれば、それを吸収するのに最も適切な時期に、自然と目に留まることでしょう。その一方、この期間が与えられたため、私は霊性面で成熟することができただけでなく、私の人生を最も効率よく方向付けするのに必要な機会をも得ることができました。その結果私は、より心穏やかになり、仕事の中身も満足できるものになったのです。

この期間中、その文面の一部とその意味を他の人々に伝える機会がいくつかありました。

しかし不思議なことですが、それらの説明を試みている間に、なぜかぴったりした言葉が見つからなくなって説明に窮してしまう、という事態になってしまうのです。時間とともに分かってきたのですが、私たち自身にもまだ明確になっていない経験について未経験の人々に伝える、というのは望ましいことではありません。このような状況においては、説明しようとしている現象についての正しくない考えを口に出すことによって、自分の知識にしがみついてしまい、エゴ（うぬぼれ・自尊心）を取り込んでしまうのです。また、私たちは間違いを言ってしまいます。このようなとき、それは大きな間違いのようには見えないでしょう。しかし、それは私たちのオーラの中に残存し、自然かつ無意識のうちに生じるプロセスに悪い影響を及ぼします。

もしも私たちが、それがどのようにして起きるのかを知らないのであれば、私たち自身の知らないことを他の人々に説明しようとする試みは有害である――まさにこれが私の言いたいことなのです。しかし、たとえ少しずつであっても、ひとたびこの知識が私たちの意識内で理解されて熟成すれば、それを他の人々に伝える時期がいつやってくるのか、それを知ることができます。この見解に沿って私は、シエン博士の要請に立脚した秘伝文書編集の複雑なプロセスを理解することができました。この件に関するシエン博士とのミーティングが手短かに行われ、それには私だけでなくセザールとシン・リーも出席しました。

その席でシエン博士は次のように述べたのです。

「もしも信頼できる誰かに何か重要なことを伝えたいのであれば、その人間を注意深く選ばねばなりません。なぜなら、もしもその人が私たちの話す内容を知性や直感に基づいて把握できないのであれば、私たちのその取り組みが無駄になってしまうからです。ハートとマインド両方を使って理解できない人に、不思議で神秘的あるいは非日常的な出来事を明らかにすることが、果たして理に適うでしょうか？ その人は即刻非難めいた嘲（あざけ）るような態度を取ることでしょう。そのような人にこのようなことを伝えるという選択は、決して霊感に触発されたものではありません。この理由から、あなたの経験を可能な限り明確に書き記すことがそれよりもはるかに望ましい、と言えるのです。さらに言えば、このような情報に受容的で耳を傾ける人たちが必ずいますし、彼らはその隠された深遠な意味を理解し、それを同様な他の人々に伝えてくれるからです。私が言いたいことが分かりましたか？」

彼の言ったことが私には非常によく理解できました。羊皮紙文書には、偉大な賢人パドマサンバヴァによって明かされた5つの根本的進化の手法が書かれているのですが、今度こそそれが公開され出版される準備が整ったのです。この知識の開示の一時的な遅れにより、この公開・出版の時期がおおよそ2年先に延ばされましたが、それは、人間の無知なる意識に、光・善・自由に何の関心も持たない邪悪なフォース（力）が手を伸ばしていたためです。このフォースは、たとえこの情報の開示を阻止することが不可能であっても、せめて可能な限り先にそれを延ばしたかったのです。その実現のためにそれは全力を尽くしました。それが影響力を行使しやすい領域が私たちの住んでいる三次元物質世界であるため、善の力を取り除こうとして数多くの妨害が生じたのです。この本の最初の部分で私が説明した状況は、その典型的な例です。

しかし今や、すべてがより平穏になりました。天与の忍耐力は常に望み通りの結果をもたらしてくれます。それゆえ私は、羊皮紙文書の内容を開示する準備ができたのです。それは詩や物語として読むべきではありません。この点だけは付け加える必要があります。もっとはっきり言うと、私たちがテーマにしているのは5つの異なる陳述であり、創造に係わる5つの普遍的な宇宙法則なのです。もしも正確に理解されれば、それは人間の存在そのものさえも根本的に変容させてしまいます。

この5つのスタンザの各々に秘匿された神秘について深く瞑想することを提案します。それをより理解しやすくするために、私はその明確化のための解説を付け加えました。シン・リーの説明および霊性に関する私と彼女の間の議論を一緒に考えるなら、スタンザの曖昧で隠された意味がさらに一層明確になるものと思います。

羊皮紙の全文：5つのスタンザ

チベットの霊性の教えにはそれを象徴するいくつかの表現がありますが、主文の解釈を容易にするために、私は時折その即時的説明を括弧付きで入れておきました。以下は、私の解説が追記された羊皮紙文書の全文です。

名前のない王国からもたらされた最高峰の叡智（えいち）

いまだ生を受けていない御方が、
惑わしの海に咲いた蓮華の中に自由の身で現れ、
畏怖の念を起こさせる世界の沈黙の壁を越えるために、
私たちの意識および知識の19の集まりについて教えてくださる。
私たちは請い願う。
その御方の恩寵（おんちょう）と永遠の慈悲が
いつも私たちを包み込んでくださるように。

羊皮紙文書には出典や参考文献がなく、残っているのはチベットの霊性の教えにおいて失われてしまった伝説だけです。それゆえ、文書の内容については憶測することしかできません。しかしシエン博士は、最初のスタンザは偉大なる導師パドマサンバヴァの弟子であったイェシェ・ツォギアルによって書き入れられた語句であることを確信しています。彼女は個人的に、羊皮紙文書の文面を口述筆記でパドマサンバヴァから受け取ったのです。この詩は、賢人ラマ僧への感謝と賛美の気持ちを表す比較的普通の形態をとっています。このラマ僧はチベット全土の宗教改革者であったパドマサンバヴァのことだからです。伝承では、彼はこの世に生を受けていません。なぜかと言えば、彼はすでに至高の霊性に立脚した別の次元への究極的開放を達成しているアバター（神の化身）と考えられているからです。彼は他の人々の善と進化のためだけに三次元物質世界に転生します。

〝惑わしの海〟とは、チベットの伝承に基づく表現です。私たちの住む物質世界が幻想であり、私たちが夢の中で生きているという事実に言及しています。この夢における私たちの行為・行動は、それらが自分たち自身の本質でなくその外側に向けられている限り空虚である、ということに私たちの注意を向けているのです。

〝知識の19の集まり〟とは、基本要素から最も精妙・微妙な心の陰影に至る19の意識の状態を指しています。この文面は次のように理解すべきです。知識の19の集まりは意識によって明らかにされます。そして、19の状態の意識各々は、自分の番が来たときに、その本質に相当する高次の意識によって明確化されるのです。

〝畏怖の念を起こさせる世界の沈黙の壁〟は非常に美しい表現であり、それを用いてイェシェ・ツォギアルは〝人間の最高の目的〟および〝この世界におけるその人間の極めて制約された状態〟の両方をなんとかして言い表したのです。〝世界の沈黙〟は、人間が人生の期間中に憑りつかれる壮大な幻想に関連しています。チベットの伝承においては、この幻想は夢あるいは傍観者の目を覆うベールとみなされ、それによって真実が見えなくなってしまいます。この理由から、このベールが〝沈黙〟に例えられ、それは、たとえ世界が動揺し騒がしいとしても、この幻想によって、隠されたままの真実に関しては沈黙の状態になってしまうのです。

人間が抱く恐るべき幻想は、人間をいざなって眠らせてしまいますが、チベット人は、とりわけ幻想のこの面を強調します。常にそれによって、苦しみ・悩みがもたらされるからです。しばしばそれは、あまりに失望・落胆して言葉が出なくなり、そのために幻想を超えて幸福を求めることが不可能になってしまう――そのようなひどい苦悩を引き起こします。

さらにチベット人は、ひどい無知によって引き起こされたこの無言の状態は、世界の

〝畏怖の念を起こさせる壁〟の前に寂しそうに置かれている、と付け加えました。彼らは、人間の進化を阻害するこのゾッとするような恐ろしい壁に関連付けたのです。それによって人間は壁から目を背け、困惑して元の幻想世界に引き返します――そこから逃れようとしていたにもかかわらず、です。これは、人間が真の幸福を見いだすために乗り越えねばならない霊的な〝障害物〟なのです。

最後の3行は祈りであり、同時に偉大なる賢人パドマサンバヴァへの嘆願です。苦しんでいる人々や霊的真実を求める人々のために、神の助けを彼に求めています。

1．

おお、ツォギアル、私の大切な弟子よ！
そなたは最初の二つの世界の真実を完全に理解した。
私の言うことをよく聞きなさい。
名前のない世界（父なる神）からやってくる最も重要なエネルギーは愛、
それには限りがない。
それは統合して一体化する要素を表し、
同時に世界を統べる最高の峰を私たちに見せてくださる。

イエシェ・ツォギアルは、偉大な賢人パドマサンバヴァの主だった弟子の一人であり、パドマサンバヴァはとりわけ彼女を称賛しています。伝説によれば、彼女はたぐいまれな超常的パワーを獲得し、死さえも超越しました。これらの話は、彼女の霊性面の導師がこの物質世界を去った後の期間、および彼女が霊性面で完成の域に達した時期に言及しています。

この詩は、パドマサンバヴァの他界後ではなく、生きていたときに口述筆記されました。それゆえ私たちは、そのときイェシェ・ツォギアルは、ある段階の霊性面の進歩を成し遂げたばかりだった、と推測できます。というのは、ツォギアルがすでに〝最初の二つの世界の真実を完全に理解した〟と彼女の導師がはっきりと述べているからです。〝世界(複数)〟は実際には神の創造した中心的な次元、すなわち物質界・アストラル界・コーザル界を指しています。パドマサンバヴァは、イェシェ・ツォギアルが征服した二つの〝世界〟だけについて述べていますので、振動周波数が増す順番で考えた最初の二つ、つまり物質界とアストラル界、に言及したと推測することは極めて自然であると思われます。言い換えれば、あの当時においてさえ、何らかの方法で死を乗り越えていたのです。なぜなら彼女は物質世界の法則や仕組みを完全に支配する力を獲得していたからですが、まさに羊皮紙文書が言っているように、彼女は精妙な次元におけるパワーをも大幅に増幅していたようです。

実のところ、伝承によれば、イェシェ・ツォギアルは死者を生き返らせ、物質の法則を使いこなし、彼女の意志のパワーを用いて自分の望むどんな場所にも移動できたようです。しかし、彼女の偉大な導師は、このような彼女の大いなる成果には重きを置いていません。それらについては短く間接的に述べたにすぎないのです。パドマサンバヴァが真に関心を示したのはこのスタンザの骨子であり、それは愛のエネルギーに言及しています。手短かに言えば、彼はこのエネルギーの源泉を示唆したのです。それは神の本質を意味します。それには限りがなく、尽きることがありません。そして、すべてを永久に〝養う〟のです。またそれは、すべての他の種類のエネルギーを統合し一体化する要素です。神の現れにおいて愛よりも優れたものはありませんし、それを超えるものも存在しません。そもそもの初めからパドマサンバヴァは、愛の至高性とその重要性について語っていますが、この事実は、それが人類に課せられた〝難問〟であることを如実に示しているように思われます。

あの当時それは確かなことであり、現在ではなおさらそうなのです。この原初のエネルギーからあまりにも遠ざかってしまったため、しばしば私たちは、それがパワーを伴って発現してもそれを認識することができません。日常生活におけるすべての劇的事件は、私たち自身の小宇宙における愛の欠如に起因します。順番が来ると、この欠如は邪悪を生じさせ、悪循環を引き起こします。しかし、現代人はそれを解決することができません。ほとんどの人々は、他人を傷つけた後に激しい罪の意識を持ちます。そのようなときこの問題はさらに大きくなり、これが道徳面の苦悩を引き起こして罪の意識を高めます。愛のエネルギーが介在するのはまさにこの時点なのですが、たとえ愛が私たちを恒久的に包み込んでくれて、思いのままになってくれるとしても、あたかもそれが存在していないかのように、私たちはそれを見ようとしません。

私がこの点をシン・リーと話したとき、彼女は、苦悩や思いやり、特にすべてを包含するエネルギーである愛のエネルギー――これらを含む非常に重要な面を明らかにしてくれました。そのいくつかは、以前セザールと議論したときからよく知っている点です。しかし、羊皮紙文書のスタンザを理解するという状況において、シン・リーの説明によりさらなる明確化が為されました。シン・リーはまさしく、現代社会の〝病〟である苦悩に言及しましたが、彼女はまた、その全面的な回避とまではいかなくても、それを克服する方法も示してくれたのです。主たる問題は、私たちが苦悩や罪を〝何か自分たちの外にあるもの〟あるいは〝ある時期が来ると自力で修復する仕組み〟とみなす傾向があることです。

実際のところ、罪や苦悩は私たち自身の内で生じます。それらは私たちが責任を負うべきものであり、私たちのためにならないものとして締め出すべきではありません。なぜなら、結局のところ、それらを生み出したのは私たち自身なのですから――。シン・リーが示したように、この問題を解決する方法は簡単のようです。そのためにはテストを受けねばなりませんが、私たちのエゴに対するテストが本当のテストなのです。シン・リーは次のように言いました。

「もしもある人が自分の間違いを認めて許しを請うのなら、それは大変良いことです。なぜなら、いつ自分たちが仲間に対して間違いをしたのかさえも分かっていない人々がたくさんいるからです。いや、それどころか、他の人々が自業自得で苦悩しているのを見てうれしく思う人々さえもいるのです」

「しかし、もしもある人が自分が為した悪い行いから痛切なショックを受けたとしたら、その人はどうなりますか？」

私がこのように尋ねたところ、シン・リーは次のように説明してくれました。

「そのような場合、私たちはより精妙な局面に向き合うことになります。人々が、自分たちの無知のゆえに間違ってしまったことを実感するとき、彼らはまだ〝神の慈悲を通して自分が赦(ゆる)される可能性がある〟、この点を理解していません。あなたは非常によく分かっていると思いますが、もしも私たちがしかるべきときに他の人々に思いやりを示すならば、神のこの慈悲をさらに一層深く感じることができるのです」

突如として私は、主の祈り〝父なる神よ、——我らに罪を犯すものを我らが赦すごとく、我らの罪をも赦したまえ〟に籠められた真実を完全に理解したのですが、シン・リーはこの点を次のように確認してくれました。

「この赦しが神に請い求められるとき、実のところそれは、神の無限の慈悲を求める呼びかけにすぎません。実際のところ、この慈悲は神の無限の愛のエネルギーの現れなのですが、そのお陰で私たちに自分を赦せる可能性が与えられるのです」

私は興味津々で尋ねました。

「どうすれば神が私たちに慈悲を与えてくださることが分かりますか？」

何の困惑もなく彼女は答えました。

「内なる苦悩を乗り越えたとき、人々はこれを実感します。しかし、自分を赦すことが可能であることを知らない人々にとっては、この苦悩の状態は永遠に続くのです。神に由来する慈悲のエネルギーを使うことができないためですが、その代わりに彼らは、一部の宗教がしているように、非常に難しい手続きを取るのです。こういうわけで、人々にとって、自分たちの過ちや誤りに気付いたときにそれに対して自分を赦す、これが可能であることを理解することが極めて重要なのです。言うまでもないことですが、これは、その後新たな間違いを犯すことには繋がりません」

「そうなるべきですね。さもなければ、果てしなく無駄な骨折りに向き合うことになってしまいます。それは明らかです」

「大変結構。それゆえ、過ちを認識している人々にとっては、神に由来する慈悲のエネルギーの助けを借りて自分の罪悪感を取り除くことができる——このことが根本的に重要なのです。もしそうしなければ、彼らは常に無駄な重荷を背負い続けることになります。孵化（ふか）したばかりのにわとりの雛（ひな）について考えてください。もしもそれが孵化したときの卵の殻を持ち続けるなら、飛ぶにはとても不利になってしまいます」

「しかし私は、自分の過ちのゆえに自分を責め続けている人たちを知っています。それは前向きの姿勢とは思えません」

「もしもある人が自分の過ちに気付くなら、その人は再び間違いを犯したいとは思いません。そして、神の慈悲の助けを借りて調和した心の状態に戻ることができます。しかし、際限なく自分を責め続けてもなんの得にもなりません。なぜならそれは、自分の罪悪感がそのままずっと続くことになるからです。この精妙な仕組みを理解することが極めて重要です。なぜかと言えば、それが個々人の変容に必須の鍵だからです。私たちは苦悩ではなく愛を通して進化するのです」

私はしばしの間、考え込みました。明らかにしたい点があったからです。

「ある人々は〝自分たちがひどく間違っており、その過ちのゆえに呪われるかもしれない〟と考えるかもしれません。彼らは〝あなたが言われたことはある種の過ちに関しては正しいけれども、すべての過ちには適用されない〟と思うかもしれないのです」

シン・リーは即座に答えました。

「神の善には限りがないのです。あなたはこの点を理解しなければなりません。もしも人間が意識的に神に呼びかけ、つつましく神の助けを求めるならば、どんな間違いも赦されます。もしも人間がこのように嘆願すれば、神は永遠の慈悲を与えてくださり、その人の過ちを赦してくださるのです」

これはすべて可能です。なぜかと言えば、あらゆるものを貫く神の愛のエネルギーは無限だからです。パドマサンバヴァは、それを超えるものは何もなくそれを通じてどんなことも達成できる、ということを言外にほのめかしました。その多様な現れ（例えば慈悲や赦し）は、同じ中心的主題の必然的帰結なのです。愛のエネルギーは最上最高のものであり、存在する他のすべての種類のエネルギーの中にいつでも見いだされます。神がこの愛を無条件かつ限りなく与えてくださる、というのは本当であり、それはまた〝同じことが私たちに可能であり、それを私たちがすべきである〟――これが真実であることを示しているのです。スタンザの最後の2行が言っているように、これが、神の真実を明らかにする最も直接的かつ確かな方法なのです。

2．おお、私の美しいツォギアル！
いつも常に注意深くありなさい。
現実世界のどのような様相も私たちがそれを見るであろう通り
その後まさに同じ方法で明らかにされる。

このスタンザにおいて指摘された主な点、それは、私たちが住んでいる宇宙すなわち〝私たち自身の世界〟を自分たちで創造する、ということです。それがどんなにかありそうもない、と思われたとしても、私たちは自分たちの住む世界に直接影響を与えています。そして、私たち自身が考え意図した後で、それを詳しく語ります。これが〝美は見る人の目の中にある。すなわち、美とは客観的なものではなく、見る人の意識の中にのみ存在する〟と言われている理由です。もしも私たちにこの内なるフォース（力）があれば、私たちは自分たちの周りに、比べものにならないほど、よりたくさんの美しさや愛を見いだすことができます。そして、以前よりもずっと多くのものを受け取ることができるのです。

しかし、もしも私たちが心を閉じ、不親切でうたぐり深いままであれば、美しさや親切さ・愛は私たちがつくり出した殻を突き抜けて入ってくることができません。すると私たちは、それらが存在しない、と断定してしまいます。残念ながらそれは、ますます多くの人々が追随する中心思想、すなわち〝皆が悪い。すべての人は邪悪である。だから私も、このひどい世界で生き残るために同じようでなければならない〟に似ています。それは、私たちの存在を方向付けるやり方としては、非常にゆがんでいます。内なる変容が真に達成されたとき、私たちの周りのすべてがそれによって変化します。実際は、周りの現実に対する私たちの見方や感じ方が変わり、そのようなときに、私たちが持つ幸福感によって、それまで〝悪い存在、つまらない存在、寂しい存在である〟と思われたものの中に、天与の特質や素晴らしい資質を発見するのです。それが本当の奇跡になるかどうかは、私たち次第なのです。

一般的に言って人間は、ストレス・緊張・不安・閉鎖性・邪悪な行動や態度・不寛容性等を含む、周りの世界の様相や状況と共鳴します。このような背景を考えると、たとえその外側に美しさ・親切さ・喜び・愛等が存在したとしても、その人はそれらを透過させず、それらが存在しないと言うのです。私たちの考え方は、他の人々の考え方とは異なります し、難問を解決し局面を打開する私たちの方法は、他の人々のやり方とは違います。

人間はほとんど四六時中あらゆる種類の問題や危機・難局に直面している、と言ってもよいでしょう。なぜ多くの場合、このような劇的な状況になってしまうのでしょうか？答えは単純明快であり、まさにそれがこのスタンザの最も重要な点なのです。すなわち、人間はその人自身の見方に基づいてその人自身の宇宙を構築してから、それを解釈し、尊重し、注意を払うのです。もしも周りの世界に対する私たちの見方が、ほとんど自己中心的でわがままな振動に基づいているならば（言い換えれば、小さな窓を通してのみ物事を考えるならば）、私たちの周りのすべてはずっと暗く冷たくなり、私たちの宇宙は極めて限定的で、苦悩に満ちたものになってしまうことでしょう。煎じ詰めると、幸せさえも何の役にも立たなくなってしまうのです。

しかし、もしも私たちが物事をさらに分析すれば、私たちの人生においては、どんな状況でも無知によって問題が牛じる、ということが分かります。そしてその後、すべての困難や苦しみ・骨折りのお陰で、私たちの変容が可能になるのです。なぜなら、結局のところ、各々の問題は試練とみなされるからです。もしも上首尾にそれに合格すれば、私たちは霊性の面で進化します。なぜかと言えば、それにより一層成熟し、さらなる経験を積むことができるからです。たとえ問題が解消されなくても、私たちがその解決をさらに強要されることはありません。それが私たち自身の問題だからです。しかしそれは、好むと好まざるとにかかわらず、どっちみち私たちは進化しなければならない、ということを意味します。

以上の考察が非常に興味深いものでしたので、各々のスタンザに取り組んだ際、私はそれらについてシン・リーと話しました。実際のところ、スタンザ全体は、その本質において〝人間には進化が必要であり、それは周りの現実をその人自身がどのように見るかに依存する〟という事実を述べています。これは真実であり常に正当な陳述です。シン・リーは次のように説明しました。

「人間は興味のあるなしにかかわらず、望むと望まないにかかわらず、結局は進化しなければなりません。たとえある人々にとってこれが非常にゆっくりした過程であるとしても、進化を止めることはできません。〝進化している〟という認識を回避することはできないのです。問題を抱えている人は、それに起因するストレスや不安によって苦しみますが、これはそれに対する解決法が見つかるまでなのです。なぜなら、どんな問題であっても常に解決策があるからです。もしも人が周りの現実に対して否定的な見方を選んだことにより苦しみ悩み続けるならば、その人の危機・難局はさらに深刻なものになり、苦悩はさらにひどくなって、最後は何かせざるを得なくなるでしょう。単にどんなことでもいいのではなく、その問題を解決するために適切かつ必要なことを強要される――そのような状態に置かれるのです」

羊皮紙文書のスタンザに照らして考えると、〝適切かつ必要〟という言葉は、私たちの現実世界の見方を変えることを意味します。これはある種の変容、すなわち、私たちが触れる現実世界の〝より高いレベルでの知覚〟が必要であることを示しています。なぜなら、すべての面・存在・物事は、私たちが考える通りに現れてくるからです。たとえば、もしも建築家が徒歩で渡る橋を設計すれば、結果的に車の利用は見込めなくなりますが、その橋が壊れてしまってたくさんの人々が死に至るかもしれませんし、あるいは、美しさと長い存続期間のゆえに歴史に残る素晴らしい橋になるかもしれないのです。もしも思いやりと変容に基づいて見るならば、不愉快な面でさえも、私たちや他の人々にとってそれほど不快でないように見え始め、ついには、完全な変容さえも可能になってしまいます。

個人的なレベルでは、これらの物事は個々人の人生にはっきりとした影響を及ぼすとともに、直接的な結果をもたらします。私たちが強烈に思考することは、それが何であれ、遅かれ早かれ現実のものになるからです。おそらくこれが、２番目のスタンザの意味を最もよく示す具体例であると思われます。

3．おお、ツォギアル！
そなたは荼枳尼天（だきにてん）(※)の世界における蓮の花のように開花した。

偶然の一致はない。
このことを確信しなさい。
名前のない王国（霊性面で自由状態）に接した御方にとって
すべてのものは、実のところ、神秘に包まれた必需品である。
すべてのものは巨大な織布として現れる。
その中では、すべての糸（様相）が恒久的に織り合わされて、
他の糸（様相）としっかり結びついており、
それが現実世界を創り上げている。

このスタンザは、現代の科学用語で〝宇宙のホログラム的真実〟と見なされているものを最も適切に述べています。数千年にわたって伝えられてきたこのメッセージ〝すべての中に各部分が在り、各部分の中にすべてが在る〟は、現在、あの当時と同じように、疑う余地のないほど明快です。その詳細の科学的説明には極めて斬新な面が含まれますが、それを論じなくても、このメッセージの本質を把握するだけで充分です。もしも私たちが宇宙の一つの部分を押せば、宇宙の別の部分で、最初に押された部分とは何の繋がりもなく、何かが確実に盛り上がり

※ 荼枳尼天（だきにてん）は、仏教の神（天）であり夜叉（やしゃ）の一種とされる。「荼枳尼」という名は梵（ぼん）語のダーキニー（Ḍākinī）を音訳したものである。また、荼吉尼天あるいは吒枳尼天とも漢字表記し、吒天（だてん）とも呼ばれる。荼枳尼〝天〟とは日本特有の呼び方であり、中国の仏典では〝天〟が付くことはなく荼枳尼とのみ記される。ダーキニーはもともと集団や種族を指す名であるが、日本の荼枳尼天は一個の尊格を表すようになった。日本では稲荷信仰と混同されて習合し、一般に白狐（しろぎつね）に乗る天女の姿で表される。狐の精とされ、稲荷権現、飯綱権現と同一視される。剣・宝珠・稲束・鎌などを持物とする。

ます。これは宇宙の基本的な性質ですが、その好個の一例は、意味のあるシンクロニシティーです。これについては、いつぞやセザールが説明してくれました。

このような状況においては、否定のしようがないほど確かな面や様相が寄せ集められ、神秘的かつ首尾一貫した意味のある方法で、その重要性を理解できる人のために〝働いて〟くれるのです。宇宙のホログラム構造を理解することは非常に重要です。とりわけそれにより、私たちは、他の人々からあまり孤立していないと感じ始め、周りの世界によりよく組み込まれるようになります。この場合、個々の問題は取るに足らないものとなり、危機・難局は回避され、人生の目的がより明確になるのです。そして、その必然的な結果として、人間の進化が著しく促進されます。上記のスタンザは、次（４番目）のスタンザと密接に関係しています。

4．名前のない王国（神）全体の至る所に振動がある。
静的なものは何もない。

３番目のスタンザと４番目のスタンザは補完関係にあります。なぜなら神の顕現とは、実質的に無限のエネルギー振動の海のことであり、宇宙のホログラム的真実は、振動の複雑な絡み（から）として正確に説明されるからです。それらは決して分離されず、すべてが潜在性を備えています。物質界、アストラル界、コーザル界それぞれの〝もの〟は、各々異なる周波数レベルで振動しているエネルギーであり、各々のレベルには、暗に示された神秘的な方法で他のレベルが包含されています。もしも私たちがその次元と共鳴しているならば、あるいは、私たちとその次元の間に共鳴の状態を創り出せるならば、どの時空においても〝神の顕現の他の次元〟に繋がることができる、という結果になります。

このようにして、私たちはいつでもどこにでも移動することが可能になるのです。どのようなものでも、どんな量であっても手に入れることが可能となります。ただし、これはすべて宇宙の必要性に基づいて実現します。なぜかと言えば、そのように行動する人の意識が非常に広大であり、それゆえ、それが決め手となって、宇宙が良い働きをしてくれるのです。

「名前のない王国」という言葉が二つの視点から提示されています。一方では、〝人間の霊性の最高峰の悟り〟を意味するとともに〝計り知れないほど無限である神の意識〟を象徴し、他方では、二元性を伴う神の顕現そのものを表しています。これは〝二元性に基づく私たちの物質世界とそれを超越した世界の両方において、振動が至る所に存在している〟ということを暗に示しているのです。これらの状況の下では〝静的なものは何もない〞という言葉は補足的であるように思われます。しかし、偉大な賢人パドマサンバヴァは、意図的にこの表現を含めました。それは永遠の変容の本質を明確に示すためです。これが意味することは、同じ状態に留まるものは何もなく、神の顕現においては〝ホログラムの要求条件〞次第ですべてのものが変化する、ということなのです。

5. そなたこそ三つの世界の霊を大いに喜ばせる存在、
私が今話すことをよく聴きなさい。
そなたの意識を王国の最高峰に投影しなさい。
さすれば、永遠の幸せの光が得られるであろう。
これらの五つの方法は王国のすべての魂の進化のために用意された。
おお、ツォギアル！
そなたがこれらの魂の導きのシールド（保護者・擁護者）とならんことを！

この最後のスタンザは、実質的な意味において、霊性面の自由をたちどころに実現する手法です。チベットにおける最高のヨガとタントラの実践が考慮されたこの手法は、ポワと呼ばれています。原理的にこれは、この手法を実践する人の高次の意識が入り組んで投影されること——この点に注意を向けています。これには、パドマサンバヴァが羊皮紙文書の中で述べていない極秘のイニシエーションの手法が用いられます。これにより〝導師による直々のイニシエーション以外の方法でこの手法を理解すべきではない〟ということが分かります。しかし、イェシェ・ツォギアルは、すでにそれを実践的な手法として熟知していたかもしれません。パドマサンバヴァは〝名前のない王国の最高峰〟という言葉を引用し、それを暗号化しました。それを実践する人は、たとえ意識投影前のその人の意識レベルが、意識の投影を受けるものの意識レベルよりも低くても、意識投影を受けるものの状態や様相を無意識のうちに理解できるようになる——これがこの手法の原理です。これによって飛躍的進化が達成されます。

「王国の最高峰」は〝神のハート〟と見なされますが、それに自分の意識を投影することにより、霊性面における最高の自由を獲得することができるのです。〝他のいかなる意識投影もこの手法に従属し、それから派生する〟という意味で、偉大な賢人によるこの引用が比類のないほど優れていることが分かります。パドマサンバヴァは、私たちがこの点をよりよく理解できるように、「このようにして〝永遠の幸せの光〟を得ることができる」と言ってくれました。最後の部分においてパドマサンバヴァは、実際のところ、5つの手法は霊性の進化のための5つの効果的な方法であり、その読み解きに関心を持っている人々すべてに伝えられるべきである、と明記しています。

すでに述べたように、羊皮紙文書は霊的な宝であり、極めて統合的かつ隠された仕方で明らかにされました。たとえ５つのスタンザの詳細な解説書を作成したとしても、この主題を徹底的に説明するには不十分である、というのが私の見解です。それらに関する思索と瞑想によって個人的な経験を得ることおよび自分自身で学ぶことが、それらの神秘的で奥深い意味を理解する最上の方法である――これが私の達した結論です。この理由により私は、シエン博士の助言に基づき、シン・リー女史の指導の下で作成した手短な解説を提示すること、この仕事を選択しました。とにかく、この古代の秘伝を知るならば、それが私たちを、人生のより広大な展望に向かって導いてくれるでしょう。

第四章

地球外文明のテクノロジーか⁉
リモート・ビューイング探査を阻む
南極ホット・スポットでの驚異の発見！

CRONOS、トップシークレット、重要な何かが動き出している！

まるで出来事の生じる順序が前もって定められていたかのように、羊皮紙文書の最終版の起草が終わった後、ほとんど間を置くことなくゼロ局の業務がどっと押し寄せてきました。以前述べたように、直近の数か月間は平穏で落ち着いていたため、私は自分の考えを整理し、霊性にかかわるテーマのいくつかをシン・リーと共に細かく検討することができました。それは、嵐のような出来事が済んだ後、冷静になって落ち着きを取り戻す時期でもあったのです。新たな義務と責任が与えられたセザールは、ほとんどの時間、ゼロ局を留守にしていました。オバデラ将軍はペンタゴン（米国国防総省）に移り、ルーマニア・米国間の国家安全保障の問題に関する軍事上の橋渡し役を務めていました。全体として見れば、ゼロ局組織内部の変更は極めて上首尾に受け入れられていたのです。

２００６年の末頃、羊皮紙文書、シン・リーとの議論、セザールやシエン博士との極めてまれな打ち合わせ等にすっかり心を奪われていた私は、ほとんど瞑想（めいそう）のような状態にありました。最初、このようなゼロ局の業務の欠如は少しばかり奇妙に思えました。それによって霊性に基づく任務を果たすための時間が与えられたのですが、それは私にとって当然と考えられるものであったため、私はその状況をあるがままに受け入れていたのです。２００６年10月から２００７年１月までは何も起きず、必要とされる手続きは問題なく行われて、政治的圧力は全くありませんでした。しかし実のところ、これは〝嵐の前の静けさ〟に過ぎなかったのです。

２００７年１月末頃、状況が急変し、オルシチェ山脈の問題および〝私たちがそれに関わる何かを隠しているという米国側の疑念〟が再び出てきました。彼らはさらなる詳細事項を共有していなかったため、全体的にはいささかおかしな状況だったのです。ルーマニア側・米国側双方が互いに対する疑いを持っていたものの、どちらも相手側が何を考えているのかがはっきりと分かりませんでした。私にとってこれは大いなる疑問でした。ゼロ局のオルシチェ問題への関与について、私はほとんど何も知らなかったからです。さらに奇妙に思えたのは、セザールがそれについての話を先送りし続けたという事実です。これはＲＩＳ（ルーマニア諜報部）にとってさえも非常に特別な問題だったのですが、それはとりわけ私の好奇心をかき立てました。

通常であれば、ブセギ山脈での大発見は国家機密であり米国側との協力関係の主要項目である、と推測したと思います。制約条件が課せられていたため一部しか本に書けなかったものの、私がブセギ山脈で実際に見たこと、およびそれがルーマニア・米国間の関係に及ぼした影響によって現在の状況が生じたのです。しかしそれは、双方の上層部には受け入れ難いもののように思われました。結局のところこれは、人間の想像をはるかに超えたテクノロジー、正体を明らかにしない謎めいた文明、および地球における人類の存在に関する非常に厄介な真実についてのものなのです。それに加えて、オルシチェ山脈に関する情報はゼロ局の記録保管所には皆無でしたし、それ以前、セザールやオバデラ将軍はこの問題について特に何も言っていませんでした。彼らが唯一述べた点は、ルーマニア側もその件についての情報をあまり持っていない、という事実だったのです。

あの〝爆弾〟が到来したとき、私は1年前と同様、それについて全く何も知らされていませんでした。私は戦術チームと一緒にアルファ基地で、危険度最大の状況における心理学鑑定のための予備試験に取り掛かっていました。セザールはルーマニア諜報部とのミーティングに参加するためブカレストに行っており、ニコアラ大尉は、ペンタゴンから派遣された米国人専門家のチームと一緒にホログラフィー投影室に出張していました。このような状況下で、アルファ基地は他の二人の大尉、ペリス大尉およびマトゥ大尉によって管理運営されていたのです。

私が心理学的鑑定をしていたとき、セザールから電話がかかってきました。30分以内に基地を出てT地区にある軍用飛行場に向かうように、という指示でした。どこに行くのかは言いませんでしたが、基地の緊急暗号に関する事細かな指示を私に残しました。数時間以内に会うのでその際に説明してくれる、ということだったのです。警戒態勢に入るようにという指示がゼロ局に与えられましたが、その時点までは、それを除いて異常なことは何もありませんでした。私の行動を正当化するための情報は何もなかったのですが、命令は命令なので、従わざるを得なかったのです。セザールとの会話にはとても興味深い点が含まれていました。彼はその最後に、アルファ基地の彼のデスク近くに置かれているファイルを、最大限の機密と安全を保ちつつ持って来るように私に指示したのです。

彼個人の金庫の鍵の暗号を知らされたのはそのときが最初でしたが、その金庫から何を取り出すべきかを私に言いました。それは透明な箱に密封されていたファイルでした。その箱はグラスファイバー製のプレキシグラスのようであり、大きさはリング・バインダー（金属製のリングで書類を閉じる方式のファイル）とほぼ同じでしたが、それよりもやや分厚く、機密情報を厳重に保管するためのものであることは明らかでした。透明な保管箱は非常に洗練されたデザインに基づいていました。金属製の縁が付いていて、後ほどそれがチタン製であることが分かりましたが、さらに、虹彩認識機能付きでコンピュータ化された開閉システムが備わっていたのです。その中に極めて薄いファイルが見えましたが、その表紙には大きな黒の活字で〝ＣＲＯＮＯＳ〟と書かれており、その下にトップ・シークレット（極秘）のスタンプが押されていました。セザールの行動様式は型にはまらないものでした。私が知っている範囲内で考えて、彼がこのようなやり方を選択したという事実から、事態が極めて重大であることが分かりました。

彼に指示された通り、基地の緊急暗号を使い、T地区に向かうヘリコプターに乗り込みました。安全性をより高めるために、パイロット以外にマトゥ大尉に同行してもらいました。彼はすでに作動中の装置を携行していて、基地のエージェントの一人と一緒に、T地区の軍用飛行場まで私に付き添ってくれたのです。飛行は順調で、現地に到着したとき、セザールが滑走路で私を出迎えてくれました。即刻私は、ファイル保管箱の入った特別の手提げかばんを彼に手渡しました。

南極のマコール施設、極秘ミッション、チームの一員として現地へ！

セザールが言いました。

「オバデラ将軍とロディ将軍もここにいます。現在、政府レベルで行われている緊急会議に出席するため、彼らは最高国防評議会（ＳＮＤＣ）のメンバー数人と一緒にブカレストに来ているのです。何か非常に重大なことが起きているからです。これがその概要説明資料です」

セザールが赤い表紙のファイルを手渡してくれました。それには〝南極のマコール施設――極秘〟と書かれていました。飛行場の騒音のため、セザールは私の耳元で叫ぶように言いました。

「イノサント将軍は南極におけるこのミッションのために、最高の技術チームを要請しました。それはリモート・ビューイング（遠隔透視）能力・超感覚的知覚を持った人々から構成されています。あなたはロディ将軍によって召集されたチームの一人です。即刻、乗り込んでください。飛行機は数分以内に出発します。頑張って！」

セザールは彼流の特別なしぐさで私を見ましたが、それは全面的な理解と思いやりに満ちていました。そして、初めて彼は親愛の情を込めて私を抱きしめてくれたのです。私は彼よりも年上ですが、それでも私は、親に保護されているような不思議な気分になりました。それは安心感であり、その瞬間からずっと私の心の中に残りました。私は心から彼に感謝し、片手に自分の小さな荷物、もう片手に概要説明ファイルを持って、数メートル先で私を待っている車に乗り込みました。そして、出発の準備ができている飛行機まで、同じ飛行場内を急いで移動しました。数えるほどの席しかないその飛行機には、特別の内装が施されていました。すでに中には数名の米国人高官と英国人高官が乗っていましたが、彼らとは以前、ブカレストで行われた外交儀礼会議の席で会っていました。それゆえ、それが外交特別便であることが分かったのです。彼らのほとんどは忙しげに説明資料やコンピュータに目を遣っていました。私が自分の席に座ると、飛行機は10分以内に離陸しました。

空は晴れ渡っていたため、地平線上の太陽は鮮やかな色合いで輝いており、外部の冷気は澄み渡った光景をさらに美しくしていました。そして、それが雪の少ない穏やかな冬の静穏な美しさをさらに際立たせていました。飛行機内は慎重かつ控えめな雰囲気であり、機内サービスは素晴らしいものでした。椅子は座り心地が良く、ゆったりとくつろげたため、私はしばらくの間、瞑想をして心を統一することができました。わずか数時間前にはアルファ基地で静かに仕事をしていたのですが、今私は米国に向かう飛行機の中にいます。極めて重要なファイルの入った保管箱を運んだのですが、その中身については全く見当がつきません。その上、緊急暗号にアクセスして概要説明資料を受け取り、南極における極秘ミッションのための特別技術チームの一員になりました。これらはすべて重要な出来事であり、極めて短時間に連続して起きたのです。

私は自分の人生においていくつかの例外的な状況に直面しましたが、これはそのような最高の瞬間の一つでした。このような類まれな機会を与えられたことを、私は心から喜びました。そして、内なる私自身が既知の物事の導師であり、今起きている出来事の流れと均衡を保っていることを確信したのです。また、ゼロ局における活動内容や人間関係、霊性に立脚した羊皮紙文書に関する任務を完了したこと、およびシエン博士やシン・リー女史と出会う機会が与えられたという事実――これらは私にとって大変に満足できることでした。この二人の存在や霊的な教えが私の記憶に永久に残ることは間違いありません。自分の行動は高次の調和や理解に基づいているので、それによって余計な誤りや間違いをしなくても済む、と考えながらゆったりとくつろぐことができました。

そして、夕食を取ったあと、ミッションの概要説明資料に目を通しました。私個人に合わせたそのファイルには、情報の出所がペンタゴンであることを示す記号が付いており、各ページの脚部にロディ将軍のサインが入っていました。彼にはこのミッションの技術的業務のリーダーとしての役目が与えられていたのです。最終目的地が南極の南西部に位置するマコール米軍基地の近くであることを知らされました。そこは以前、地球外起源のテクノロジーを伴う宇宙現象が起きたところです。チーム構成員とその上下関係、および情報へのアクセスのレベルが記載されたリストが渡されました。それを見ると、私を含むチームの全員が最高レベルのアクセスを持っていることが分かりました。そのリストにはさらなる明細事項が入っていましたが、それを明らかにすることは許されていません。資料の2ページ目に、マコール基地の説明、そこにおける活動の内容、これまでの数十年間に起きた主な出来事が記されていました。さらにその報告書は、事実に基づいて今回の問題を次のように説明しています。

一種の宇宙ブイか⁉
桁外れのエネルギー源が巨大な氷塊を2時間で溶解させる！

２００７年1月22日、技術の粋を集めた基地の装置が、基地から20㎞ほど離れた低い山頂の一つで起きている異常な活動を記録しました。前年、類似の異様な〝信号〟が他の２カ所（ルーマニアのオルシチェ山脈とアラスカのマッキンリー山）でも記録されており、それらはマコール基地と特別の三角形を形作っていました。米軍の対敵諜報部は、これらの地域で起きている奇妙な活動について何の情報も持っていませんでした。しばらく前に、米国の外交交渉の一環として外交圧力がルーマニアにかけられましたが、これがその釈明に相当するそうです。一体どんな理由でそれらの地域が明示されたのか、誰一人理解できなかったのですが、その点を除き、２００６年には目立ったことは何もなかったのです。

しかし、２００７年1月に入り、驚くべきことが分かりました。前述の3点によって地球上に形作られた巨大な三角形から3つのベクトルが形成され、それらのベクトル外積の延長が木星の衛星エウロパで焦点を結ぶのです（※）。私は資料の他の部分にも目を通しました。マコール基地近くの山岳地帯を覆っている氷帽がわずか2時間で溶解し、山腹の一つに並外れて複雑な装置が現れたのです。それを異なる角度から撮影した写真が4枚添えられていました。その物体は楕円形の基部を持った円錐台の形をしており、明らかに一種の宇宙ブイ（浮標）として機能していました。その大きさは3階建てのビルとほぼ同じで、基部から3分の2ぐらいの高さに、幅広の翼のような環状の部品が付いていました。多分アンテナのようなものだと思われます。構造上の特徴という視点で写真を見ると、まるで赤と白のレーザー光線のように、非常に強い光で輝く巨大なパネル状になっています。他にもたくさんの要素がありますが、写真からは正確に識別できません。

さらに報告書は、巨大な氷塊を2時間で溶解させる桁外れのエネルギー源を特定することは不可能である、と述べています。そのブイが210mの厚さの氷の層に覆われていたからですが、エネルギー源が装置の内部にあることは明らかでした。報告書に明記された最後の注目点は、氷が溶解した後、ブイがパルサーのように極めて大きな強度の光信号を非常に高速で出し始めたことです。3日目、2007年1月24日の朝、ブイのこの種の動きはすべて止まりました。しかし、

※ 上記の三角形を構成する3つのベクトルのうちの2つを選ぶ組み合わせが3つあり、それら各々からベクトル外積が3つ生まれます。これらのベクトル外積は地球外の宇宙空間に向いていますが、それらを延長すると、宇宙空間における1点、木星の衛星であるエウロパで交わるのです。右図のベクトルAとベクトルBは巨大な三角形を構成する三つの辺のうちの二つ、N（＝A×B）はそれらのベクトル外積に相当します。

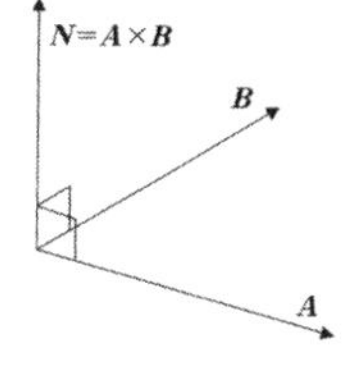

装置はエネルギーを放ちながら、周囲を完全にきれいな状態に保ちつつ機能し続けているそうです。ブイは点灯していますので、その内部で何らかの活動が為されていることは明らかですが、強力なエネルギーの放出は止まりました。

ファイルを閉じながら、私はしばらくの間、考え込みました。装置は直接的かつ明白な仕方で姿を現しましたが、それは私を真に驚かせるものでした。もしも物事が実際このように起きるのであれば、明らかにこれは非常に重大な事態であり〝この現象は地球のみならず太陽系にも影響を及ぼす〟と推断することができます。しかし、最も興味のある点は、私の国ルーマニアとの繋がりでした。遠い昔、ルーマニア地域は非常に興味をそそる場所だったようです。まず第一にブセギ山脈の並外れた複合施設、そしてオルシチェ山脈との謎めいた繋がりが考えられます。私には、後者についての情報が実質的に皆無です。しかし、もしもセザールの要請に基づいて私が持ってきた特別のファイルと関連付けるならば、何かが分かると思われます。ファイルの保管のための並外れた機密性や、セザールがあのときまで全く情報を出してくれなかったという事実から、私はそれについて真剣に考えざるを得ませんでした。ルーマニア側もそれに関する情報をそれほど多くは持っていなかったため、謎はさらに深まったのです。それゆえ、私が（少なくともあの時点では）答えられなかった疑問が数多くありました。

惑星レベルの突発事態に対して米国とルーマニアは共同体制を取った！

私はしばらく休息を取ることにしました。この出張は非常に長い時間を要するからです。いつものようにスペインに立ち寄って別の飛行機に乗り換えましたが、今回は軍用機でした。２番目の経由地はモハーベ砂漠にある米軍の基地でした。私たちはそこに1日滞在しました。そこがこのミッションの参加者すべての集合場所だったのです。主だったチームが二つあり、その一つが技術チームで、私以外には、リモート・ビューイング研修の際、最終的に残った二人の同僚（カナダ人と米国人）が含まれていました。また、アイデンとの再会は大変うれしいものでした。彼のようなコンピュータの天才は今回のミッションには不可欠です。もう一つのチームは6名から構成された実行部隊であり、私がこれまで見たことのないテクノロジーを所持していました。そのうちの二人はブセギ複合施設での業務に従事していたので見覚えがあり、私たちは互いに挨拶を交わしました。さらに、このミッションのために特別に選ばれた監理担当官が数名いました。

その後私たちは、行動の制限範囲や私たちの役割を決める短時間の説明会に参加しました。また私たちは、ミッションの成功を確実にするための非常に強化された二次支援チームが編成されていることを知らされました。それらは、宇宙ブイを取り囲むようにその周囲に駐屯しています。この活動の取りまとめ役は、遺物や得体の知れない物体の摘出・採取に豊富な経験を有しているトレスコット大佐です。そのすべては内密に実施されました。ロディ将軍との打ち合わせの時間まで、トレスコット大佐がミッションの作戦行動を指揮することになっており、その後、私たちは南極に向かって出発します。

　このミッションには、他にもオバデラ将軍を含む数名の大佐や将軍が参加します。ペンタゴンの長であるイノサント将軍はマコール基地に直行し、作戦行動全体を直接監督することになっています。オバデラ将軍との再会は、私にとってとてもうれしいものでした。彼が一緒にいてくれれば、くつろぎを感じて安心できるのです。また、オバデラ将軍からさらなる情報が得られるかもしれません。なぜなら、私たちの国ルーマニアがこのミッションの込み入った部分となっており、オバデラ将軍はルーマニアの代表として直接それに関与しているからです。兵站（へいたん）設備は驚異的なものであり、地球上にすでにこのようなテクノロジーがあったとは思ってもいませんでした。私はそれを認めねばなりません。あらゆるものが巨大な軍用飛行機2機に積み込まれました。

　私たちはその翌日に発って、途中でチリの首都サンティアゴ近くに立ち寄り、数時間後に南米の南端に向かって出発しました。そして、ドレーク海峡近くのチリの領土にある米軍基地に着陸しました。そこにはすでにロディ将軍がおり、私たちと合流した後、作業点のいくつかを再編成しました。オバデラ将軍も彼と一緒でしたが、残念ながらそのときは話をする機会がありませんでした。私たちが目的地に近づくに従い、ミッション参加者が全体として次第に何かに気を取られ、内気になっていったことが分かりました。外交ルートと軍用ルートは常に開かれていました。なぜかと言えば、明らかにこの現象が、南極で活動している他の大国によっても観察され記録されていたためです。

このような状況において、米国の外交は〝厳戒警報〟に類似する警戒態勢に入り、ほんの少数のスタッフだけが他国との既存の業務に残され、その他の人的資源は〝厳戒警報〟を発令させたそれぞれの問題の処理に集中的に投入されました。実際上、ホワイトハウス職員のほとんどすべてが最大限の警戒態勢にあったことから〝米国政府が短い休暇を取った〟というのが一般的な認識だったのです。このような場合に備えて米国側は、二つの異なるレベルで効率的に動けるような一種の下位組織をすでに創設していたのですが、それがゆえに、このようなことになったのです。すなわち、見掛けは通常業務に就いている組織とは別の、一見して存在しないように見える〝群れ〟のような秘密部隊です。

私たちの国ルーマニアでは、国民性が違うため、物事は異なるやり方で起きます。ルーマニアの人々は、彼らの精神構造のゆえに、どちらかと言えばより自由で率直です。危機的な場合、この特質は、その時々の状況に順応することにより一斉に進む、という選択に変わります。このような組織は決して理想的なものではありませんが、私たちはおおらかさと決断の自由を通じて成功します。私は個人的にはこちらを選びます。ルーマニアでは、突然事態が引き起こされて誰もが動揺しているときでさえ、為された決断のほとんどは正しいものでした。もちろん秘密が漏れやすいという不利な点はありますが、それは、いずれの場所においても想定しなければならないリスクです。一方、米国人のやり方は異なり、どちらかというと彼らは、破壊的かつ官僚的、杓子定規的で隠匿しがちです。南極においては、これらの幾分か異なる行動様式の組み合わせが、良い結果につながるものと思います。すでにそれはブセギ山脈地下の複合施設で立証されています。

ゼロ局での作戦行動やホログラフィー投影室に関わる米国・ルーマニア間の交渉に取り組むことにより、いくらかの経験を得ていましたので、私は、米国の軍事・政治管理職レベルで形を取り始めたある種の傾向に気付くことができました。この点については1年以上前に直感を得ていますが、このミッションの場合、私の知覚はより鋭敏になっており、実際に極めて正確でした。この状況は障害にはならないことが分かりましたが、それは米国人の精神構造におけるある種の視点、もっと正確に言えば〝惑星レベルで決定的に重要であるこのような出来事が、世界の構造の中で大きな権利を持たない比較的小さな国であるルーマニアを不可欠な要素として取り込んだ〝という事実、を示していたのです。それは〝オークの大木は、それを切り倒す斧（おの）の小さな一撃を恐れる〟という状況によって生み出されたあの悪い傾向でした。

おそらく米国外交団は、ブセギの複合施設やオルシチェ山脈・マコール基地間の繋がりに関わる状況をより良い立場から統制管理することを望んでいたのですが、明らかに彼らは、他のヨーロッパの国々が示したような服従の態度をルーマニアに見ることができなかったのです。なぜ、このように地政学的見地から極めて重要な場所がルーマニアに存在し、驚くべき発見がルーマニアで為されたのか？　なぜ、他のより一層近づきやすく利用しやすい地域でなかったのか？　この現実は、彼らにとって受け入れ難いことでした。誰もが従わねばならない全能の〝親〟が持つ尊大な態度を取ることにより、どういうわけか米国は、無意識的にそのような立場を〝最重要発見物を所有する権利〟と結びつけて考えてしまったのです。

私の考えでは、この思考方法は〝一番大きなものは同時に一番賢い〟ということを意味する量的な観点に基づいています。もちろん、もしもこれらの発見が米国の領土で為されていたのなら、それは自分たちの圧倒的な影響力および支配のもとにあるため、彼らは大変に満足し、彼らのうぬぼれや尊大さは果てしないほどになっていたことでしょう。しかし実際のところ、米国政府は大抵の場合、不充分かつ部分的な影響力しか行使できず、そのため、ある程度妥協して必要な施設や設備を供与しなければなりませんでした。すなわち米国は、世界で最も重要な戦略上の要衝と考えられるものを直接支配下に置くことができなかったのです。

以前述べたように、外交関係の言い争い的なことは何もこの問題から生じませんでした。〝ルーマニア人は非常に寛容である〟というのがその主たる理由です。しかし、そうは言うものの、もしもそれが何らかの論争になれば、外交上の関係が先鋭化する可能性が出てきます。飛行機が離陸してベリングスハウゼン海に向かって飛行していたとき、私は機内でオバデラ将軍と一緒でしたので、この問題を取り上げて話をしました。オバデラ将軍は私が言及した点を非常によく理解している、という印象でした。

「私はペンタゴンでその問題にしょっちゅう向き合っている。イノサント将軍が私の親友であることは本当に幸運なことだと思う」

そう言ってから彼は、南極における状況は、実際のところ、概要説明資料に書かれているよりもずっと重大であるが、すべては制御された状態にある、と話してくれました。

別の世界からやって来たのか？
米国の軍事秘密基地より〝宇宙ブイ〟へと向かう！

「米国側はすべてを隠蔽（いんぺい）したかったようだが、あの現象は、その性質上、それに気付いたすべての大国を困惑させた。それは地球全体に影響する出来事と考えられている。すでに聞きおよんでいると思うが、軍事防御・介入のための多国籍軍が創設されつつある。しかし、これは事態をさらに込み入らせてしまうだろう。南極における領土の境界線は表向き存在しないことになっているが、〝あえてその境界線を無効にする〟という要求がそれから生じる可能性がある。とにかく、何が起こっているのかを見てみよう」

私たちの飛行機はヨーロッパ時間の〝夜〟にマコール基地に着陸し、私たちはそこに腰を落ち着けました。そこは非常に寒く吹雪いていたため、荷物をほどく作業は困難を極めました。すでに停泊中の2隻の砕氷船から装置や設備を降ろし、ある程度の距離を運ぶことが必要だったのですが、思わしくない気象条件のため、非常に強力な運搬機さえも正常に作動しなかったのです。そこでロディ将軍は、すべての作業を翌日に延期することを決めました。そのため私たちは、長旅の後、やっと休息を取ることができたのです。

南極の基地は、他の米軍基地に比して、とりわけ空間的余裕という面で極めて制約が大きい、と私は予想していたのですが、それは完全に間違っていました。ある部分は必要以上に広い、とさえ言えると思います。基地の内部は非常によくできていて、見事に設計された温室さえもありました。駐在者の数は非常に少なかったのですが、利用可能設備や居住水準は驚くほど素晴らしいものでした。私の知る限り、大きな問題は心理的なものであり、それゆえ、職員とりわけ測候所で働く人たちは、3か月ごとに交代させられます。この米国軍事基地の目的について語ることは許されていませんが、それが1950年代後半に起きた非常に重大な事故に関与した、という事実だけはお話しできます。

昼間の時間でしたが、私はよく眠ることができました。目が覚めたとき、風は止んでいて空は晴れ渡り、空気は澄んでいました。外部の温度は摂氏で零下45度であり、それゆえ私たちは全員、素早く宇宙ブイのある場所への移動に必要な準備を整えました。設備の一部は、朝一番にすでに現地まで輸送されていました。私たちは最新式の輸送車で快適に走行し、正午頃には、ブイが存在する最初の兆候を見ることができました。小さな山の斜面には何もなく、そこは完全に乾いた状態でした。砂利・岩・非常に乾いた種類の砂が円形部分の輪郭を描き、その中央に謎めいた装置がそびえ立っているのが見えました。それを見たとき特別な感情が湧き上がってきたのですが、それが何に起因するのかを明確に見極めることはできませんでした。もしかするとそれは、あの装置は別の世界からやって来た、という可能性に因るのかもしれませんし、あるいは、それを取り巻く謎に原因があるのかもしれません。

孤独で、何の影響も受けず、その場所では巨大でさえあるその装置は、どんな攻撃にも耐えられる恐るべき要塞のような印象を与えていました。私はそのような物事に敏感であり、それゆえ、ホログラフィー投影室を探索したときに感じた情動効果を非常によく覚えています。ここの状況もある程度それと同じですが、感じが幾分か異なります。頂点が平面で切り取られた円錐のようであり、その上部付近に巨大な環状の部品が付いていました。それはとても大きく、堂々としており、山の中に深く根を下ろしているように見えました。同時にそれは非常に孤立した状態で宇宙空間を目指しており、数万年あるいは数十万年もの間、氷の下に隠されていたのです。それにもかかわらず、その構造物は時間に影響されていないような印象を与えていました。

それが建造され設置されたやり方において、それはある種の偉大さ・主権・独立性・安全性を有しており、敬意を払うとともに充分な関心を持つように要求している——私はこのように感じました。一群の部隊が、構造物の周りに装置を設置し、周囲の境界を定めてどんどん動きを活発化していました。その部隊はすべて、一種の攻撃をかけてブイを制圧するという意識を持っているように思われました。それなのに、宇宙ブイは孤高を保ち、自分の周りの取るに足らない規模の占拠を超越しているように見えたのです。

溶解した氷によって境界が定められた周辺の縁に不安定な状態の場所があり、そこから蒸気が絶えず噴き出ていました。そして、氷が溶解して生じた水が谷に向かって流れ出て、その後非常に急速に再凍結していました。傾斜のある所の氷は融けていたため、私たちが構造物の頂上に上るのが容易になりました。また、低地では事態をより容易く処理できました。なぜなら、氷には〝流れる〟という自然の傾向があったからです。そこでは奇妙な現象が生じていました。地表が完全に乾いていたという事実は別として、構造物の周辺では、溶解と凍結の過程が連続して生じていて、その場所におけるある種の〝エネルギー等高線〟が描かれていたのです。この現象の維持継続を決めているのは一体何なのか――この点は全く分かりませんでした。しかし、私たちが仕事をする上でそれが大いに助けになったことは間違いありませんし、それがブイの埋まっている地下に起因していることは確かでした。

すでに私を含むRV（リモート・ビューイング）チームには、ブイの近くに設置された小さな集会所が与えられていました。それは山の上部に設けられており、ブイから約50m離れていました。それ以外にも、ミッションの他の必要性を満たすため、および交代でこの場所に留まる人員のために、小さな建物がいくつか設置されました。そのモジュール式建築物の近くに行き、さらに緩やかな傾斜地を上ることにより、宇宙ブイを綿密かつ明瞭に観察することができました。

何かが起きようとしている！ ブイの光の構造コードは、ルーマニアとアラスカを結び、さらに木星の衛星エウロパで焦点を結んだ!?

ここで、ブイに固有のどっしりした印象を伝えることが重要です。ブイは水中で光り輝くプラチナ（白金）のような材質でできていました。その先端部から基部に至るまで、表面には何か静脈に類似したものが見えましたが、それは一種のレーザー光に似た光によって構成されていたのです。金属体以外の構成要素はすべて、極めて特殊な光で表現されていました。その光は、あるときは燐光（りんこう）であり、他のときは暗い赤と白の組み合わせに基づく非常に鮮やかな色合いでした。見晴らしの利くこの場所から見ると、この構造体の環状の部分は、実際は物質ではなく非常に高密度で規則的に配列された光線から成っており、連続的で柔軟な動きを呈していました。この濃密で入り組んだ光の構造の中に、主たる方向のパターン（型）がいくつかあることに気付きました。時折特定のリズムがそれらを明確に示していました。これらの信号の予備的な分析が実施され、一種の込み入ったコードの存在が最初の〝手掛かり〟として確証されました。それがその後の詳細な調査の出発点として使われたのです。

これらの技術面の要因すべては、米国側にとって障害にはなりませんでした。もしもそれだけであったのなら、それは科学上の驚くべき発見となり、間違いなく米国側は、そのすべての詳細を理解しようと努力したことでしょう。しかしながら、彼らを動揺させ苛立たせた問題が、光コードの分析の後に出てきたのです。それは、ルーマニアとアラスカの特定の場所に直接関連して何かが起きようとしていた、という事実です。〝これら2点とマコール基地が巨大な三角形を形成し、それから生まれる3つのベクトル外積の延長が木星の衛星であるエウロパで焦点を結ぶ〟という分析結果が出たため、これがさらに一層込み入った問題になったのです。

しばらくの間、それが示す〝危険な兆候〟が一体どんなものなのか、誰も理解できませんでした。しかし〝何かが起きようとしている〟という点では全員が同意していたのです。作業チームが必要とする情報を更新するために、非公式の分析が手短かに為されたのですが、その間に、〝入り組んだ光が示す対称性は一種の『秒読み』を意味する〟という計算結果が確認されました。科学的分析には、容易に受け入れられて、不測の結果を伴うさまざまの異なる反応を地球レベルで引き起こす可能性がありますが、科学者チームが頭脳明晰であることを私は高く評価していました。しかしその一方、この状況は別の〝論理〟という観点からも分析されねばならなかったのです。激変や大量破壊に関するもの以外に、ブイからの光パルス情報に関連する目的がいくつかありました。分析担当チームはこれまでに起きた出来事を分析してその結果を出し、それが破壊をもたらす可能性は低い、という見解を提示しました。

南極で起きたことに関しては、ほとんど書くことを許されていません。そのため、ここマコール基地における状況を説明するのが難しくなってしまうのです。これが地球全体に関わる出来事であり、すでにいくつかの国々によって観測されているため、少なくとも諜報部のレベルでは否定不可能です。それゆえ、私の話は一般的な情報に限定されてしまうのです。安全保障にかかわる障壁があるため、最終的結論のみならず、この場所で何が発見されたのか、これをほのめかすことさえも許されません。これが国際的な関与および軍事機密レベルの国家間協定を暗示するため、これらの点については実質的に何一つ明らかにすることができないのです。ましてや、私自身が最初からこのミッションの最前線にいたため、なおさらそうなのです。

しかし、もしも私の国ルーマニアにおける発見について言うのであれば、事態は違ってきます。たとえ状況が同じであるとしても、いわば自分たちの〝お膝元〟であるため、著しく高い自由度があるのです。前著において私は、許される限りこの有利な点を最大限に活用しました。

宇宙ブイおよび当該の場所は、リモート・ビューイング探査に抵抗を示した⁉

マコール基地に着いてから3日目、イノサント将軍が到着し、最初に得られた成果についての概要説明を受けました。そして彼自ら現場の状況を細かく検討しました。その後、軍幹部の秘密会議が行われ、それにはオバデラ将軍も参加しました。政治的見地から言うと、このような遠く離れた場所で仕事をする場合の有利な点は、外交圧力の届くのが遅れるため、神経が少しだけ休まることです。しかし今回の場合、いくつかの国がさまざまな介入をし始めたため、事態はさらに悪化していたのです。

その日の夜私は、オルシチェ山脈における発見についてオバデラ将軍と話そうと思っていました。なぜなら、その件が今回の仕事に直接関係していたからです。すでに将軍は知っていましたが、思いがけなくも、宇宙ブイおよび当該の場所が、さらなる情報を求めるRVの試みに〝抵抗〟していたのです。そのため米国側は、RVの使用に対してさらに気乗りしなくなっていました。しかしオバデラ将軍は、それに関してはあまり話したくなかったのです。彼は率直な性格で、話よりも事実を好む人です。彼にとって長時間の討議は快いものではないため、詳細に至る前に手早くあるいは突然それを打ち切る傾向を持っています。そのため、これまで何とかオバデラ将軍から情報を得ようとしたものの、実際はあまりうまくいきませんでした。しかし、ほとんどの場合、彼自身も充分な情報を持っていなかったのです。これがもう一つの理由です。

オバデラ将軍の機嫌が良かったある日の夜、彼は私に次のように断言しました。

「しかし、私にも情報がないのは本当だ。私を信用してほしい。このような状況は私も望んでいない。たくさんの問題を引き起こすからだ。それはゼロ局が制御できていない唯一の事例だが、我々が職務怠慢だったからではなく、一連の要因が次々と出てきたためであり、それらによって否応なく今のような状況になってしまったのだ。オルシチェ山脈で起こったことが明らかになり、何らかの対処方法を考えたときは、すでに遅きに失していた。もしも記録保管所にさらなる情報があったのであれば、このような問題は起きなかっただろう。さまざまな事情で一番肝心な情報が失われてしまった。現時点では補助的な情報しか残されておらず、実際問題としては我々の助けにはならないのだ。米国側はこれを理解できず、我々が嘘をついているのではないかと疑っているが、実際のところこれは正真正銘の事実なのだ」

オバデラ将軍によれば、オルシチェ山脈付近に住んでいた古代ダキア人の軍事・行政組織の構造をよりよく理解するために、1994年、その地域で考古学上の遺跡がいくつか発掘されました。それは見込みのある試みのように思われました。なぜなら、発掘によって、それまで想定されていたよりもより一層充実した生活状態を示唆する遺物が見つかったからです。

しかし、ある日の夕刻、発掘現場の一つで、諜報部の機能を停止させるような事件が起きました。作業員の一人が、誤って地下の部屋に滑り落ちてしまったため、その場所をさらに詳しく調べたところ、さらに深く埋められていた小部屋の集合体に行き着きました。そこで発見されたものは、まさに国の指導体制を非常に困惑させるものだったため、最高国防評議会（SNDC）が開かれることになり、関係者が集合したのです。ルーマニア諜報部と現場の調査チームもそれに追随しました。

オバデラ将軍が言いました。

「これについてはすべてセザールが知っている。私はこの問題を彼に委任し、たとえそれに関する〝手掛かり〟が幾分失われてしまった場合でも、この件を徹底的に調べるように指示した。セザールはこの件を数年にわたって担当しているので、より詳しく説明してくれるはずだ。我々諜報部がこの問題に注目しているのは、あの場所がルーマニアにとって戦略上の要衝であるのみならず、あの発見によってルーマニア人について数多くのことが明らかになるからだ。とりわけそれは、ハンガリー人との関係にかかわるすべての点を明らかにしてくれるが、それだけではないのだ」

オバデラ将軍がそれに関して話したのは、そのときが初めてでした。当初、ルーマニア人とハンガリー人の間の問題については、領土権の主張というよりもむしろ二つの国民の起源に関する見方・考え方にその核心がありました。以前、領土権の主張が高まった時期がありましたが、今再び、歴史的な理由に基づいてこの問題を明らかにする、という風潮が出てきています。数十年にわたって続いたこれらの段階のどれにおいても、両国の諜報部の間の関係は非常な緊張をはらんでいて、それが一般大衆に直接影響を与えているのですが、彼らには、対敵諜報活動機関によって容易に操られてしまう、という傾向があります。

私は3週間南極に滞在し、問題の解明に尽力しました。力一杯この仕事に取り組みましたが、状況は全く変わりませんでした。詳細を述べることはできませんが、地磁気のS極が存在する場所で驚くべき新発見が為され、それにかかわる議論が一つの作業部会で為されたのです。逆説的ではありますが、〝問題を国家間の対立に至るまでエスカレートさせる〟とこれまで危惧されていたことが、実際は〝状況が大部分即座に好転した〟という望ましい結果になったのです。もたらされた影響が非常に有益であるとみなされ、すぐに解決策が見つかったため、誰もが満足したように思われました。もちろん、宇宙ブイの問題、とりわけ木星の衛星エウロパへの干渉は未解決のままでしたが、その後の分析により、〝実際には脅威とはならず、むしろブイの内部構造の状態を更新するために為されている〟ということが分かったのです。それは、それまで可能性としてのみ考えられていたことです。私が南極を出発するまで、その更新の理由や特徴等が確証されることは全くありませんでした。

米国メリーランド基地では、さらに高度な段階のＲＶ研修が行われていましたが、帰国後すぐそれへの参加を要請されました。私はそこに２００７年末まで滞在し、ＲＶの技量をさらに磨き上げるとともに何人かの米国人高官との価値ある友好関係を築きました。ドイツに短時間立ち寄った後に帰国し、２００８年5月、アルファ基地に戻りました。

ところで、セザールはゼロ局の活動にかかわる事態を何とか収拾するとともに、彼がゼロ局の利害と政府の利害の間の良き調停者であることを立証しました。そして、南極での出来事のあと極めて脆弱(ぜいじゃく)になっていた米国側との協力関係を、オバデラ将軍の助けを得て強化したのです。

穏やかで気持ちの良い5月の夜、本当にしばらくぶりでしたが、再びセザールと一緒に基地の周りを散歩する機会がありました。彼が小休止を取ったときをうまく利用し、たまにはそのような気持ちをくつろがせるような時間が必要であることを彼に思い起こさせて、彼を散歩に誘ったのです。セザールは微笑みました。これは〝さらなる情報を聞き出したい〟という私の願望の現れである――彼にはこれが分かっていたのです。セザールは愉快そうな表情で口を開きました。

「オバデラ将軍は、あなたがオルシチェ山脈で起きたことに言及した、と私に言いました。大変結構。とにかくあなたは、南極での出来事を通じてこの件に直接関与してきました。それゆえ、今あなたがこれに関するすべてを知ることは至極当然なのですが、あなたも知っての通り、私やオバデラ将軍でさえも、この件についてはほとんど情報を持っていないのです」

私は将軍と話したことを手短かに説明し、この問題を一層明確に理解するために、さらなる詳細情報を可能な限り出してくれるようセザールに頼みました。将軍は話をするのが得意ではありませんし、詳細をすべて把握しているのはセザールなのです。個人的に私は、二つの理由から自分がとりわけそれに関するファイルに引き付けられている、と感じていました。一つはそれが秘める奥深い謎であり、もう一つは〝この件がこれまで何度も触れられるのを拒んできた〟という事実です。これはゼロ局にとってさえも非常に特別な問題だったのです。

「それがこの状況に関する唯一のファイルですが、実際はもっとずっと複雑なのです」

それが驚くべき物語の始まりであり、それにより、ルーマニアの人々に対する私の見方が180度変わってしまいました。私たちルーマニア人の過去については、すでにホログラフィー投影室からある程度の情報を得ていたのですが、あの夜にセザールから聞いた話は、まさに私を驚愕させるものでした。それにより、ルーマニア人の起源や歴史をより深く理解するとともに、それについて重い責任を感じるようになったのです。私の本の読者がこれらの点についてできる限り公正に判断できるように、そのすべてを詳しくお話しすることを誓います。程度の差はありますが、憶測や主観的な解釈を超えたところにオルシチェ山脈で発見された真実があり、この件に関して存在する唯一のファイル〝CRONOS〟において、それが部分的に再現されているのです。

第五章

地質学的に不可能⁉
スレアヌ大山塊で発見されたものは、
想像を絶する大量の純金の塊だった⁉

国家の最高機密〝ブセギ山脈の地下施設〟以上に世界の政治・経済・軍事面の状況を一変させる発見が隠されている!?

私がすでにオバデラ将軍から聞いていたことを、セザールがあらためて詳しく説明してくれました。

1990年代、オルシチェ山脈において大規模な考古学的調査が実施されました。その目的は、カルパティア地域における私たちルーマニア人の起源を確証し、さらに、当時の要塞の在り方や人々の生活様式をよりよく理解することでした。1989年の革命以後、政治的指令に基づいて検閲が行われるようになるまでは、これらの調査は大目に見られていたのです。当時、考古学者たちは極めて活動的であり、数多くの驚くべき成果が出始めていました。いくつかの発見や研究の成果が公表されましたが、あるとき、ほとんど何の前触れなしにすべてが止められてしまったのです。例によって、資金不足および〝発掘のための条件が整っていない〟という理由付けがなされました。

セザールが言いました。

「実のところ、驚くべき発見が為されたのはそのときだったのです。それが最高レベルの国家機密だったため、すべてが停止されました。その発見が発見者たちを驚愕(きょうがく)させ恐れさせたのですが、その事実に関しては、我々諜報部さえも連絡を受けなかったのです。大抵このような状況において起きることなのですが、彼らは無分別に行動しました。恐怖感があまりにも強かったため、彼らは何とかいつもよりもよい仕事をしようとして、その場所が再び発見されないように非常にうまくそれを隠してしまったのです。一連の要因がこれに寄与しました。そう考えれば、今の状況がある程度説明できるのですが、あのとき彼らはまともではありませんでした。

考えてみてください。この国のみならず、世界全体における社会面・政治面・経済面のバランスを変えてしまうような何かが発見されたのです。それは遺物や工芸品ではなく、ブセギ山脈地下の複合施設のような目覚ましい構造物でもありませんでした。それはすべてを支配する桁違いの何かなのです。発見者たちは、その場で見たものが理解できませんでした。ましてそれを調べることなど、とても無理だったのです。何よりも皮肉だったのは、たとえそれがこれまでに為された最も大いなる発見だったとしても、大急ぎで閉鎖されるべきものだったことです。そして、あまりにも巧妙に隠されてしまったため、それは完全に姿を消してしまいました。本当に残念なことですが――」

私は驚愕しました。

「ブセギ山脈で起きたことに類似した出来事はなかったと理解しています。あのときと同じ部隊は動員されなかったのでしょう？」

セザールは首を横に振って否定しました。私としては当時の混乱が想像できましたし、為された間違いを修復するためにどのようなことが実施されたのか——この点も推測することができました。しかし、すべての努力は無駄だったようです。すでにオルシチェ山脈の一件は幕引きされており、セザールも無言のままその状況を甘受していました。

「このような状況の際に適用される所定の手続きがとられなかっただけでなく、いわゆる事前の調査を実施したのはその地域の警察署だけだったのです。それはいくつかの質問に要約された短いものなのですが——。その後、ルーマニア諜報部（ＲＩＳ）のエージェントが3人やってきて、到着するや否やブカレストの本部に連絡を取りました。しかし、ブカレストから派遣された代表者は、すぐさま心理的につぶれてしまったのです。彼らはあまりにもおびえてしまい〝より一層の安全を期するために、専門家のチームが到着するまで、その場所を埋めて隠しておかねばならない〟と思い込んでしまいました。直ちにコンクリートミキサー車が持ち込まれ、彼ら自身が入り口を密閉して、さらに植生付きの土で覆ってしまったのです。写真を撮る時間さえもほとんどありませんでした。考古学教授の意見がファイルの残された部分を占めていますが、それはほんの数ページです」

私は言いました。

「彼らがその場所を忘れてしまう――そんなことはあり得ないでしょう。何はともあれ、彼らはすぐにブカレストに戻ったのですから」

遠くを見つめるような眼差しでセザールが答えました。

「彼らはブカレストに戻れませんでした。これがこの問題全体の謎であり、あるいはそれ自身の運命なのかもしれません。三人の乗った車が、ブカレストに帰る途中で悲惨な事故に巻き込まれたのです。ファイルに入っていたほんの少しの資料だけが、かろうじて難を逃れたのですが、それらにも問題がありました。さもなければ、教授の陳述を除いて、私たちがこの件について入手できる情報はほとんどなかったでしょう。事態のそのような急展開は、私を驚かせるのに充分すぎるほどでした」

「目撃者は誰もいなかったのですか？　その場所を知っているあるいは見た人間が、誰か他にいなかったのですか？」

「信じ難いことですが、いなかったのです。すべてがあまりにも急激に起きてひどいパニック状態になったため、現場に残った人間は誰もいませんでした。とにかくそこは隔絶された場所なのです」

「ブカレストから派遣された代表者はどうだったのですか？　何しろ全部で4人いたわけですから。彼らは別々に戻ったのですか？」

「いや、彼は事故の際に死亡しました。それに、RIS（ルーマニア諜報局）エージェントの一人はすでに発掘現場で死亡していたのです。あるいは〝姿を消した〟というのがより正確かもしれません。コンクリートミキサー車が到着するまでに彼らが為した唯一の知的な仕事は、手短かなプロトコル（手順）を作成することでした。さもなくば、誰一人その場所で実際に起きたことを知り得なかったと思います。しかしそれでも、疑問が数多く残っています」

それはまさに幻惑に値することであり、そのような出来事の連鎖はこれまで聞いたことがありませんでしたが、一縷（いちる）の望みが残っていたと思いました。

「コンクリートミキサー車の運転手はどうだったのですか？」

セザールが答えました。

「言うまでもないことですが、それは私たちが追った最初の手掛かりでした。かわいそうなその男は、発掘現場で気が変になってしまい、結局彼と気を合わせることができなかったのです。RISエージェントたちは、現場から少し離れたところにコンクリートミキサー車を置きました。そして、そこから手押し車で運んだコンクリートで、発掘の際に生じた穴を埋めました。それに必要なコンクリートは少量だったようです。彼らはその場所を隠す作業を2時間ほどかけて行ったのですが、それがあまりにもうまく為されたため、その後その場所が全く分からなくなってしまったのです」

「そのようなことはこれまで一度たりとも聞いたことがありません。しかし、彼らは系統的な探索ができたはずです。なぜなら、あなたが言ったように、その場所は考古学上の遺跡の中にあったわけですから。彼らは大体の場所が分かっていたと思います」

「実のところ、それが真の問題の始まりだったのです。あの場所は考古学的な遺跡の中にあったのではなく、そこからあまり遠くない所でした。しかし、仮にそれが困難でなかったとしましょう。あの事件の後、特別の最高国防評議会（ＳＮＤＣ）から特別の命令が出て、すべての調査研究が禁止されました。これは国家の最高機密に関する命令です。ある種の観点から考えれば、彼らはブセギ山脈における発見の場合よりもより一層効率的に働いた、と言えるでしょう。彼らは非常に用心深く、躊躇（ちゅうちょ）せず迅速に行動しました」

　セザールの反応を見たくなった私は彼に尋ねました。

「それについてはどのように考えますか？」

　彼はしばらく無言の状態で、どう答えるべきか思案しているようでした。

「率直に言って、彼らは正しい決定だけをしたと思います。もしもそうでなかったとしたら、私たちが今日ここでくつろいだ気分で話ができたかどうか分かりません。なぜなら、私たちの国や他の国々の政治面・経済面・軍事面の状況が根本的に変化してしまう――このような事態がほぼ確実に生じると考えられたからです。もしも彼らが正しい決定をしなかったとしたら、すでにそれが起きてしまったに違いありません。これは本当であり、大袈裟に言っているのではないのです」

私は突破口を求めてセザールに言いました。

「時がたてば、とりわけ重要性が充分ある場合、命令は乗り越えられるはずです」

「しかし、この命令の場合は駄目なのです。それは決定事項であるだけでなく、あなたが言及したことを防ぐために彼らがとった追加措置でもあるのです。彼らは非常にうまく行動しました。少なくともこの視点から見ると、彼らは完璧に仕事をしたと思います。目撃者がほとんどいなかったことで、事態がこのように推移したと思われます。車の事故に関してはさまざまな憶測がありました。しかし、徹底的な調査が為され〝それは引き起こされたものではない〟という結論に至ったのです。

これに関心のある人たちは、たとえそのための時間をさらに望んだとしても、実際にはそれを確保できなかったでしょう。なぜなら、すべてが極めて急に起きたため、他の政府組織から派遣された人間も、そこで一体何が起きたのかを解明することができなかったのです。その上、もしも目撃者を消そうとする意図があったのなら、〝潰れた車の中にファイルが残されていた〟という事実をどのように説明できるのでしょうか？　普通に考えると、それは事件を証拠立てるものであり、真っ先に消去すべきだったものですが、そうはならなかったのです。しかしながら、その後そのような企てがありました。それゆえ、ファイルに含まれた情報を保護するための特別の措置が取られたのです」

「事件現場でのさらなる調査は禁止された、ということですね。同じことがブセギ山脈での発見の場合もできたはずですが、あれは依然として国家の最高機密です。あなたもよく知っているように、その場所を隠すと共に具体的な情報を隠匿することが、機密を価値あるものにするのです」

「あなたに話したと思いますが、この場合は事態が異なるのです。外交上の事前合意・交渉は不可能でした。それは即刻軍事攻撃の対象となる事柄であり、24時間以内にそれが国際紛争に拡大することは目に見えていました。まさに制御不可能な状況になったものと思われます。情報の漏洩（ろうえい）は、たとえそれが不可抗力であったとしても、即座に論理的思考を失わせる結果になったことでしょう。問題は極めて重大なのですが、幸運にも、その重大さから簡単かつ効率的な解決がもたらされました。私たちの部門が現場に行くことはできませんでしたが、あれが事件の唯一可能な成り行きだったのです。このような考えは受け入れ難いでしょうが、状況の詳細を知って初めてそう思うのです。なぜそうでなければならなかったのか、その理由がよく理解できたことでしょう」

すでに日が暮れており、セザールがそれとなく基地に戻るように促しましたが、私はこの件に非常な関心を持っていたので、彼にせがんでもう一つだけ質問させてもらいました。

「あなたはまだ考古学の教授について何も話していません。しかし、結局のところ、彼があの発見に関する唯一の手掛かりということですね」

隠された発見の証言者唯一の生き残りコンスタンティン教授は、ルーマニアのルーツ〝ダキア〟の研究者でもあった！

セザールは幾分悲し気に私を見て言いました。

「コンスタンティン教授が、唯一私たちに残された可能性でした。彼は生真面目で教養のある人物ですが、残念ながら彼に会えたのはほんの数時間でした。彼はあたかも別の世界から来たかのように見えました。周りの現実から全面的に引きこもってしまったのです。すぐさま別の人が彼の立場や仕事を引き継いだため、彼の居所も分からなくなってしまいました。それは国家の最高機密だそうです。それ以降、誰も彼のことは耳にしていません。しかし私自身は、現地で一体何が起きたのかを何としても解明したいと思っています。なぜなら、例の3人の事故死の直後、もっぱらこの件だけを担当するように、という指示がオバデラ将軍からあったからです。教授が3人と一緒に車に乗らず、翌日まで現地の村の警察署に留まったことは、まさに神の導きだったと思います。これは3人のエージェントの唯一の〝ミス〟だと思われますが、私たちにとっては幸運なことだった、と言ってよいと思います。とにかく、自分が当初望んだほど詳しいところまではまだ解明できていません。私にできることは実質的に何もありませんでしたが、二度と教授には会えない、ということは分かっていました」

「なぜ、あなたは望んでいることすべてを解明できないのですか?」

「教授は、全く話をしない、あるいはほとんど話さない、のどちらかだったのです。彼が虚空を見つめているときに気付いたのですが、彼はときどき恐怖に駆られていました。あの不運な男は私に協力しようと尽力しましたが、そのための精神的緊張は彼にとって耐え難いものだったでしょう。この事件に関するファイルの中身すべては実質的に彼から得たものです」

そのとき私は、過去数か月間に得ていた直感を言葉に表しました。

「あなたに手渡した特別な箱に入っていたファイル、それがそのファイルではないのですか?」

セザールは即座に私の疑念を裏付けてくれました。

「できるだけたくさんの写真を撮ることを思いついたのは教授だったのです。全部で9枚の写真が撮られました。エージェントたちは4枚しか撮らず、それらはポラロイド写真でしたが、そのうちの2枚は事故の際に駄目になってしまいました。もちろん、私たちには教授の残した陳述書があります。それを手に入れるのは非常に難しかったのですが、何とか入手することができました。エージェントたちが教授を連れに来た日の朝、彼らの到着前にその複写を取ったのです。充分な時間がなかったため、教授の話の要約を作成しました。それはわずか数ページです。エージェントたちには録音されたテープだけを渡しました。そして、オバデラ将軍に〝この録音は将来、重大な問題になり得ます〟と連絡しました。同日の午後、オバデラ将軍から電話がありました。録音テープを直接受け取ったけれども彼および緊急会議を手配したSNDCの目の前でそれを使用不能にした、という話でした。これが、そもそもの初めからすべてを止める、という決定がなされたときだったのです」

「最終的にはあの現場を見つけ出せただろう、と思っていますか？」

「私たちにはこの件に関する管轄権がありました。おそらく、ほどなくして他の部門も介入したと思います。なぜなら、当時はまだオバデラ将軍の影響力があまり強くなく、私たちの部門も処理すべき物事をたくさん抱えていたからです。しかし、とりわけコンスタンティン教授から事件に関するすべてを聞いて写真を見た後、この件への私の関心がさらに高まりました。それゆえ私は、たとえ多大の調査や労力を伴ったとしても、最終的にはあの場所を見つけられたと思います。当初は〝見つけることが不可能なものを捜す〟ように思われたとしても、結局は、何とかして〝掘削現場の周りの区域の採掘〟という広範な作業を始めていたものと思います。それは大変な仕事だったでしょうが、現場を見つけ出すための機会が数多く得られたものと思います。それは私たちの国や国民のために非常に望ましいことなのですが、結局のところ、すべてが止められてしまいました」

「オバデラ将軍は私に、あなたがその後徹底した調査をした、と言いました。現地での調査活動が止められたとき、あなたはさらに何を解明したいと考えたのですか？」

セザールは微笑みながら立ち上がり、調子を整えるために少し身体を動かしました。

「どちらかと言えばそれは個別の調査ですが、私がゼロ局内である種の組織立てをする際の助けになりました。それは現在、諜報・対敵諜報部門の中で、民族性や国家の安全保障にかかわる問題を取り扱うのに役立っています。また、コンスタンティン教授は、優れた歴史家かつ言語学者でもありました。厳密に言えば、ダキアという名前の国はこれまで存在しなかったかもしれませんが、彼はダキア人の歴史を熱心に研究しました。ダキアとはローマ人がその地域を征服した後に付けた名前、ダキア・フェリックスのことです。明らかにフェリックス（幸福）という言葉は、実際のローマ人強盗団を参照しています。しかし、私たちの祖先が国をダキアと名付けたことを証拠づけるものは何もありません。コンスタンティン教授は、ダキアに関わるこれらの点について研究し、この地域の先史時代に関してある重要な学説を立てました。彼は特定の場所で考古学的発掘を行いました。その成果に基づき、コンスタンティン教授は、新石器時代の文化を専門とする考古学者と見なされています。

私は、カルパティア地域における古代文化の研究を踏まえて、彼の説を確証しました。なぜなら、少なくともヨーロッパにおける既存文化の発展はこれらの人々に由来する、ということ、そして、ルーマニア語が実際のところインド・ヨーロッパ語である、というのが彼の主たる考えだったからです。それは彼自身の学説ではなく、有力な出典や既存の研究に基づいています。彼は、それを自力ですべての国内・海外のマスメディアを使って知らしめる、という目標を設定しました。彼は良い人ですが、とりわけ現在はこのような説や証拠を打ち砕こうとする論争が激しく行われていますので、そのような複雑な状況においては少々馬鹿(ばか)正直でした」

これまで何度となく経験しましたが、セザールの説明は今回も私にとって全くの驚きでした。このテーマについては学校で教えられたような一般的知識しか持っていなかったのです。しかし、突然私の心は大いなる喜びに満たされました。それが貴重な情報の尽きることのない源であると感じたからです。

セザールは説明を続けました。

「私はますますこの件に興味を持つようになり、さらに詳しく調べました。私たちの国には、素晴らしく博学で分析に優れた天分を持っている人たちがいます。率直に言って、ルーマニアの人々は、少なくとも彼らの研究成果の概要ぐらいは知っておくべきです。しかし問題があります。この分野の研究はあまり目立たないため、世に知られていません。とりわけ問題なのは国際機関による介入です。彼らは、知ったかぶりをして既存の有用な調査資料や文書を無視するのです。この点についてはまた後で話しましょう」

未知なる地下施設へ——コンスタンティン教授の陳述より

私たちは基地に戻り、楽しい夜を過ごしました。雰囲気が素晴らしく和やかだったため、セザールは、中断した議論の再開に同意してくれて、オルシチェ山脈での発見後に起きた出来事についてさらに詳しく話してくれました。セザールによると、すべての事柄は、あの地域で考古学上の遺跡の一つが見つかって発掘が開始されたときに始まりました。通常の場合と同様、発掘作業には地元の人たちが日当制で雇われました。彼らは失業者であり資格のない労働者でした。問題は、彼らが毎日来なかったことであり、来てもほんの短時間しか現場に留まらなかったことでした。その結果、多くの遺跡で発掘が進まなかったのです。その上、考古学上の遺跡はオルシチェ山脈の広い地域、すなわちデバ地方およびサルミゼゲトゥサ・レジア地方に散らばっていました(※)。遺跡の管理者たちは、移動しながら2つあるいは3つの発掘現場を同時に担当しなければならず、そのため、彼らが一つの発掘現場で監督業務をしていると、他の現場における発掘作業が遅れてしまうのです。考古学的に興味深い発掘場所には、オルシチェ山脈群の一部であるスレアヌ山脈が含まれています。その小渓谷の中にはいくつかの傾斜地がありますが、その一つにおいて考古学上の遺跡が数日間発掘されたのです。彼らは多大の興味を抱いてこの区域を分割する手はずを整え、作業の範囲を設定しました。

ある日の午後、作業者たちは早めに仕事を止めて発掘現場を離れました。そこで発生していた過度の熱により、作業が極めて困難になったためです。現場はコンスタンティン教授の直接の監督の下にありました。当然のことながら彼は、最後の最後までそこに残って発掘記録を書き、翌日の仕事のための準備をしていました。彼以外にもう一人、若い作業者が現場にいました。遺跡発掘の期間中、教授は近隣の村に宿泊していたのですが、その少年の作業者は、教授の世話人の息子だったのです。教授の陳述書によると、

※ サルミゼゲトゥサは、古代ダキア人によって建設された軍事・宗教・政治上の最も重要な古代都市。狭隘(きょうあい)なオルシチェ山脈の立地を生かして1200メートルの高地に建てられた6箇所の要塞群の一つでもあり、戦術的な防衛システムが設置されていた。

その少年は掘削道具を集めて、それらを現場の西側100mほど離れた所に持って行きました。そこは間に合わせで作られた粗末な保管場所であり、夜間には覆いがかけられていました。その保管所は森の真ん中に位置していたものの、周りは岩だらけだったのです。

その陳述書以外には明確な手掛かりはありませんでした。彼はつるはしで覆いに一撃を加えたのですが、どのような理由で彼がそうしたのか、誰も知らないのです。もしかしたら、覆いのかかっている岩の部分を平らにすることで、自分の仕事に対する熱心さを見せたかったのかもしれません。教授はつるはしの音を聞き、若者が掘っているのを見ましたが、そのまま自分の仕事を続けたそうです。その後のある瞬間、短い叫び声と何かを押し潰したような音が聞こえました。あたかも何かが落ちたかのような感じだったのです。

しばらく姿が見えなかった少年のことが心配になり、教授は急いで現場に足を運びました。それにかかった時間はほぼ1分でした。すると、少年が、自分が発見したばかりのものを見て快活に笑っているのが目に入りました。彼が強い打撃を加えたことにより、覆いがかかっていた岩と地面が動いたのです。恐らく、打ち込まれたつるはしの先端が、岩と岩の間の隙間に滑り込んだのでしょう。それが非常に強烈だったため、岩と地面の崩落が起きたのです。もっと正確に言えば、岩が砕けて1・5mほど地中に落ち込み、その結果、地面の下の空洞があらわになったのです。さいわい少年は無事で、ほんのかすり傷を負っただけでした。それが一種の地下室であることが、教授にはすぐ分かりました。それは幅約4m、奥行き約5mで、普通の部屋の形をしていました。教授もその穴に入り、注意深く内部を調べましたが、〝大発見をしたのではないか〟という最初の期待はもろくも潰えました。

部屋の形にある種の規則性があったものの、それは通常の地質学的な変化の過程に基づいて自然に形成されたものである、という推測が為されたのです。部屋の縁の部分には土が凝集していました。それは、壁を形成している岩の構造とともに、過去に人間の介在がなかったことを明確に示していました。その上、部屋は全くの空っぽで、過去に人がいた形跡は皆無だったのです。失望したものの、教授は、一連の決められた専門的手順に基づいてその小さな洞穴を調べていました。すると、その隅部の一つに狭く細長い切り口があり、そこから強い隙間風が出ているのに気付きました。期待が少し高まったため、教授は、その空気口を可能な限り拡げるように少年に指示しました。

つるはしによる強い一撃を数回繰り返したところ、石灰岩の岩が砕けて新たな開口部が見えてきました。それはさらに狭い隙間でした。その小さな通路を調べるとともに、教授は少年に保護用の装備品と懐中電灯を持って来るように指示しました。その新たに作られた通路は非常に狭く、人が通り抜けることができないため、教授は少年と一緒にそれを拡張することにしたのです。数分後、何とか大きな岩を破壊してその下を照らしたところ、彼らがいる洞窟の地面によって形成されていた円天井の下に、滑らかな表面の斜面が伸びていることが分かりました。新たな発見に気を良くしたコンスタンティン教授は、初期の石灰岩系の地質と思われるものを詳しく調査することを決めました。異例ではありましたが、それほど難しくも思えなかったので、より一層綿密な探索を翌日実施する計画を立て、教授は即刻調査を開始したのです。

教授は少年を伴い、新たに作られた隙間を注意深く通り抜けました。可能な限りひざを折って頭を下に向けねばなりませんでしたが、何とか斜面を降りることができました。地面は滑らかでしたが、最初に疑問に思ったのは、それが砂利のようなもので覆われていたことです。最初その場所は極めて狭い場所のように見えました。しかし、20mほど進むとかなり広い空間になったのです。二番目の隙間を通り抜けて50mほど進むと、二人は立って楽に歩けるようになり、斜面はさらに緩やかになりました。洞窟の両側面の壁は観察できませんでしたが、声の響き具合から考えて、それらはかなり離れた距離にあると思われました。そのとき教授はやや不安になり、少しばかり恐怖感を覚えましたが、勇気を奮い立たせて先に進みました。

ある地点まで進んだとき、教授は、洞窟の天井の岩の特徴が急に変わり、そこから約8

m先に垂直の壁があることに気付きました。彼はまた、天井に非常に美しい輝きが現れ、壁の岩に光線が反射して奇妙な影をつくっていることに気付きました。彼はそれを玄武岩反射と解釈しました。二人が下降する斜面を進んで洞窟の最も遠い壁に達したとき、教授の心の内に突如として強い感情が湧き上がってきました。垂直壁のすぐ近くの小ぎれいな地面の上に半円形状の大きな開口部があり、雷が鳴るような低い轟(とどろ)き音が、まるで遠く離れたところからやってきているかのように響いているのが聞こえたのです。

その暗い開口部を通ってやってきているエネルギーがあまりにも強烈な印象を与えたため、教授は思わず立ち止まってしまい、その後もさらに調査を続けるべきかどうか迷いました。同伴の少年のことを考えていた教授は、彼の雇用主としての責任を感じていたのです。恐らくそれが発見全体の正念場だったと思われます。もしもそのとき二人が村に戻り、翌日改めて発掘チームと一緒に調査を再開していたのであれば、物事の流れは全く違っていたことでしょう。そのチームには他の考古学者やルーマニア諜報部（ＲＩＳ）の担当者が含まれたと思われます。しかし、セザールが言ったように、ある物事は人間の理解を超える理由によって順序付けられるのです。このような状況においては、人間はほとんど無力な存在となり、あらかじめ決められた道を、抗し難い限度にまで進みます。すべての可能性があってそれらから選択できるとき、そこには小さな変曲点があり、一旦選択が為されると、物事は一気に進展するのです。

一連の劇的な出来事の説明をセザールが続けました。

「しかし、嫌な予感がしたにもかかわらず、教授は調査を続行することに決めました。教授の話では、ちょっとの間二の足を踏んだものの、新たな発見への抑え難い欲求により、彼は保守的な考えを何とか乗り越えたのです。さらに壮大であることが予想される次の階まで下りれば、翌日の調査をどのように準備すべきかについて、より良い考えが出てくるだろう――教授はこのように考えました。しかし、彼が懐中電灯の光を前述の開口部に向けたとき、彼は肝をつぶしました。なぜなら、その開口部は非常に急勾配で地下に下降しており、しかも、地面は踏み段の形跡を示していたからです。胸の高鳴りを覚えたコンスタンティン教授は、その構造をさらに調べるために腰をかがめました。すると、地面は約60度の角度で波打つように下降していることが分かりました。最初、彼は〝傾斜によって地面の土が段を形成した〟と推測したのですが、そうでないことがすぐに分かりました。地面は岩だけから成っていて、その上に同種類の風変わりな砂利が敷かれており、岩自体が階段の形に削られていたのです。これは十中八九遠い昔に起きたに違いありません。なぜかと言えば、その階段はボロボロであり、それにたくさんの亀裂が走っていたからです。しかし、明らかにそれは人工的なものでした。その一部に顔面彫刻が施されていたからです」

セザールによると、教授は突如自分がカメラを持ってきていたことを思い出し、急いで数枚の写真を撮りました。それはフラッシュ内蔵式のかなり古いカメラでした。よく撮れた写真もあったものの、他の写真はハレーションでぼやけていました。しかし、残念ながら使用可能なものはありませんでした。気持ちが高ぶって震えが止まりませんでしたが、二人は底の知れない深い穴に向かって階段を下り始めました。それはずっと下に伸びているように見えたのですが、程なくして気付きました。実際のところ、彼らが入り込んだ場所は当初推定したよりもはるかに小さかったのです。古代の階段に沿った下降は、垂直方向で7~8mを超えない高さでした。

コンスタンティン教授は、2つの点に興味をそそられました。まず初めに、その地下構造物に入ったとき、地面が汚れておらず表面が平坦だったことです。その上、地下のその場所は全くの空っぽで、見方によれば小ぎれいな印象を与えるものだったのです。教授は「地面が〝でこぼこ〟しておらず、まるで誰かが常にその平坦さを維持しているかのような印象を受けた」と話してくれました。その経験は彼に奇妙な感じをもたらしましたが、ことによるとそれは、彼ら二人がまさにしようとしていた発見に関連していたのかもしれません。開口部に入った後、彼らは理解しました。遠い雷のような不快な轟き音は、彼らの前方に広がっている通路から来ていたのです。彼らがたどり着いた場所は、発掘現場から200mほどの距離の山の内部で、その深さは約30mでした。

もしも彼らが通ってきた洞窟の内部から〝小ぎれい〟という感じを受けなかったとしたら、おそらく教授は調査をあきらめて翌日それを再開する決定をしたことでしょう。しかし、未知の何かを発見したいという抗し難い欲求に突き動かされ、教授は、少しばかり下向きに傾斜していた通路の調査を続けました。さらに0・5㎞ほど下降したところ、通路はどんどん広くなりましたが、天井は地面から3~4mの高さで、比較的低いままでした。彼らを包む暗闇は恐ろしく、さらにそれは押し殺すような轟き音によって増幅されていましたが、〝周りの状態が非常にきれいで完璧に乾燥しており、でこぼこしたものや他の障害物が何もない〟という事実によって勇気づけられ、二人は一定のリズムを保ちつつ前進を続けました。

山の内部構造が対称性を持っていることに驚いた教授は、ほとんどが滑らかな岩の天井にちょっとの間懐中電灯の光を向けました。そこにはいくつかの深い亀裂が走っているように見えたため、教授は、この通路は荒々しく流れる地下河川の川底だったのではないかと推測しました。それを確証するためには、通路の両側の壁を含めてさらなる調査をすることが必要だったのですが、両壁は非常に離れていたため、懐中電灯の光では何も見ることができなかったのです。その後天井が高くなり始め、通路内部の空間はさらに一層広くなりました。さらに500mほど下降したとき、教授は岩の構造の最初の変化に気付きました。それは懐中電灯の光の中でほの白く輝き始めていたのです。天井も調べてみたかったのですが、それはすでに高くなりすぎていたため不可能でした。さらに前進すると、どういうわけか、鈍く謎めいていた輝きが強くなり始め、天井のより広い表面を占めるようになりました。やがて通路は平坦になり、左に曲がっていることが分かりました。

数回このような蛇行をした後、突然一種の交差路が目の前に現れ、通路が垂直の壁によって二つに分岐していました。左側の通路はより狭くなっていることが分かりました。なぜなら、両側の壁には奇妙な輝きがあり、時折キラキラ光っていることが見て取れたからです。それに対して、右側の通路はより広く見えたため、教授は論理的に、それがより大きな洞窟に通じているものと推測しました。その天井と側壁は、黄色味を帯びた光を強く反射していており、そのため彼ら二人は自分たちの位置をさらによく確認することができました。右の通路がより広くて明るく、心地よかったので、彼らはそこを通ってさらに調査を続けることにしました。

地下構造物の壁と通路は膨大な純金で覆われていた!?

セザールが言いました。

「教授の陳述に基づき、私は〝その時点で真の発見が始まった〟と推断しました。鈍い輝きの原因を確かめるため、側壁に近づいて懐中電灯の光をさらによく照らしたところ、彼は非常に困惑しました。なぜかと言えば、岩壁には膨大な金鉱石が充満していたからです。天井も通路を分割している壁も同様でした」

私は驚愕しました。

「何ですって？　通路の両側が金で覆われていたのですか？　それは素晴らしい。とても現実のこととは思えません」

私は自分が教授の立場に立った場合のことを想像しました。

「それは非常に美しかったに違いありません。それで、彼らはその後どうしたのですか？　さらに通路を進んだのですか？」

「そう。その通路はなだらかに左に曲がり、その先は150mほど真っ直ぐに伸びていました。幅はおおよそ10mでほぼ同じだったものの、その地点から急に20～25m上昇していました。彼らはその終点で青い光を見ましたが、その源は地面にあるようでした。教授の話では、その光が通路の最終部分のほとんど全体を控えめに照らしていたそうです。そのとき少年がおののき始め、パニック状態になりました」

私は待ち切れずセザールに聞きました。

「それで、彼らはそこで調査を止めたのですか？」

セザールが答えました。

「いや、教授が何か素晴らしいものを発見したのです。彼の話によると、側壁と天井を覆っていた金鉱石は神秘的な輝きを放っていて、一種の鉱脈のように右側の側壁に集中していました。その幅は約10mで、その先はじょうごのように広がって、最終的にすべての壁を覆いつくしていたのです。しかも、それは金鉱石ではなく純金でした」

あまり地質学に精通していなかったため、私は感銘したそぶりをほとんど見せませんでした。するとセザールが注意を促しました。

「あなたはこの状況の重大さを理解していません。私たちの世界にこのようなことはあり得ないのです。このような薄層は地球のどんな鉱山にも含まれていません。一般的に言うと、金鉱には多かれ少なかれ金鉱石が含まれています。そして、数十あるいは数百キロ、場合によっては数トンの土からごく少量の金を抽出するために、金鉱石は非常に難しい方法を使って処理されます。しかし、それが行われるのは、個々の鉱山が長期にわたって開発された後であり、それが金鉱石を豊富に含んでいる場合に限ります。とにかく、このような鉱山に関しては国家安全保障にかかわる規則があるのです。鉱山のすべての金を採取し尽くしてはならず、鉱石が取り尽くされる前に、鉱山を閉鎖しなくてはなりません。地球のどこにおいても、金は安全保障・安定性・繁栄の象徴です。この点をよく考えてください。資本主義・社会主義・共産主義等の考え方に関係なく、すべての経済は金を切望しますし、あらゆる国はそのために争います。金の有利性・強みは、他の下等な金属に比して少量で高い価値を持つことです。このような場合にたくさんの利益が生じるのです」

私はそれについては非常によく分かっていたつもりですが、あくまでもそれは防諜（ぼうちょう）という視点に基づく理解です。

かつてローマ人がダキア人から奪った金と銀を遥かに上回る想像を絶するレベルの発見!

私は言いました。

「ロシア・モンタナファイルに目を通しました。それは非常に分かりにくい内容です。私はその経済的意味付けをまだ深く掘り下げて研究していません」

「今のあなたは状況がはっきり見えています。それゆえ、そのファイルの中身を詳しく調べるのは得策だと思います。2000年も前の古代、ローマ人がダキア人との戦いに勝利して金200トンおよび銀300トンをせしめたことはよく知られています。ローマは二度の戦争によりダキアをローマの属州としましたが、特に同地の金鉱と岩塩鉱は帝国の財政を潤した、と言われています。それゆえローマにおいては、1年間にわたる免税および全市民への贈与と共に、4か月にもわたって饗宴が催されました。ダキア人との戦争の様子は、ローマ市に現存する〝トラヤヌスの円柱〟の浮彫に描かれています。ローマにはこの円柱を始めとする建築複合物が存在しますが、皇帝トラヤヌスは、それらを含む丘全体の移設を命令しました」

　私はすぐに計算し、腰を抜かさんばかりに驚きました。

「つまり、ローマでは120日間日曜日が続いたわけですね」

「その通り。彼らは毎日ローマのやり方で浮かれ騒いだのです。それは、ローマ市民の品性と内面の価値を破壊することにより、彼らを弱らせ、貶めて、駄目にすることを意味します。そのような行為は取り返しのつかない深刻な痕跡を残すのです。多分、それがローマ帝国衰退の主たる原因だったのでしょう。私はダキア人が所有済みの金についてだけ話しており、ローマ人がその後の約150年間、ロシア・モンタナから抽出したものに関しては言及していません。この事実をよく考えてください。しかし、たとえそうであったとしても、それは歴史上の言い伝えと言われている〝デケバルス（※）の財宝〟ではなかった

※ デケバルスはダキア族の王（在位87年〜106年）であり、ローマ皇帝トラヤヌスとのダキア戦争で相対した人物である。ダキアの首都はトランシルバニアのサルミゼゲトゥサだった。彼は偉大な戦士であり、ローマ人に敵対してローマ人に歯がゆい思いをさせた。彼はローマ人の捕虜を使い、王宮を通り抜けていたサルゲティア川の流れを反らせた。空洞を造り、金銀を含む莫大な財宝をそこに蓄えた。そして、石や土でそれを覆ってから川の流れを元に戻した。彼はまた、他の財宝をその近くの洞穴に蓄積した。最終的にローマ人によって捕らえられたバシリスはデケバルスの仲間であったが、ローマ人に説得されて、隠された財宝の秘密をある程度漏らした、と言われている。

のです」

私は言いました。

「しかし、それはまだ見つかっていません。あなたもご存知のように、それから推測されることがあります」

「あの当時、バシリスの反逆によって財宝のほんの一部だけが見つかりました。これが〝呪われた男、苦しみ・悩みを引き起こす邪悪な人間〟を意味するルーマニア語〝bicisnic〟の語源です」

セザールの説明に衝撃を受けた私は言いました。

「彼は事実上、ダキアの人々の信頼を裏切ったわけですね？」

「そうです。あれは私たちの歴史の重要な転換点でした。しかしその後、同じ量の金がオーストリア―ハンガリー帝国による採掘によって、数百年もの長い期間取り続けられました。この事実も考慮しなければなりません。また、中世およびファナリオティス（※）の統治の時代にトルコ人によって莫大な量の金が収奪されたことも忘れてはなりません。また、ルーマニアの財宝は、第一次世界大戦・第二次世界大戦の終わり頃に一度ならず二度までもロシア人に取られてしまいました。この点も考えることが必要です」

※ ファナリオティスは、オスマン帝国時代に帝国の通訳官、およびワラキア・モルダヴィア両公国の公などの地位についたイスタンブール在住ギリシャ系正教徒の特権階級のことである。ファナリオティスは「ファナルの人」を意味し、イスタンブール旧市街北西部の金角湾に面したファナル地区（Phanar：現代トルコ語ではフェネル）にまとまって居住していたことに由来する。また、「公」は、東アジアにおける五等爵の公から転じて、ヨーロッパで貴族の称号として用いられるいくつかの語の訳語として用いられる。公と訳されるヨーロッパ諸語は、大きく分けてラテン語で「第一人者・君主」を意味する princeps（英語の prince）に関連するものと、同じくラテン語で「指導者・指揮官」を意味する dux（英語の duke）に関連するものの２種類がある。

セザールの話から少しばかり挫折感を覚えましたが、その一方、この国にそのような大量の貴金属が埋蔵されていたことに驚嘆しました。

「ルーマニア経済の安定に必要な中央銀行の金準備高は100トンをやや上回る量です。しかし、ローマ以降の国々はさておき、ローマはこの二倍の量の金をルーマニアから収奪しました。これは既定の事実です。誰もそれを否定することはできません。これらは歴史的な現実なのです。しかし、私が強調したい点は、〝この程度の量はコンスタンティン教授がスレアヌ大山塊で発見したものとは比べ物にならない〟という事実です。それは地球を太陽に比較するようなものです。スレアヌ大山塊で発見されたものは、まさに想像をはるかに絶するレベルだったのです」

　私はセザールに言いました。

「しかし結局のところ、目覚ましい規模ではあったもののそれは純金の薄層にすぎなかった、と理解しています」

「たとえそれだけであったとしても、それはどんな地質学者をも驚愕させ、長期間にわたってこの国のほとんどすべての経済問題を解決することでしょう。極めてまれなことですが、たとえ金の海のようなものが実際に創生されたとしても、それは数㎝〜数10㎝にわたる可変寸法の断片から構成される堆積物です。その大きさが1mを超えることはめったにありません。なぜなら、金が一つの場所でぎっしり詰まった自然の状態で発見されることは極めてまれであり、99%は金の含有濃度が高い、あるいは低い鉱石として見つかるからです。しかしながら、教授があの場所で見たものは、実際には地質学的に不可能なことなのです。もしも彼が写真を撮るという閃きを得なかったとしたら、正直に言って私は、彼の陳述の真実性を疑ったに違いありません。それらの写真はあのファイルに添付されています」

桁外れの安全保障システム! 機密CRONOSファイルの箱がついに開かれる!! 発見は本物だった!!

そう言ってからセザールは、私を彼のオフィスに招きました。そして彼専用の金庫を開き〝CRONOS〟ファイルの入った特殊なグラスファイバー製の箱を取り出しました。

「これは非常に特別な箱です。これは英国の企業が航空機産業のために設計したものであり、それに組み込まれている虹彩認識システムによって開けられます。それに内蔵されている半導体素子が虹彩の状態を分析し、もしもそれが身体のくつろぎ状態を示す特定のパラメーターに合致しなければ、箱は開きません。このシステムは、脅迫された状態あるいは軽はずみな決定につながるような緊張状態のときに箱が開かないことを意図しています。

それにはまた二重の安全装置が付いています。虹彩紋が承認された後、権限を与えられた者の声紋が要求されるのです」

「つまり、強制される、あるいは操られることによっては箱が開かないようになっているのですね」

「理論上そのような可能性はあり得ますが、ほとんどないと言ってもいいでしょう。確立された手順と異なるやり方で箱を開けようとすると、瞬時に自動消滅してしまうのです。この箱にはそのような仕組みが備わっています。そのような場合、箱の中身を救い出す時間は実際にはありません」

セザールは自分の目を虹彩認識システムに近づけ、パスワードを口に出しました。すると、短いクリック音が聞こえました。セザールが箱の蓋を外して薄いファイルを取り出し、それを開きました。箱の内部をのぞくと、1枚の磁気カードとそれよりもほんの少しだけ大きな平行六面体形状の装置が一つ見えました。驚きのあまり、私の目はしばらく見開いたままでした。

「このカード用に特別に設計された唯一の読取機がこれです。このカードを読み取れるのはこの装置だけであり、それはカードの情報を解読するだけなのです。さらに、この読取機はただ一つのコンピュータにしか繋がりません。それには特別なソフトウエアがインストールされています」

セザールが読取機をノート型パソコンに接続してカードを差し込むと、パソコンの画面に記号化された指示がいくつか現れたので、セザールが何かを入力しました。私はそのとき初めて、電子的に書式設定されたCRONOSファイルの中身を見ることができたのです。

セザールが説明してくれました。

「これは無作為に生じる機能であり、パスワードの仕組みが分かっている場合に限り、中身の資料をリアルタイムで追跡できます。ファイルの情報を画面上に表示させるためには、最初のコードを入力するだけでは駄目なのです。特定の間隔でコンピュータから要求があるたびに、新たな変数を入力しなければなりません。それによってファイルの中身が継続して表示されます。もしも私がこのキーを入力しなければ、プログラムは遮断され、ファイルの中身は表示不可能になります。このように、情報は断片的にしか開示されず、すべての情報を同時に見ることは決してできないのです。これらは、最大級の安全システムとして装置全体が発注される際に設計されました」

桁外れの安全確保が為されていることに私は驚嘆しました。

「元々の情報の入ったファイルが見られることを私は期待していました」

セザールは笑いながら、からかい半分に言いました。

「実例をいくつか見せましょうか？　さて、冗談はさておき、あなたはあの発見の重要性を充分理解していないようですし、もしもあの場所に到達可能だとしたら一体何が起きるのか、この点がまだ分かっていないようです。我々が元のファイルをここに保管していたことをどうやって推測したのですか？　あの当時、最高国防評議会（ＳＮＤＣ）から命令が発出された後、ただ一つしかなかった記録およびそれに含まれていた情報を使用不能にするという提案さえも為されました。それは境界線すれすれの決定でしたが、その情報を並外れて厳重な警備の下で保管するのが得策である、ということになったのです」

私はセザールに聞きました。

「現在、この事件は誰が管轄しているのですか？　あなたの説明によれば、極めて厳重に安全が確保されているとはいえ、その情報のファイルは今ここにあります」

「あの当時、真相は誰も知りませんでした。これは単なる事件ではなく、最高レベルの国家安全保障の問題なのです。それはＳＮＤＣだけに課せられた任務であり、即刻抜本的対策を講じるべし、というものでした。その対策とは、(1)保管されるべきファイルは原本とそのコピー1通ずつに限定する　(2)国立銀行財務室の金庫に入れて閉めた状態にしておく　(3)ファイルはＳＮＤＣの合同会議においてのみ閲覧する。これらの中で、安全確保の問題だけが決議されねばなりませんでした。最初のプロジェクトが考案され、あなたが今ここで見ているものよりも大掛かりな装置が考慮されました。双方ともファイルの安全を確保するには効率的なのですが、それでもファイルは国立銀行で保管しなければなりません。2003年、ブセギ山脈での発見後、ある理由からそのファイルは別の安全な場所に移されることになりました。そのときに、あなたが今見ている保管箱が発注されたのです」

私は困惑して言いました。

「しかしあなたは、これと同じ元々のファイルが存在すると言いましたね」

「ファイルのコピーを1通作るのがより望ましいと考えられました。それは今ここにあるのですが、特別のアルゴリズムで暗号化されたものなのです。オバデラ将軍は、それをゼロ局で保管するのが最善の方法である、と主張しました。ブセギ山脈での発見が危機的な状況に至ったとき、彼はそれにうまく対処しました。それが高く評価され、ファイルの保管場所に関する彼の主張を受け入れさせる上で、大いに貢献したのです。その後のいくつかの出来事も、ファイルをゼロ局の管轄に移す上で有利に働きました。私が言ったように、それにはそれ相応の理由があるのですが、今詳細を話すことはできません。

現在、このような特別の保管箱が2つあります。その一つは秘密の場所にあり、ファイルの原本が入っています。もう一つのファイルは原本のたった一つのコピーであり、あなたが見たように記号化されています。とにかく、保管箱の保管さえも任意に為されているのです。ルーマニア諜報部の別のチームがこの任務を担当していて、この特別の保管箱の入った手提げカバンを、中身が何であるかを知らないまま、ある時間間隔で特定の場所に移動しています。これに関する詳細をすべて知っているのはSNDCとゼロ局だけです。南極で起きた事件に関連して、現在この箱はアルファ基地に置かれています。あなたが南極に行くとき、あなた自身がこの保管箱を持っていくようにあなたに頼まねばなりませんでした。あのとき、米国の諜報部とのコミュニケーションに関連して緊急事態が生じていたからです。他の選択肢はありませんでした。保管箱に関わるチームは対応できなかったのです。彼らが動員されるのに必要な時間が長いため、それではあの緊急事態に対処するのに間に合わないと思われたからです。彼らはブカレストから派遣されるからです」

やっと私は状況を明確に把握することができました。セザールがファイルのコピーを見せてくれました。エージェントによって作成された手順、コンスタンティン教授の陳述および写真が、ノートパソコンの画面に表示されました。これらはコンスタンティン教授による発見を明白に証拠づけるものです。教授が撮影した写真のいくつか、とりわけ岩壁に埋まった純金の大規模な薄層やそれが一気に洞穴全体に拡がっている状態を写したものは非常に鮮明でした。思わず私は当惑し、不本意ながら言いました。

「純金の薄層が山全体を覆っているのが分かります」

「あなたは自分の目で確かめることができます。疑う余地は皆無です。まさに信じ難いことですが、その証拠を否認することはできません」

私は2枚の写真を長い時間ずっと見ていました。端の部分がやや不明瞭ですが、通路の岩壁には光り輝く天然の金塊が貫通しているため、はっきりと識別することができます。それらの金塊がすぐに壁の真ん中に収束し、口状になった幅2mほどの純金の薄層に結集していて、左側の通路の続きのように見えるものに向かって不規則に拡がっています。金の〝鉱脈〟は全くの純金であり、岩や他の金属は含まれていませんが、表面には大きなでこぼこが形成されています。あたかも強力な道具を使って、貴金属の本物の塊である純金の巨塊を大雑把に取り除いたかのようです。しかしこれは、薄層上の起伏の陰影によってもたらされた印象にすぎません。もしも誰かが実際にここに立ち入り、金の塊をこのような荒っぽいやり方で取り除いたのであれば、必ずやもっとずっと粗雑な跡が残ったに違いありません。しかし、写真に写っている薄層の〝浮き彫り〟は、不揃いではあるものの、表面が滑らかであり柔らかな曲線を描いています。これらの点に基づき私は〝この薄層が自然に形成されたときと同じ状態のままである〟と確信しました。二番目の写真はまぶしく幻惑的でした。なぜなら、金の薄層が急拡大してほとんど壁全体を包み込み、さらに天井に向かって伸びている様子が示されていたからです。それはまるで金の山のようです。私は無言でセザールを見ました。驚きのあまり言葉が出なかったのです。

彼は非常に真剣な面持ちで言いました。

「教授の発見の必然的結果として、一体どんなことが起き得るのかが分かったでしょう」

純金のベッド⁉ 人体の形をしたへこみと文字記号⁉ 解明されない謎‼

私は次の2枚の写真を見ました。それらは通路を垂直方向に見たものでした。最初の写真は地面および側壁の一部を示していました。それには山吹色の金属だけが写っていました。すなわち、床、側壁、そして、前の写真にあった天井です。この新たな写真には何か床から盛り上がったものが写っていました。それは床と同じ黄金製で、壁から50㎝ほど離れており、平行六面体の形状をしていましたが、縁はやや丸められていました。それには一様でない浅いへこみがありました。そして地面の上に、長辺と平行に区切り文字で囲まれた古代エジプトの巻き物のように見えるものがあり、それには象形文字があふれるほど書かれていました。しかし、上張りの装飾は象形文字ではなく、いくつかの線と幾何学模様に基づくある種の書きものの兆候を明確に示していました。実際的な言い方をするなら、内側にそのような記号が走り書きされた長方形だったのです。驚きのあまり私は、ほとんど信じたくないという表情で言いました。

「これは私が期待したものを超えています。何者かがあそこに立ち入った明らかな証拠があります。あれは一体何なのですか？　墓でしょうか？」

「私たちも最初そのように考え、盛り上がった部分を図解して専門の研究所に送りました。相互作用解析の後に出された最終的結論は、通路の地面の上のゆがんだ部分は実際のところある種のベッドである、というものでした。とにかく、あれは誰かが繰り返し繰り返し身を横たえたものなのです。これを聞いた私たちの驚きを想像してください。コンスタンティン教授はあの場所にあまり注意を払わなかったので、彼からそれ以上の情報を得ることはできませんでした。それゆえ私たちが、写真だけを拠り所にして自分たちだけで状況の分析をしなければならなかったのです。しかし、推測しすぎてもいけません。研究所から送られてきた複合解析は、金属上のあらゆるへこみの原因を正しく説明し、最終結論に疑う余地のないことを示しました。

唯一残された疑問は、見方によれば不明瞭ながらも人体の形をしたへこみがどのようにして形成されたのか、という点です。金属が純金なので非常に柔らかかった、というのが唯一のもっともらしい答えでした。時が経つにつれて、繰り返し摩擦のゆえに軽い浸食作用が生じ、その結果金属が人体の形状を呈するようになったのです。しかし、たとえそうであったとしても、それは数百年にもわたる非常に長い期間に起きたに違いありません。もう一つの意見は、平行六面体は彫刻によって人工的に掘り下げられた、というものです。しかし、この説ではへこみ部分の柔らかな曲面形状を説明できません。いずれにせよ、彼らはおそらく、あの場所が寝床すなわち黄金のベッドとして使われる前に仕上げをしてしまったのでしょう」

好奇心に駆られた私はセザールに尋ねました。

「記号のようなものも調べたのですか？　その意味は分かったのですか？」

「調査したのですが、非常に厄介な仕事でした。この調査はルーマニアの研究所だけでなく、世界的に有名な3つの大学に委託しました。参考資料を複数得るためです。結果はすべて一致し、彼らの解釈が信頼のおけるものであることを確信させてくれました。彼らの説明によると、原文の一部は解読可能だが、それよりもさらに古い別の部分は不明だそうです。〝書きもの〟の正体や身元を特定することはできませんでした。推測さえもできなかったのです。しかし、相異なる時代に数人の人間があの場所を通ったことが証明されたため、一連の新たな仮説が提起されました。あの場所であの条件下で生活した理由は一体何なのか、私には分かりません。個人的には、極めて高い霊性に立脚した活動だけが、多分隠遁（いんとん）した祭司等によってあの場所で為されたと思います。しかし、これも内容の乏しい仮説にすぎません。もしも祈りや瞑想（めいそう）のために隠遁したいのであれば、何だかんだ言っても、地上にそのような場所は他にたくさんあるわけですから。〝地下の洞穴への下降〟という極めて重要かつ神秘的で象徴的な意味がかかわっていることは間違いありませんが、あの場所は特権に基づく所なので、そこに行ける人はほとんどいなかったのです。さもなければ、人が行き来した痕跡がもっと多種類かつたくさん残されたに違いありません。そして、もしも彼らが祭司でなかったなら、どのような人間が何の目的であの場所に留まったのでしょうか？　それはいまだ解明されていない謎です」

しばらくの間二人とも無言のままでしたが、私が沈黙を破ってセザールに質問しました。

「あの書きものの原文はどのように翻訳されたのですか？　どのように理解されたのでしょうか？」

セザールはファイルに入っていた情報をパソコンの画面に表示しました。実際のところそれらは、調査を実施した研究所や大学によって認証された書類および比較分析の結果を示す最終報告書でした。微妙な差異はあるものの、それらはすべて取るに足らないものでした。原文は非常に短く謎めいていたのです。

KR-IO; SAL-MOȘ, HERE IS FOREVER, THE WORLDS UNITE

ファイルにはその説明書類が添付されていました。

「その分析のために多大の労力が投じられました。私自身もそれを解明することに興味がありました。しかし実際には、それ単独で考慮されることはありません。なぜならそれは、本質的にルーマニアの人々の起源を表すあらゆるものに関係しているからです」

私はちょっとだけその分析を見ましたが、それはあの当時の私の知識ではあまりにも複雑で理解し難いものでした。そこで私はセザールにその内容を要約してくれるように頼みました。

第六章

純金の壁に描かれた
未知の文字原文から読み解く
ルーマニア民族・ルーマニア語の起源！

ルーマニア語こそが、インド・ヨーロッパ語族の基盤である！

セザールは同意して説明し始めました。

「ここでは言語学の要素が文明や文化の研究とうまく調和しています。それらが互いに説明し合う、というのがその理由です。ルーマニアの言語学者によって非常に的確な研究が為されました。そのうちの一人は極めて特別です。それは〝ルーマニア語が原初の言語であり、実質的にヨーロッパにおける唯一の言葉である〟という点を明確に示しました。私は、生半可で不当な精神ではなく、文献や優れた研究者によって為された調査に基づく視点から話しています」

私は言いました。

「分かりました。しかし、ルーマニア語に関するこの陳述を誰もが冒瀆(ぼうとく)的と考えることができますし、皮肉ったり馬鹿(ばか)にすることができると思います」

「もちろんそうですが、そのようなくだらない態度、あるいは、異なる解釈を成り立たせない証拠に基づく比較研究、あなたはどちらを選びますか？　一方では、国内外に数多くいる無知な研究者たちを巻き込む状況がありますし、他方では、複合的影響力に関連する国家の利害や地政学的利益の問題があります。はたして〝ルーマニア語がすべてのインド・ヨーロッパ語族にとっての原語である〟と考える人たちが実際にいるでしょうか？　大学での理解は、実際のところ独断的な考えであり、正しい情報を国民にもたらす上で障害になります。数人の〝歴史家〟やはえぬきの〝言語学者〟は、一連の見解や知識を強制的に押し付けていますが、現在それは真実に対する封印のようになっていますので、取り除かれねばなりません。さらに、原初の文明の発祥地がカルパティア地域（より正確に言えばルーマニアの国土）だった可能性があるのですが、それは、ヨーロッパの大国の文化やそれらが示す優越性によって考慮の対象外にされています。彼らの鼻持ちならない優越感はさておき、彼らは内心、それを認める結果になることを恐れているのです。ヨーロッパの歴史において大帝国であった国々の誇り・偉大さ・伝統という観点から見て、それが何を意味するのかを考えてみてください。それらの国々の政府は、彼らの歴史や国家としての威信をどのように説明するでしょうか？　数多くの時代において、それは、経済的優位性を維持して外交面での影響力を行使し、さらに領土権の主張をするための基盤だったのです。とりわけこれらの国々にとって、そのような主張を認めることは、国家の尊厳の崩壊につながる大惨事であり、事実として認められることではないのです。特に慎重に対処すべき問題の場合、歴史が捏造（ねつぞう）されて真実から離れる傾向が強いのですが、そのほとんどはこの理由からであり、それによって、より大きな国益に資することになるのです」

セザールは、文明の発祥地やヨーロッパ言語について、彼の見解を述べてくれました。私は彼に言いました。

「しかし、それには絶え間のない努力が必要です。文明の発祥地はさておき、とりわけ私は話し言葉の問題に注目しています。これが私たちを煙に巻いて惑わしているように思われるのです」

セザールが答えました。

「それはあなたが思っているよりも簡単です。高名な大学教授2～3人の的確な意見があれば、各自の見解が学術環境全般に浸透していきますので、それだけで充分なのです。いわばこれは素早い乗っ取りのようなものであり、ちょっとした措置を取ることにより、学校教育を通じて、より下のレベルの社会環境や地方にさえも広がっていくのです。〝子供たちの考え方は学校で形成される〟というのは既知の事実であって、彼らが学校で学ぶ内容は真実かつ本当のことである、と考えられています。一般的に言えば、人々は日々の気遣いや心配事の成り行きとして提供されるものを取り入れ、それを受け入れます。彼らの考えは、〝放っておきなさい。専門家の方が我々よりもよく知っている。我々はそれに関わるべきではない〟というようなものであり、言い換えればそれは、〝もしも専門家がそう言うなら、それは本当に違いない〟という意見なのです。

一般化するつもりはありませんが、文化や言語およびルーマニア人の起源に関して私が言ったことは真実である、と言って差し支えないと思います。これらの問題は別の部門の同僚が担当しています。なぜかというと、結局のところ、これらの物事は国家安全保障の問題に変じてしまったからです。ここアルファ基地には信頼できる文献や資料があります。私たちはこの問題を長期間にわたって分析しましたので、それから推測されることについては確信を持っています。このレベルで起きている争いやそれに伴う利害関係を知れば、きっとあなたは驚くでしょう。しかし、私が今話していることはそれではありません。ルーマニア語は、ラテン語・ギリシャ語・スラヴ語・ハンガリー語・トルコ語等、多くの言語の感化を受けて生まれた言葉である、とみなされています。ルーマニア語のあらゆる単語はそれよりも古く権威のある他の言語からの影響を受けている、と考えられているのです。もしもあなたがルーマニア語の辞書を調べればすぐに分かります。しかしこれは信じ難いほどの価値の逆転です。この独善的な考えに加えて、底の浅い分析結果が説明されているのです」

私は言いました。

「そうです。極めていらだたしいことです。真実が不可解なものに転化されており、しかもこれは何度となく積極的に為された、と理解しています。このような言語の転換がいかにして容認されたのか——私が心に抱き続けている疑問はまさにこれなのです」

セザールが答えました。

「前にも言いましたが、あなたは比較研究を考慮すべきなのです。他の国々では、同じ面がいくつかの言語で分析されて最終的な結論に至っています。しかし、これは多大の労力を伴い、〝真実を見いだしたい〟という強い願望を必要とします。ここに問題があるのです。このような複雑で骨の折れる科学研究をしている人はほとんどいません。むしろその代わりに、ルーマニア人でない学者によって為されたルーマニア語やルーマニア人の風俗・習慣についての〝研究〟を気恥ずかしくも受け入れる——このような怠惰な態度が取られているのです。その後その情報を処理して広めることは、我が国のいわゆる〝文化人〟のいつもの行動です。本来は、的確な情報源を探し、深遠かつ信頼できる予備知識に基づいて、自分たちで判断しながら研究すべきなのです。しかし、くだらない話をして他人の言うことを繰り返し、彼らの愚行に寄与する方が、それよりもはるかに簡単であり容易なのです」

私はセザールの説明に対する自分の意見を述べました。

「しかし、あなたは主観的すぎるという非難を受ける可能性があります」

「もしも語源を辿るなら、そういうことにはなりません。たとえば〝x〟という単語はルーマニア語およびドイツ語の両方にあります。一体誰が、どちらの言語にこの言葉を与えたのでしょうか？

〝ルーマニア人は愚かなので、常に他の言葉を取り入れる〟と言い切るのは簡単です。しかし、ルーマニア語の構造の中の非常に重要な要素が発見されました。それはこの正反対のことを証明するものであり、まさにそれが真実なのです」

私は好奇心に駆られてセザールに尋ねました。

「あなたが話しているのはどんな要素なのですか？」

「言語には二つの基本的な面があります。一つは系統的であること、もう一つは語基を持たねばならないということです」

「それは何を意味しているのですか？　また、系統的とはどんな意味ですか？」

「各々の言語は、他の言語や影響力の助けを必要とせずに、それ自身の力量のみに基づいてどのようなことをも説明することができる――これが〝系統的〟の意味です。また〝語基〟は、常に基本要素や根源的なものを取り入れ、それが形成された語族に根差します。

私が知る限り、ルーマニア語はこれらの最も重要な特性を持った唯一の言語なのです。これが私たちルーマニア人に、平易な言語の持つ比類のない複雑性を与えました。さらに一層重要なことは、この複雑性がそれ自身の語基すなわち語根そのものに基づく、という点です。ちなみに、他の多くの現代言語には（フランス語がその良い例ですが）、考え・着想等を表現するための独自の用語がほとんどありません。なぜなら、それら各々の言語がそれ自身の基盤を持っていないからです。遺憾ながら、この見解は封じられるかあるいは全く無視されていますが――」

「それらの言語には独自の語基がないのですか？」

「そう、それらは基本的な語根を持っていません。それら自身の言語学的資源が見いだせず、語族の形成に不可欠な小辞・小詞（※）等が見当たらないのです。ルーマニア語にはそれらがあるのです。たとえばborというルーマニア語の語基は、他の言語にはありませんが、500ものルーマニア語を創出しました。同じことがmaという語基についても言えます。これはあまり多くの言葉を創出していませんが、非常に重要です。これらよりもさらに重要な具体例はまだ知られていません」

「これらの語基がルーマニア語の生成につながった、ということですか？」

「そうです。それらが言葉と語族両方の形成をもたらしました。そして、語族はそれぞれ異なる部類に分類されたのです。これらの部類は〝消化〟や〝保存・保管〟等のすぐに役立つ物事に関係しています。この語基に基づく方法は基本言語の発見を可能にしま

※ 小辞・小詞は文法用語。小辞は短い文法上の付属語（助詞等）を指す。また、小詞は不変化詞とも呼ばれていて、典型的な屈折語（インド・ヨーロッパ語等）において人称・数・性・格などにより語形変化する品詞（動詞・名詞・代名詞・形容詞など）以外の品詞の総称。

した。そしてそれが一つの言語あるいは別の言語における言葉の生成につながったのです。これから、ルーマニア語がすべてのインド・ヨーロッパ語族の基盤である、という結論が導かれるのです。これは偽りのない〝快挙〟なのですが、誰もがこの点に触れるのを避けています」

「それは当然です。〝それは各々の言葉や語族の語基ではない〟という主張が為されるでしょう。多分あなたもそのように推断すると思います」

「そのような主張はできません。なぜなら、その語基は農民の言葉の基盤となっている語基だからです。民衆あるいは農民の言葉だけが本物なのです。borという語基は穴を意味し、bortă、boută等の言葉を創成しました。たとえば、空間・隙間・空所を意味するborcanという言葉は、ブルガリア語に由来すると言われています。ブルガリア語族とは一体何なのでしょうか？　ブルガリア語はborという語基から派生した言葉をどれだけ多くもっているでしょうか？　多分10ぐらいでしょう。この点を考えると、borという語基から派生したブルガリア語の言葉は、ルーマニア語において特定された500語に比べてほとんど無きに等しいと言えます。これは極めて滑稽な状況です。この言葉だけではありません。このルーマニア語の言葉がブルガリア語から派生したのではないのです。事実はその逆であり、数百もの言葉がこのルーマニア語の語基から派生しました。これは、ブルガリア語がこの語基をルーマニア語から取り込んだことを意味します。ルーマニアの農民が、言葉を創出するために議会を組織することはありません」

私は自分なりの意見を述べました。

「言葉の創出ではなく、言葉の進化があったものと思います」

「もちろんです。単純な言葉が複雑な言葉へと進化します。言葉はma, la, ta, ba等の単音節の語基から始まります。物事や活動の対象がそれらの属する領域や機能する領域に加えられるに従い、それらには名前が与えられねばなりませんでした。そして人々は、彼らがすでに知っていたものに基づいてそれを行いました。それは言葉を創作・創成するという技ではなく、事物の特定の振動に関わることだったのです。古代の人々は現代の私たちよりもずっと明確にそれを感じていました。思考や霊性に関しては、とてつもない違いが当時と現在の間に存在するのです」

ヨーロッパの公用語もラテン語も語源はルーマニアの農民の言葉からの派生！

私はセザールに尋ねました。

「もしも言語が科学的手法の産物でないのなら、主語と述語の不一致をどのように説明しますか？」

「不一致という概念は存在しません。農民は自分が望むように言葉を話し変形させます。なぜかと言えば、ルーマニア語においては意味が保持されるからです。実際には、彼らが言葉を変形することはありません。彼らは方言を話すからです。方言には、口語よりもずっと複雑な意味が含まれています。方言には微妙な差異がより多く含まれており、より深い語源とのつながりを持っています。言語が系統的でありさえすれば、また、根本的にそれ自身で存在するならば、この点は説明可能です。それは句の中の語順と同じです。ルーマニア語においては、自分が望むように言葉をより合わせて置き換えることができます。結局のところ意味が同じになる、というのがその理由です。これは他の言語では不可能です。しかし私たちも、高位言語が創られてからは、主語と述語の不一致という概念を持つようになりました」

「それが私の聞きたかった点です。数多くの国が、その土地の言葉の上位に位置づけられる現代語を使うようになりました。なぜこれが必要だったのですか？」

「それは全く必要ではなかったのです。すべては便宜を確保するためでした。国を構成するすべての人々のためのいわゆる〝共通語〟が必要だったのです。なぜなら、それまで、各々の国の国土において多くの方言が存在したため、一つの地域から別の地域に移ると互いに理解し合うことができなかったからです。国々が中央集権化し始めると、この点が行政上の問題を引き起こし始めました。なぜかというと、何十もの方言や慣用句でもって自分の考えを他の人々に理解してもらうことが難しかったからです。実際のところ、それらは互いに異なる言語でした」

「しかし、それらには共通の基盤があったに違いありません」

「もちろんありました。それらは共通の語源を持っていましたが、時が経つにつれて消し去られたのです。方言が系統的ではないためです。それ自身で説明できる方言はなく、初めに存在した何かに常に基づいていました。これが、時が経つにつれてそれらが消し去られてしまった理由です。それらの形成に至った最初の状態から離れてしまったのですが、ある特定の時期、これが問題を引き起こしました。そのため、いわゆる高位言語が人為的に創られ、公用語として人々に強要されたのです。これは、人々は彼らの方言を話し続けることが可能だったものの、高位言語をも身に付けねばならなかった、このことを意味します。これが、フランス語、ドイツ語、英語等が生まれた際の真相です。高位言語の使用は何度も強要されねばなりませんでした。なぜなら、それは〝王様の言語〟であり、それを話さない者は良くみなされなかったからです」

「人々はどのような方法で新たな言語を身に付けたのですか？　フランス語を例にとると、

〝これからはこのように話すのだ〟とは容易には言えないと思います」

「彼らは少しずつ学びました。まず初めに、王宮の人々が身に付けました。その後、学校・大学・科学界に押し付けられ、さらにすべてのレベルの国民への普及が強制されました。フランス人に新たな言語が与えられたのは200年ちょっと前だったのです」

「つまり、フランスの人々は言語を全く強制的に学ばされたわけですね」

「その通り。ギリシャ政府が尽力して公用語を国民に強要したことはよく知られた話です。それは民衆の言葉であるデモティキ（Demotiki）とは異なる言語です。ギリシャ政府はカサレヴサ（Katarevousa）と呼ばれる人工言語の構築を試みました。それは昔からのギリシャ語に類似した方言であり、古代ギリシャ人の末裔（まつえい）としての正当性を確保するためでした。それを国民に学ばせ、学校で子供にも教えるために、彼らは大変な努力をしたのですが、別の言語を国民に押し付けるというこの試みはうまくいかなかったのです。フランスでは成功しましたが、彼らのとった方法は異なります。フランス政府は自分たちの通用語を別の言語と取り替えることはしませんでした。ノルマン人の言葉も方言だったのですが、それを変形したのです」

私はセザールに言いました。

「私たちの場合ですが、ルーマニア語はラテン語を引き継いだものであると言われています」

「私たちの言語のラテン化に関する件は、多くの人々にとって公にしにくい問題です。まず第一に、ラテン語は文字言語です。ローマ人は、〝通俗化されたラテン語〟と呼ばれている言葉を話しました。実のところそれは、原初の言語であるルーマニアの農民の言葉です。私たちが現在知っているラテン語は文字言語ですが、ローマの地方の人々はそれを理解することができませんでした。なぜなら、それは、貴族を一般大衆から分離するため、金持ちを貧乏人から切り離すために創られた言語だからです」

「現在、通俗化されたラテン語は事実上知られていない、と言われているのはそのためなのですね」

「その通り。それは実際にはルーマニア語である、というのが理由です。この事実は容易に思いつくことも言明することもできませんが、しかし結局のところ、この考えは自然と表面に出ることになります。なぜかと言えば、それが真実だからです。ヨーロッパの公用語はルーマニアの農民の言葉です。それ以外に農民の言語は存在しません。他の言語のほとんどすべての語族は、ルーマニア語の語根から派生しています。それゆえ、ルーマニア語が根源的な言語であり、すべてのインド・ヨーロッパ語族の起点言語であると言われているのです」

私はむしろ自分に言い聞かせるように言いました。

「要するに、現代語はルーマニア語の代替言語です。これには筋が通っています。もしもその言語が自立していて他に依存せず、それ自身の語源を持っているのであれば、あなたが話したギリシャ語や他の言葉の場合のように、あえて公用語を創る必要はないからです」

セザールが答えました。

「民族的帰属という視点から見ると、現在のギリシャ語は古代ギリシャ語の模倣ではありません。ギリシャ人は古代のギリシャ語を知りません。それはイタリアでラテン語を話すようなものです。西洋文化による浸食と共に起きたことは、すべて見せかけと俗物根性に起因しています。ルーマニアの人々の不運は、数人のいわゆる〝進歩的文化人〟が、ルーマニアの言語・文化をフランスの言語・文化へ適合させるような決定をしたことです。彼らには、ルーマニア人の起源やその数千年にわたる文化についての基盤や深い知識がありませんでした。その代わりに、ほとんどがその模倣であるフランスの〝現代的〟文明の方を選び、この関係を確立しようとしたのです。これらの国々の国土で言語の断片化が起きて異なる方言が創り出され、その結果、人々が互いに理解し合うことが不可能になったのですが、この事実が、それらの間に言語と文化の統一がなかったことを裏付けています」

私は言いました。

「存在しないものを押し付けることはできません」

「人々がその全土において同一かつ人工的に創られなかった言語を話している国は、ヨーロッパの中でルーマニアだけです。ルーマニアは常にこのような状況でした。というのは、私たちが知る限り、モルダヴィア・オルテニア・アルディールの住人たちは、同じ言語を話していたからです(※)。

これと類似したことが他のどこで見つかるでしょうか？　ルーマニアには方言がありません。言葉の訛(なま)りはありますが方言は存在しないのです。他のすべての地域では、これが大変に厄介なことになっています。ドイツには数百、イタリアには数千の方言があります。英国も同様です。しかし、アフリカに比べると、これはまだましな状況です。いくつかのアフリカの国では、街の通りごとに異なる方言が使われているため、住む通りが違うと互いに理解し合うことができません。あの地域ではこれが現実なのです。話を戻しましょう。ここルーマニアのカルパティア地方では、ヨーロッパで唯一言語の統一が見られるのです。このような状況は他のどの地域にもありません」

私は驚嘆してセザールに尋ねました。

「古代においてはルーマニア語があらゆるところで話されていた、ということですか？」

「そうです。これが当時における状況でした。私は当時の原語だった農民の言葉のことを

※ モルダヴィア・オルテニア・アルディールはルーマニアの地方の名前。

言っています。もちろん、起点言語から離れる過程において、多くの言語学的要素が少しずつ変化しました。しかし、たとえそうであっても、ルーマニア語を話すことによってほとんどどこでも意思疎通ができたのです。トラヤヌスの記念柱を見れば、ローマ人がルーマニアにやってきたとき、通訳者なしでどうやってダキア人と話したのかが分かります。彼らは自由に話しました。つまり当時、比類のない言語がヨーロッパにあったのです。ローマの詩人オービットは、私たちの祖先であるゲティア人（※）について語り、『ゲティア人は少しばかり愚かだった。なぜなら、自分がルーマニアに来てゲティア人と話したとき、彼らはいつも笑っていたからだ』と言いました。実のところ、ゲティア人はオービットの言っていたことを非常によく理解していましたが、彼らが話していた母語に比してオービットが変わった慣用句を使っていたために、それをおかしがったのです。その後オービットはこのことを理解し、ゲティア語でいくつかの詩を書きましたが、それらはまだ見つかっていません」

私はセザールに言いました。

「言語がそんなにも長い期間変わらなかったとは、まさに信じがたいことです」

セザールが答えました。

「この中心地から遠く離れるにつれて、言語や文化および人々にかかわるすべてが崩れて

※　ゲティア人は当時ヨーロッパの広い地域に居住していた人々の名称であり、そのうちカルパティア山脈の地域に住んでいた人々が特別にダキア人と呼ばれていた。両者は基本的に同じ民族である。

しまうのです。ここルーマニアにおいてのみ不変性が保たれています」

「もしも私が時間を遡ってダキア人の時代あるいはシュテファン大公（※）の時代に行ったとしても、その当時の人々の話し言葉を理解することができる、ということですか？」

するとセザールが冗談半分に言いました。

「すでに話したように、もしもあなたが本物のルーマニア農民の言葉を話すのなら、その可能性は非常に高いと思います。しかし、あの当時は週末もなければファストフードもありませんでしたよ」

「それはどういう意味ですか？　現在私たちが話している言葉は、もはや原初のルーマニア語ではない、ということですか？　それは別の言語なのでしょうか？」

「いや、そうではありません。もちろん時が経つにつれて言語構造が多少変わりました。しかし、言語はこのような形態によってではなく、言葉を意味付けている語根によって判断されるべきです。語根は不変であり、これこそがまさにルーマニア語の際だった特徴なのです。ルーマニア語は、その語族の出現以来ずっとそれ自身の資質・力量を保持してきており、すでにあなたに話した語根は不変の状態を保っています。これにより、たとえ千年が過ぎようとも、あなたの話すことは、ヨーロッパ大陸の他

※　シュテファン大公はシュテファン３世、すなわち15世紀のモルダヴィア公のことである。正教会の聖人。祖父であるアレクサンドル善良公の没後四半世紀続いた混乱を収拾して長期政権を築き、従兄であるワラキア公国のヴラドゥ・ツェペシュやハンガリー王国のフニャディ・ヤーノシュと並んで反オスマン帝国闘争を展開した。

の地域に住む人々にも理解してもらえるのです」

この点に関し、私は次のように論じました。

「分かりました。しかし、通常これらの語根は、全く認識不能になるか認識困難になるまで言語上の変化をする、という特徴があります。あくまで可能性ですが――」

「ルーマニア語の場合、それは起きませんでした。数千年間そのような変化を受けなかっただけでなく、ほとんど変化なしで原初の形態のまま存続しました。千年という長期間の経過には小さな変化がつきものですが、それらは取るに足らないものなので、実際上は問題になりません。その具体例は子音であり、強子音のいくつかは弱子音に変化しました」

それは興味深い点だったので、さらにセザールに尋ねました。

「その理由は何ですか？」

「原初の言語の真の伝承者であるルーマニア農民には、子音を弱めることによっていくつかの言葉を徐々に変化させるという傾向がありました。たとえば、sは口に出すのに余分な努力を必要とします。ş の方がsよりも発音しやすいのです。また、bは何故vになったのでしょうか？　これも理由は同じです。vの方が弱い子音なので発音しやすいのです。もしもあなたが地方に行けば、極めて頻繁に să aibă ではなく să aive という言葉を耳にするでしょう。中世初期に知られていた blahi という言葉についても同じことが言えます。

後年それは、ルーマニア南部地域の住民を意味するvlahiという言葉になりました。私たちはまた、語順の倒置についても知っています。とりわけそれは言葉の初めに現れる変化です。しかしこれらはすべて、基本的な変更というよりもむしろ外形の変化なのです。同様なことがいくつかの表現方法についても言えます。それらはすべてうわべだけのことであり、言語の基盤である語根を変えるものではありません。それは、あなたが自分の家を違う色に塗り替えて門を付け加え、納屋を取り壊すようなものです。そのようにしても、建物自体は最初の基礎の上に留まっています。外側の色や小さな外形上の変化とはかかわりなく、自分の家であることが分かります」

私はセザールに次のような指摘をしました。

「しかしルーマニア農民は、言葉に欠かせない動詞に変更を取り入れました。たとえば、sînt（私／私たちは――である、という意味）はsunt（同じく、私／私たちは――である、という意味）に変わりました。これは言葉に大きなかかわり合いを持ちますか？」

「いや、全くそうではありません。彼らはルーマニア語をラテン語に類似させるためにそうしたのです。それらの動詞の形態は、あの時代の政治面の利益に資するために導入されました。具体的な例としては、共産主義者たちがsîntという言葉を考え出して、それを使うように強要したのです。なぜなら、あの当時は、よりスラヴ語に類似した言葉を使わねばならなかったからです。しかし、アルディール（一般的にはトランシルバニアとして知られている）やモルダヴィアにおいては、sînt の短縮形である îs が動詞として使われています。南部地域の大都市の住民は、正確な発音をしていることを示すために、紳士気取りの見せかけをして sunt を使っていますが、実のところそれはばかげたことです。なぜなら、私たちは決して us を sunt の短縮形として使わないからです。誰もその言葉を分かってくれません。しかし、sînt の短縮形である îs を使えば理解してもらえます。ルーマニア語は他の話し言葉の源なので、それに類似するために他の言語が変わらねばならないのですが、遺憾ながら、ルーマニア語を変えるために無駄な骨折りが為されているのです」

「そうですね。そのような努力はルーマニアにやって来たすべての民族によって為されました。しかし、あなたが言ったように、それが功を奏したとは思えません」

セザールは決然とした態度で言いました。

「実際のところ、功を奏しなかったどころか、彼らは何一つ達成することができなかったのです。ルーマニアの歴史におけるさまざまの異なった時代に、何万という蛮族がルーマニアの国土を通り抜けたり、武力で制圧したりしました。彼らはすべて、彼ら自身の言語および文化を携えてやってきました。大体においてそれらは未発達のものだったのですが――。しかし、ルーマニアに対して敵対的な他国の作家さえも認めているように、これらの民族は、何一つ彼らの言語・文化の痕跡を残すことなくルーマニアを去ったのです。かつてウォレーシア語として知られていたルーマニア語は、常にそれらの民族の言語と接していたにもかかわらず、何一つとしてそれらから言葉を取り入れることはありませんでした。

具体的に言うと、ルーマニア語に共通するハンガリーの言葉は一つもありません。ルーマニアは、事実上800年もの間オーストリアやハンガリーによって占領されましたが、ハンガリー語から押し付けられたものは何一つなかったのです。第二次世界大戦の際、この状況はハンガリーの兵士をいらだたせました。彼らはハンガリー語を話したのですが、ルーマニアの人々はそれに応じることができなかったのです。ルーマニアの人々は少しだけハンガリー語を知っていましたし、占領は極めて長きにわたりましたが、彼らが自分たちの言葉としてハンガリー語を取り入れる、ということは皆無だったのです。それは1940年のことでした。このような状況だったのですが、歴史が示すように、ダキア人のルーマニア化はわずか160年で為されたのです。それはいかにして可能になったのでしょうか？　オーストリアやハンガリーは、それを達成するために800年もの間尽力したのですが、結局のところ失敗しました」

私はセザールに同意して言いました。

「兵士になった無学の人々はルーマニア農民に言葉を変えさせることができなかった、ということですね。辞書もなく教える場所もない状況で、ルーマニア農民に彼らの言葉を使わせないようにする——こんなことがどうやったら可能になるでしょうか？」

セザールが説明してくれました。

「たとえそれが可能であったとしても、彼らが失敗したであろうことは間違いありません。この事実は、彼らの言語が自然発生的でないことを示しています。ルーマニア語は自然発生的な言語なので、ルーマニア農民は、言葉を変える必要性を全く感じなかったのです。ルーマニア語には基本的な要素がすべて内包されている、というのがその理由であり、それは現在でも当てはまります。自己表現するために他の言語から何かを取り入れる必要がないのです。なぜなら、ルーマニア語の語彙目録にはすべてが含まれているからです。満腹しているときは、たとえどんなに美味な料理が出てきても、さらに食べたいとは思わないでしょう」

「いかにも。私たちの国がローマによって占領されていた間、あるいは他のどの国による占領下でも、ルーマニア語は変化しませんでした。しかし、その時代に私たちはルーマニアにいませんでしたから変化の対象となったものは何もなかった、と論じることもできます」

するとセザールが私に質問しました。

「であれば、ローマ人は一体どの民族を征服したことになるでしょうか？　ラテン語年代記（※）によればそれはダキア人なのですが、ギリシャ語年代記（※）はそれをゲティア人とみなしています。ゲティア人という言葉の言葉の ge は土を意味しますので、この言葉は〝土から生まれた民族〟という意味になります。〝土の人々・大地の人々すなわちゲティア人〟ということなので、これは実際には農民を意味します。ルーマニア語で get-beget と言いますが、これは〝本当のゲティア人〟という意味です。beget は単に意味を強めているだけです。私たちがこの表現を用いるとき、もはやゲティア人のことは全く考えていません。〝真の・本当の・完全な・正確な〟を意味する言葉としてそれを使っているのです」

よく知られた仮説に言及しつつ、私はセザールに言いました。

「分かりました。しかし、ゲティア人は姿を消してしまったのでルーマニアの人々は別の民族ということになる、と論じる人々もいます」

「それはあり得ません。なぜなら、言葉は同じであり、農民が話していたままの原初の言語構造に基づいているからです。それゆえ私たちには、千年にもわたる信じられないほど素晴らしい言語の連続性があるのです。私自身は疑問に思いますが、もしかしたら

※　ラテン語年代記・ギリシャ語年代記：ラテン語・ギリシャ語に関わる出来事を、各々、それらが起きた年代順に並べて歴史の視点から説明したもの。起きた出来事の記録者の視点に基づく記録であり、通常、歴史的に重要な事象と局所的事象には同じ重みが与えられる。

ローマ人はラテン語を強制的に押し付けようとしたかもしれません。しかし、彼らは間違いなく抵抗にあったでしょうし、それは彼らにとって特別に重要なことではなかったのです。ダキア人から小麦を没収し金を取得したことにより、ローマ人は非常に満足してルーマニアを去りました。それ以上のことは何もなかったのです。さもなければ、私たちの文化や伝統にその痕跡が深く残ったことでしょう。しかし実際のところ、そのような痕跡は全く見当たりません。

その上、ローマ人は、占領地において彼らの言葉をさらに洗練させる努力をしませんでした。彼らはただやってきて要塞を建て、〝金品を出せ〟と言っただけなのです。彼らは占領の最初の段階で現地人を殺しました。そして略奪を行い、第三段階で要塞を建てました。もちろんこれは大雑把な言い方ですが、要するにそれは、戦争・暴力・服従・略奪を伴う占領の過程にすぎません。世界を征服し、すべての栄誉と富を受け取ると同時に〝自分たちはそうするように快く招かれた〟と言うことはできないのです。それゆえ、ローマ人がダキア人の言葉を変えることは実際上不可能でした。これはダキアの7番目の地域にすぎない占領地について言えることであり、3番目の地域ではありません。それはこの論議をより重要視するために一般的に言われていることなのですが——。このような状況下において、はたしてローマ人は、束縛を受けていなかった6つの地域のダキア人に、彼らの言語を変えさせることができたでしょうか？」

　私はセザールに尋ねました。

「自由な身のダキア人は、どの言語を話したのですか？」

「もちろん、農民の原初の言葉であるルーマニア語です。彼らは他の民族とともに同じ国土に住んでいました。実際のところ、ダキア人あるいはゲティア人の言葉と言われていた言語はルーマニア語でした。世界が創造されて以来ずっと、彼らはルーマニア人だったのです」

「彼らは自分たちをルーマニア人と呼んでいましたか？　自分たちはルーマニア語を話している、と彼らは言っていたのですか？」

「私たちの国の農民は〝我々のルーマニア語〟と言っていますが、年代記には〝彼らはローマ語を話した〟と書かれています。î、â、ş、ţ および ă という文字は、ラテン語とギリシャ語では書き写すことができませんでした。それゆえ年代記の作者はローマ語と書いたのです。おそらく農民たちは地域共同体に分かれており、それぞれの地域では、自分たちのことをオルテニア（※）出身者あるいはヴァルセア出身者、等と自称していたのでしょう。

　しかし、彼らはすべて同じ言葉を話しました。なぜなら、カルパティア地域に住んでい

※ オルテニアはルーマニアの地域名、ヴァルセアはルーマニアの郡の名前であり、とりわけ歴史上、200万年前に人間がそこに居住していたこと、およびダキア人やローマ人の要塞がそこで発見されたことが知られている。

た人々は、すべて単一の民族すなわちゲティア人あるいはダキア人と見なされていたからです。ゲティア人、ダキア人、ルーマニア人は同一民族です。ルーマニアの人々は、古代においては自分たちのことをゲティア人あるいはダキア人と呼んでいました。近年ではトランシルバニア人あるいはモルダヴィア人と自称していますが、たとえそのように異なる名称が使われても、彼らは常に自分たちの国を、起源を同じくする単民族国家であると考えています」

私は言いました。

「一般的に言うと、ルーマニアはローマ化によって建国されたことになっています。しかし今私は、これがばかげた歴史観であることを明確に理解しました」

「すでに話したように、ローマ化などということは起き得なかったと思います。ルーマニア人の言語は近代のラテン語とは異なります。実際のところ、ローマ人が彼らと同じ言葉であるルーマニア語を話したため、変えるべきものは何もありませんでした。私はこれらの主張や論拠をでっち上げているわけではありません。この点については数多くの研究が為されていて、参照できる文献や資料があるので、これが真実であることを確認できます。それらはルーマニアという国の独自性を確立するために欠くことのできない情報ですが、これに対しては以前より根強い反対意見があります。それらは偏見とりわけ政治的利害に基づくものであり、特に近隣の国々を困惑させないために、真実の情報が隠蔽(いんぺい)されているのです。他の種類の利害もこれにかかわっているのですが、それについて今話すのは賢明ではありません」

私は苦々しげに言いました。

「ルーマニアは、このようなことが起きている唯一の国だと思います。すでに私は気付いていましたが、他国の製品をコピーしたり他国の技術を模倣するという有害な慣行が強要されてきました。国内で行われている政策を正当化するために、このような悪しき慣習がいつも為されてきたのです。このように私たちは、より年上で賢いとされている両親に背中をたたかれる愚かな子供となった自分の姿を思い描きます。結局のところ、これは国家の威信の問題なのです。もしも我が国が他国の製品や技術をコピーし、彼らの前で頭を下げるという悪習を続ければ、我が国はまさに彼らのコピーになってしまうでしょう。これは本当に憂慮すべきことです」

「まさにその通りです。そのように腰が引けた姿勢は、国際的に活動している組織やグループの破壊的意図をひどく助長してしまいます。それが問題なのです。私の話していることと、および、この点についての事態がいかに複雑で込み入っているか――あなたは充分に分かっているものと思います」

「もちろんです。私たちの国にかかわる邪悪な意図に口実を与えるために、彼らはルーマニア人の起源についての歴史的真実をねじ曲げてきました。その起源に関し、歴史上統一的で連綿と続いている民族的基盤を突き崩すよりも、脆弱（ぜいじゃく）な根拠を押し付ける方がずっと容易だからです」

「その通り。まさにそれが、ルーマニアの人々の起源に関する通説を導入して広めた彼らのやり方です。人々が耳を傾けるいわゆる〝評判のいい連中〟あるいは〝専門家〟は、ルーマニア人それ自体が元々存在しなかった、と言っています。彼らによれば、ルーマニアという国はダキア人とローマ人の融合の後に形成されたことになります。学校で教えられている歴史は、私たちがかつてゲティア人であったという事実に全く言及しておらず、〝ゲティア人はルーマニアの国土を通り抜けていった〟とだけ短く述べているのです」

「そうですね。私も覚えています」

セザールが笑いながら言いました。

「ダキア人とローマ人の融合がルーマニア民族の形成に繋がった、という彼らの説は、まるで〝あらゆる人間はアダムとイヴに源を発するが、ルーマニア人だけはデケバルス（※）とトラヤヌスが祖先である〟と冗談めかして言っているようなものです」

「このような常軌を逸した話はどのように説明されるのですか？」

※ デケバルスはダキア族の王（在位：紀元87年～106年）、トラヤヌスはローマ帝国の皇帝（在位：紀元98年～117年）であり、両者はダキア戦争で相対した。

「すでに話したように、主としてそれは、領土の獲得を意図する海外勢力からの影響によります。それを達成するための口実として、彼らは〝もしも、あなた方が太古の昔からこの地域に居住していたことを立証できないのなら、それはあなた方が後からやってきたということになるので、あなた方はここを去るかあるいは我々の言うことに従わねばならない〟と言うのです。これらは領土権の主張であり、そのために彼らはあらゆるものを巻き添えにします。しかし実際のところ、事実は彼らの主張と異なっており、ルーマニア人はユーラシア大陸において他国からの侵攻に対して抵抗し、昔からの国土で生き抜いてきた唯一の民族なのです。その際に、ルーマニア民族の形成とローマ化に関する話がでっち上げられました。大抵の場合それは、年代記の作者や著名な歴史家の無知と浅はかさに基づいています。

しかし、ここで注意しなければならないことがあります。この情報操作の過程で、これらの誤った考えを支持する有名な年代記作者・歴史家・言語学者だけが選ばれたのです。この面で先陣を切った人々は、意識的にあらかじめ決められた計画に従いました。この連中はすでに部分的な証拠にだまされていたのです。多くの場合それは確定的でなく、独断的な考えや偏見に基づく偽情報ですらありました。さまざまの異なる種類の圧力も重要な役割を演じていました。また、現在では、奴隷根性・臆病、さらに自分の職務が失われるのではないかという恐怖もそれに拍車をかけています」

私は言いました。

「驚いたことに、真実を知っていた人たちはだんまりを決め込んでいました」

「利害関係のあった人々は双方向の行動を取りました。一方において彼らは、ルーマニア語の形成やルーマニアの建国に関する信憑（しんぴょう）性のない考えを取り入れ、それを広めました。しかし他方では、この偽情報にかかわる研究やそれを裏付けようとする試みの中止を取り計らったのです。ルーマニア人ではありませんでしたが、山のような書類や我が国にとって計り知れないほど貴重な歴史的証拠資料を焼却した人たちもいました。そのため、この分野においては、徐々に恐怖心が醸成される、という事態になりました。それは〝もし無事でいたければ、我々の言う通りにしろ〟という、いわば一種の威嚇的な策略だったのです」

「実質的に彼らは〝ルーマニアはほぼ二千年前に国として存在し始めた〟という考えを押し付けたのですね」

「歴史家が言っているように、民族集団の形成と発展は、紀元前3世紀から7世紀の間には起き得ませんでした。そのようなことはなかったのです。征服者はそれぞれ彼ら自身の選択肢を持ってこの地域にやってきました。しかし、歴史家の話では、ローマ人が私たちをローマ化してラテン語を与えた、ということになっています。スターリンがルーマニアに来たとき〝ルーマニア民族が形成される上でスラヴ民族が最も重要な役割を果たした。なぜなら、ルーマニア語には数多くのスラヴの言葉が含まれているからだ〟と言いました。また、オーストリア・ハンガリー帝国によれば、私たちはドナウ川の南からやって来たので、アルバニア人と同じ起源を持っているそうです」

私は仰天して言いました。

「なぜ彼らはそんなことを言ったのですか？」

「私たちに押し付けられたこのような考えは、極めて根拠が薄弱で常識に欠けています。実のところ、ばかげた概念を考慮に入れない限り、彼らの主張を裏付けるものは何もありません。〝ルーマニア民族がドナウ川の南のアルバニアの領土からやってきた〟という説を擁護するため、アルバニア語にはルーマニア語に類似した単語がいくつか含まれていることが示され、私たちがアルバニアから来た、と結論づけられたのです。つまり、ルーマニア民族はアルバニアからやって来たので、最初からルーマニアの国土に住んでいたはずがない、というわけです」

「そんな話は今日初めて聞きました。そのような単語は一体いくつあるのですか？」

「20語ないし30語ぐらいです。これらの単語にかかわる問題は、ルーマニア語とアルバニア語で意味が異なるため、つじつまが合わないことです。これはその矛盾した面の一つですが、彼らの言い分や提示された証拠は単なる一致にすぎず、専門性に欠けています。そして、多くの場合、それらは不合理であり、ばかげています。たとえば、ハンガリーの歴史家や言語学者は〝カルパティア地域のすべての人々は、蛮族を恐れるあまり、自分たちの国を離れてドナウ川の南に逃げた。そして、アルバニア人の言葉を取り入れて、そこにおおよそ千年間留まった〟と言っているのです。そうして彼らは、〝実際には、ハンガリー人がトランシルバニア地域における最初の居住者であり、ルーマニア人は後年トランシルバニア地域に戻ったけれども、そのときはすでにハンガリー人がそこに定住していた〟と結論づけたのです。これらは特定の主張や説を正当化するために捏造（ねつぞう）された全く喧伝（けんでん）的な調査結果であり、実際には何の根拠もありません」

私はセザールの答えを待つことなく彼に尋ねました。

「ハンガリー人がトランシルバニア地域における最初の居住者であり、そこに定住した――こんなことは不可能です。ルーマニアの領土はこれまで最も頻繁に蛮族による襲撃を受けて略奪されてきましたが、私たちルーマニア人は、ずっとそこで生きてきました。その事実を無視して〝ルーマニア人はすべて自分たちの国を去った〟などということを一体誰が主張できるでしょうか？」

「あなたも知っているように、そのようなことを言い張る人たちがいるのです。実際のところ、ルーマニアの人々は、トランシルバニアの山や森に逃げ込むことによって侵略者たちから避難しました。その方が国を離れるよりもはるかに容易だったのです。しかし、これらの人々は安全性に欠けるだけでなく生活に必要な条件も整っていない地域に入っていった、と言われているのです。それは、とりわけ資源・生活環境の視点から見て、ヨーロッパやアジアで類を見ないほどの自然な地形に恵まれた広大な国土を、数百万もの人々が去らねばならなかったことを意味します。さらに加えて、これらの人々はドナウ川南の狭く痩せた土地になだれ込むためにこの国を空っぽにした、と言われています。

しかし、この説には歴史的根拠や他の証拠となるものは皆無であり、言い方が適切かどうか分かりませんが、そのような考えそのものが極めてうさんくさいのです。よく考えてみてください。カルパティア地域は深く突破不可能な森があることで知られています。そこは計り知れないほど危険な場所なので、誰もそこには行こうとしません。ローマ帝国の滅亡後、フン族が、ここから数百キロも離れたドイツ・フランス・イタリアのさまざまな地域を侵略しました。しかし、その北のトランシルバニアには恐ろしげな森があるため、これらの国々からわずか数十キロの距離でしたが、彼らはそこにはあえて入ろうとしなかったのです。

つまりハンガリーの歴史家や言語学者は、ハンガリー人が最初にここに来たことを主張するためには何かをでっち上げねばならなかったため、〝ルーマニア人がカルパティア地域からドナウ川の南の土地に移った〟という常軌を逸した説を考え出したのです。この点に関して彼らが持ち出した唯一の証拠は、次のようなものです。

●ルーマニア人がカルパティア地域に戻ってきたとき、ルーマニア語の語彙目録にアルバニア語の言葉が20ほど含まれていた。

●もしもルーマニア人がドナウ川南の地域でアルバニア人と一緒に住んでいなかったとしたら、そのような言葉がルーマニア語の語彙に含まれるはずがない。

これらの主張には本当に困惑します。私がすでに述べた点はさておき、他にも説得力のある理由があります。まず初めに、この地域の過疎化は全ヨーロッパから天然資源としての塩が奪われることを意味します。なぜなら、人手に基づく複雑な過程を通して、塩がここからヨーロッパ大陸全体に供給されていたからです。地面に露出した塩類鉱床は、他のどこにも存在しません。塩なしで命をつなぐことは不可能です」

私は驚いて言いました。

「塩？　私には関連が分かりませんが――」

「それには非常に重要な関連があります。しかし、それについては後で話しましょう。私たちの国には大規模な塩資源がありましたし、今もなお存在しています。もしもそれを採掘する人力がないとしたら、ヨーロッパの他の地域の人々の生活や活動は、いかにして保証されるでしょうか？　その特別な組成のゆえに、塩は人間の生命の維持に絶対不可欠です。他の国々を包含するカルパティア周辺の地域では、トランシルバニア・カルパティアにおけるルーマニア人の存続なしには、何も生き残れないのです。ハンガリーの歴史家や言語学者は、ルーマニア人は国土を空っぽにして素早くドナウ川の南部地域に逃げ込んだ、と言っていますが、そこは生活条件が整っていない場所なので、ルーマニアの人々は間違いなく死に絶えたことでしょう。これは、ルーマニアの人々は、蛮族を恐れるあまり最高の生活条件が整った国土を離れてほとんど何もない場所に避難した、ということを意味します。ルーマニアの人々が、これまでに受けた数え切れないほど多くの侵略にどのように対処したのか――これについてはすでに話しました。一部の人々は侵略者と戦い、他の人々は山の中、森林の奥深くに集結したのですが、危険を承知の上でそこに分け入る侵略者は誰もいなかったのです。

これら以外にも、ハンガリーの歴史家による主張には、つじつまの合わないことが含まれています。ルーマニアを制圧したと彼らは繰り返し言っていますが、もしも彼らの主張通りにルーマニアの人々がドナウ川南部に移っていたのなら、一体彼らはトランシルバニア地域の誰を征服したのでしょうか？　それを示す書類や参照文献は何も見つかっていません。そのため彼らは、実際には、ルーマニアの言葉であるアルバニア語にかかわる捏造を行ったのです。ルーマニア語の語根から始まるそれらの言葉は、ほとんどすべてのインド・ヨーロッパ語族に見いだされるものであり、彼らが主張するアルバニア語起源の説明にはなりません。これに関しては、数多くの意見が述べられているものの、それらの主張を裏付けるための綿密な研究が一つとして為されていないことが問題なのです。

すでにあなたに話したように、同様の情報操作が現在も進行しています。数人の言語学者たちが、根拠のない、あるいはうわべだけの間違った正当化に基づいて、常識外れの主張をしています。そのあと、別の連中が他のさまざまな説を組み合わせて驚くべき〝筋書き〟を書き上げました。こうして、後年、明確な根拠として力ずくで行使される歴史的・言語学的な背景が確保されたのです」

「彼らはアルバニア語のどの言葉に言及しているのですか？」

「次の言葉です。〝Pentru că au provenit din română, unele se aseamănă. Dar multe nu au același înțeles; de pildă, baltă. La noi are înțelesul de întindere de apă dulce; la ei este balte și înseamnă noroi. Sau grapă, care e unealta cunoscută la noi; la ei este grep, care înseamnă undiță. Sau, așa cum observa cu ironie fină unul din marii noștri lingviști contemporani, poate că înseamnă şi fructul din categoria citricelor" これらはすべてルーマニア語が起源なので、そのうちのいくつかはルーマニア語に似ていますが、多くは意味が異なります。一つの例はbaltăという言葉です。ルーマニア語では〝塩分を含まない水の面〟を意味しますが、アルバニア語の場合balteという言葉は〝ぬかるみ〟を意味するのです。またgrapăというルーマニア語は〝鋤（すき）〟を意味しますが、これは〝釣り竿（ざお）〟を意味するアルバニア語grepに相当します。さらに、現代の偉大な言語学者の一人が皮肉を込めて指摘したように、grapăは〝酸っぱい果物〟も指すのです」（※1）

そう言ってセザールは、腹の皮がよじれるほど笑いこけましたが、それを見て、私もまた可笑（おか）しい気持ちになりました。セザールが説明を続けました。

「ハンガリーの歴史家や言語学者は、言葉の意味や構造を対象とする語源的な研究を何一つしていません。実のところ、彼らは研究らしいことは何もしていないのですが、あらゆる知的な議論や情報・文献等を否定するばかばかしい結論だけを広めました。〝ルーマニア語―アルバニア語説〟の支持者たちの主張の正反対の内容が真実である――これを示す資料や研究成果が他にも数多くあります。それらは、インド・ヨーロッパ語族全体がルーマニア語の語根に由来する、ということを明確に立証しています。例としてgard（※2）という言葉を取り上げてみましょう。

※1 いくつかのルーマニアの市場では、英語の言葉であるグレープフルーツは "Grepfruit" という名前で呼ばれている。

※2 gardというルーマニア語はフェンス・さく・塀を意味する。

この言葉は、古代・現代のインド・ヨーロッパ語族ほとんどすべてに見いだされますが、それはルーマニア語の言葉であり、インド・ヨーロッパ語族の他のすべての言葉の語源となっているのです。これが事実であることは、他の熟語・慣用句・成句等の構造に関する研究結果を見ればすぐに分かります。ハンガリーや他の国の〝言語学者〟と称する人々は(残念ながらその中にはルーマニア人も含まれています)、この言葉 gard は、アルバニア語の言葉 garth に由来すると主張しています。しかし、彼らはそれを立証する手段を何一つ持っていません」

私は自分の意見として次のように述べました。

「そのような外国産の〝思いつき〟は、ルーマニア人・ルーマニア語の真の歴史を実質的に損ねてしまいます」

セザールは即座に同意しました。

「その通り。それは事実であり、否定することはできません。これらの説の各々は、実際のところ、時の政権が〝ルーマニア民族の起源の元になっている〟と見なしたものなのです。しかしこれまで、誰一人としてルーマニア人の起源がルーマニアにあるとは言っていません。なぜなら他の国々がそのような見解を好まないからです。もしも彼らがそれを認めれば、それはルーマニア民族とルーマニア語の連続性や相互の密接な関係が即座に裏付けられたことになり、民族にかかわるいかなる主張や圧力も終わりになるからです。彼らに残された唯一の手段は軍事的侵略ですが、今これを実施することは困難です。経済・軍事・地政学上の現実がこれまでとは全く異なる、というのがその理由です」

「それが、その考えを彼らが望まない理由なのですね」

「そうです。とてもじゃないけれども、たとえ心底それを望んだとしても〝トランシルバニアはハンガリー、ムンテニアはブルガリア、モルドヴァはロシアに帰属する、これで分かるようにルーマニアに帰属する領土は何もないのだ〟と言うだけで、ルーマニアの国土からルーマニア人を一掃することはできません。ルーマニア人はカルパティア地域に住んでいたのではなくそこを侵略したのだ、と言い張ることはできないのです。これはアラブ人が過去にとった言動と似ています。彼らは他国との戦いに勝ってそこを侵略し、村や町を破壊しました。このような行為はマホメットの時代まで続き、その後それを止めました。しかしながら、本質的に彼らの言動は〝地球上から完全に人々を取り除く〟という考えに基づいていたのです」

「人々とはどんな意味ですか？　私の知る限り、アラブ人は他国を征服している間に全土を破壊しました」

「古代あるいは超古代においては、国という概念は存在しなかったのです。例を挙げてみましょう。ダキアの国土はどのぐらいの大きさでしたか？　確かなことは誰にも分かりません。なぜなら実際にはダキアという国は存在しなかったからです。最終的には国という概念が創出されましたが、太古の昔には存在しませんでした。実のところ、国というものは人為的に設けられた制約であり、特定の期間しか存続しないのです。ルーマニア語のţară（※1）あるいはţarinăという言葉は大地を意味します。それは土地や地域あるいは生活圏のことです。近頃私たちはŢara Bârsei（※2）あるいはこのような他の多くのルーマニアの地域について話しますが、これがその理由です」

「制限はどのようにして設けられたのですか？　現在と同じように、単に境界線が引かれたのですか？」

「いや違います。フェンス・さく・塀・囲いなどは、昔はありませんでした。〝この特定の庭はこの人あるいはあの人に属する〟ということしか分かっていなかったのです。古代のルーマニア人はフェンス等を設けていませんでした。とりわけ、高さのあるフェンスは設置されなかったのです。それは、自分が庭でしていることを他の人々に見られないためのものです。他国の人々はプライバシー保護のためにフェンス等を使いましたが、古代のルーマニア人の場合はそれと全く対照的だったのです。国というものはありませんでしたが、各民族は存在しており、ルーマニア民族はカルパティ

※1　ルーマニア語でţarăは〝土地〟、ţarinăは〝耕された畑〟あるいは〝コミューン〟を意味する。〝コミューン〟は地方の小規模な生活共同体であり、共同で作業を行って収入や（場合によっては）財産を共有する。

※2　Ţara Bârseiはトランシルバニア南東の歴史的な地区であり、民族誌により知られている。この地区における最も重要な都市はブラショブである。

ア・ドナウ地域で継続的に生活を営んでいました。この事実を立証する資料や文献がたくさんあります。これを認めてさらに研究を続けること――これが今必要とされることのすべてです」

「もしもそれが偏見・嫌悪感によるものではなく、隠された意図にとらわれすぎた勢力によるものでもなかったとしたら――」

「私たちルーマニア民族には、超古代に由来する非常に豊かで複合的な伝統があります。私はただその事実を明確に示したかったのです。私たちの民間伝承や伝統の本質は太古の時代に遡ります。もしもあなたが農民に〝どのようにしてこれを知ったのですか？〟と聞けば、彼は〝このようにして知りました〟あるいは〝長い間こうだったのです〟と答えるでしょう。その裏には何の動機もありません。〝知りました〟という答えは家族から教えてもらったことを意味します。誰かがその情報を口頭で彼に伝え、それが超古代から現在に至るまで、このような方法でずっと保存され維持されているのです。他の分野でも、何らかの方法で情報の維持・伝達が為されています。結局のところ、ルーマニア民族はすべて同じ言葉を話しているのです」

「しかし、それでもやはり何かが変なのです。ルーマニア語あるいはその方言が話されている、とあなたが言っている地域は、極めて広大でヨーロッパの半分以上を占めています。

その半面、ダキア人やゲティア人はカルパティア地域にだけに住んでいる、と私たちは今話しています。これまで誰一人としてルーマニアの言語や伝統がこのように行き渡っていることに言及しなかった――このようなことがはたして可能だったのでしょうか？」

「それは真実ではありません。多くの人々がそれについて話しています。しかし、ルーマニアの歴史家たちはほとんどが浅薄で必要な訓練を受けていませんし、ギリシャ語やラテン語の情報源を持っていません。たいがい、このような状況においては名称の混同が起きて、民族性を間違えたり誤った結論を導き出したりするのです。例えば、彼らがダキア人やゲティア人について話すとき、ゴート人にも言及しますが、大抵の場合、彼らは別の民族であると考えられています。しかし実際は、ゴート人とゲティア人が同じ民族であることを立証する36もの個別の資料や文献が確認されているのです。これは、綿密な研究が歴史の重要な面を明確にする、という一つの具体的な例です」

私は言いました。

「ゴート人、ダキア人、ゲティア人。もしもそうであれば、私たちルーマニア人がゲティア人であることを立証する資料や参照文献がさらにあってしかるべきです」

「その面の確認はすでに為されていますが、私たちルーマニア人にはそのような資料等は必要ありません。なぜなら、私たちにはすでにあなたに話した連続性があるからです。農民は同じ慣習をずっと持ち続けています。これらは先祖から伝わっている農民の習わし・風習であり、変わらないままずっと続いています。彼らは自分たちの村や家を離れず他の地域に分散していません。基本的に彼らは、数千年もの間同じ地域に留まっているのです」

第七章

ルーマニア霊性文明は黄金のエネルギーと共にシュメール文明よりも古くから存在していた！

ルーマニアの黄金の山で発見された秘文は〝時の神サンタクロースであるクロノスが世界を統合する聖なる場所である〟と告げていた！

「その最も正確な意味から考えると、農村社会ということになるでしょう」

「その通り。強固な田舎の特徴を持った農村文明にのみ、継続する機会が与えられるのです。近年の都市開発は崩壊しやすいという傾向を持っています。このレベルの文明については議論すらできません。具体的な技術の開発に起因する連続的な変化・変容を経験するため、それは絶えず移り変わります。これには消費生活や競争に基づく人生が含まれます。しかし、農村社会の場合は全く異なり、ふるさととして確認できる土地に結びついています。私たちがゲティア人あるいは〝大地の民〟と呼ばれるのは、まさにこの理由からです。〝連続性〟および〝太古の時代〟が包含するさらに精妙な意味合いが、これから示されます。この論点だけでも、私たちルーマニア民族の起源にかかわる問題を解決するのに充分でしょう。一般的に言えば、1900年以前は、人々が彼らの村落を離れることはありませんでした。彼らがブカレストについて何か聞くことは、ほとんどなかったのです。ルーマニアの農民は自分たちの村を離れませんでした。すべてのことは親から口頭で伝えられたのです。あの当時のルーマニアの村落では、物事はすべて昔風に為されており、現在でさえも、とりわけルーマニアの山村には、この種の集落が存在しています。しかし、物事は必ずしも常時このような状態ではありませんでした。古代、農民たちが自分たちの村を離れたことがありましたが、それは蛮族がしたような大規模な移住ではなく、どちらかと言えば、一部の農民が故郷を離れて他の地域に移り住んだ、ということだったのです。ちょうどそれは、ミツバチが花粉を探すために巣を飛び立って他の場所に飛行するようなものでした。この場合、一部のミツバチは戻りますが、他のミツバチは戻ってきません。しかしながら、残ったミツバチのいる巣は元の場所に留まっています。あなたがあの当時に起きた出来事を理解するうえで、これは格好の具体例になると思います。ここカルパティア地域が私たちルーマニア民族発祥の地ですが、人々はここから異なる方向に散らばっていったのです。先ほど話した例に関連しますが、〝人々の分封（ぶんぽう）（※）〟という考えさえもありました。ミツバチも人間と同様に、元の巣の周りあるいはそれから遠く離れた場所に巣分かれします」

私はセザールに尋ねました。

「なぜ人々は自分たちの村から離れたのですか？　彼らには離れる理由がなかったと理解しています」

「それは正しい理解です。しかし、離村という出来事が生じたとき、それは二つの理由に

※分封とは、新しい女王バチができると古くからいた女王バチが元の巣を離れて新しい巣を作ること。

動機づけられていました。その一つは、人口が増加するにつれて生活圏が狭くなり、食料不足の問題が起き始めていたことです。二番目の問題は、ルーマニア民族のように極めて霊性の高い人々だけに当てはまることですが、そのような人々は霊的活動の中心地をカルパティア地域から東方に移したかったのです。しかし、この仮説の支持者は多くありません」

「なぜ、彼らは東方に移住しようとしたのですか？」

「それには基本方位に関係する深い意味があります。偉大な奥義参入者の一人によれば、太古の時代、カルパティア地域は〝黒の国〟と呼ばれていました。なぜなら、ここではクロノスが崇拝されていて、それを象徴する色が黒だったからです」

「例のファイルの名前と同じクロノスですか？」

「そうです。それはでまかせで付けられた名前ではなく、あの場所で発見された碑文にかかわっています。あなたはそれを例の写真の中で見ています。分析された原文は、後で発見されたものにのみ関連しており、この地域の住民に属する非常に高い霊性の原理に基づいています」

「発見された碑文はどの年代のものなのですか？」

「それが正確に分かる人は誰もいません。手掛かりとなるものは何もないのですが、写真と教授の陳述から、あの場所が黄金で満たされていた、と結論づけられました。あなたが言ったように、あれは黄金の山です。翻訳された碑文からいくばくかの手掛かりが得られましたが、それは漠然としたものであり、図式記号は私たちの知らないものなのです。書かれていたことは、それ以前の書き物に比してやや変更されていますが、それでもなお理解可能です。それにより年代が紀元前500年から1000年と推定されました。翻訳の正確さは90％程度ですが、その意味することは私たちを非常に困惑させます。他の文字は私たちにとって全く未知のものなので、それらの年代を推定することはできません」

「原文は分析されたと理解しています」

「そうです。その目的のために私たちは、インド・ヨーロッパ文明を調査しているフランスの研究機関と協力しました。碑文の言語学的な面が秘儀的な意義と組み合わさっている、ということを発見して非常に驚きました。例えば、彼らは原文にkrという語根が含まれていることを発見したのですが、それは話し言葉には使われていない語根なので意味をなさない〟というのが、最初の彼らの反応だったのです。その後、彼らの研究が進むにつれて、碑文は〝何か特定の物語を述べているというよりは、むしろイニシエーションの手順の役割をするように意図されている〟ということに気付きました。krという語根は常に時間に関係しており、それが時間の神であるクロノスという言葉の基盤になっています。問題は、この語根が io に関連していることです。それはルーマニア語で〝I（私）〟に相当する古代の原型なのです（現在、〝I（私）〟を意味するルーマニア語は〝eu〟です）。本物のルーマニア農民は今もなお〝eu〟でなく〝io〟と言います。しかし、ある種の学究的探究心に基づく〝言語の進化〟により〝eu〟の使用が強要されるようになりました。なぜなら、〝eu〟の方が〝io〟よりもラテン語に近いからです」

私は結論が出るのを待ちきれなくなり、セザールに言いました。

「つまり、〝クロノスと私〟ということですね？」

「そうです。これら二つの言葉の関連性は無理のないものにしかなり得ません。すなわち、〝クロノスである私〟です。あるいは〝クロノスは私である〟の方がより適切かもしれません」

私は彼にさらなる質問をしました。

「それはどんな意味なのですか？」

「極めて深い霊性にのみ関連しています。この碑文を作成した人物は、彼自身が時間の神として崇拝されたクロノスである、と述べているのです。クロノスすなわち時間の神は、非常に古い概念であると思われます。時間そのものが先祖伝来の存在に擬せられる、というのがその理由です。それゆえそれは、霊的に深く象徴化された隠喩（※）に違いありま

※ 隠喩とは比喩の一つであり、「氷の刃」「彼女は天使だ」のように「〜のような」にあたる語を用いないたとえのこと。これに対して、「氷のような刃」「彼女は天使みたいだ」などの表現を直喩という。

せん。碑文の作成者は十中八九、霊性面の進化を達成した祭司であると思われます。このような観点から考えると、意味が見えてきます。しかし、次の言葉 sal-moş は理解不可能です。これは翻訳者が解釈をためらった唯一の言葉です。sal が問題を提起したのです。私たちルーマニア人は sal の代わりに zăul と言います。

古代の神クロノスはルーマニア民族の守護者であり、zăul-moş と呼ばれています。Moş（※1）という言葉は碑文中にも現れ、非常に老齢で賢い人物に関連付けられています。さらに、私たちの先祖の伝統のもう一つの重要な要素は、複合的な象徴性を示すものであり、サンタクロースとして知られています。語根 kr はそれを私たちに与えてくれるのです。人々はクリスマスが意味するものを明確に把握しておらず、それゆえ、サンタクロースが象徴する神およびそれに付随する休暇が意味するものを、もはや正しく理解していません。たとえ心の中で何らかの理解をしていたとしても、それは極めて皮相的で浅薄なものです（※2）。

冬至は旧年の終わりと新年の始まりを告げる日のことですが、古代、クリスマスはその到来を祝う崇高な式典でした。これがルーマニア語の挨拶〝新年おめでとう〟あるいは〝私たちが翌年戻ってくるとき、あなたが健康でありますように！〟の起源です（※3）。その後、クリスマス休暇との関連が追加され、物事がさらに一

※1 moş という言葉はルーマニア語で〝老人〟を意味し、zăul は〝神〟を表す古いルーマニアの言葉。zăulmoş はダキア人の神である Zamolxis の語源である、と主張されてきた。

※2 〝クリスマス〟と〝サンタクロース〟は両方ともルーマニア語の語根 k r に由来する。クリスマスは “Crăciun”、サンタクロースは “Moş Crăcium”。

※3 文字通りに訳せば、新年の挨拶は〝来年および今後の多くの年〟を意味する。

層複雑になったのです。サンタクロースについて、普通の人々は〝愉快かつ豊かで幸運な何か〟のような単純なイメージを描きがちです。それは単に外側の意味にすぎません。要するに碑文は、その場所は、時の神サンタクロースであるクロノスが世界を統合する聖なるところである、と言っているのです。

その最後の部分は、その場所が時の起源を表すと考えられる、と私たちに告げています。これは極めて困惑させる内容である、と私はあなたに言いました。なぜならそれは、〝ここカルパティア地域が、現存するすべての文明と国々の発祥の地であり、原初の言語であるルーマニア語の源である〟という考えに結びついているからです。現代の最も偉大な言語学者の一人が言ったように、ルーマニア語はヨーロッパにおける唯一の自然言語です。実のところ、それこそが、科学者たちが探し求めていてまだ見つけていないもの、すなわち現代文明を形成しているほとんどすべての国々に共通なインド・ヨーロッパ語なのです」

私は圧倒された気持ちになり、大きく息を吸い込みながら言いました。

「たとえどれだけ多くの証拠があったとしても、ハンガリーの歴史家や言語学者は決してそれを認めないでしょう」

「まあ、どうなることか見てみましょう。事態はのべつ幕なしに変わります。翻訳された碑文の話に戻りますが、それがほとんど3000年前に遡るという事実を考えてみてください。もしもそうであれば、いまだ解読されていない未知の碑文は、一体いつ誰によって書かれたのでしょうか？　おそらく決して私たちには分からないでしょう。例のタイム・トラベル装置を使ってそれを知ろうと試みたのですが、これまでに経験したことのない強力な障壁があったため、残念ながらできませんでした。それを突破することは、どのようにしても不可能なのです。しかし、コンスタンティン教授の陳述の続きを聞けば、その理由をよりよく理解できるでしょう。それは、最初の碑文が実際に意味していることを説明しています」

「人々の移住に関してあなたが始めた説明を聞き損なってしまう――何としてもそれは避けたいのです。確かそれは言語圏の広がりと変化に関係していると思われますが、私にとってそれは非常に興味をそそる話なのです。もしも今その話をしないのであれば、次に話す機会がいつ巡ってくるか分かりませんから」

これは本当です。最近セザールに新たな責務と役割が与えられたため、仕事以外のことで彼に会うのが難しくなりました。今日のような機会は極めて特別なので、それを逃したくなかったのです。その上、今夜は私たちの周りが非常に静かなので、話をするにはもってこいの状況でした。うれしいことに、セザールは議論の継続を即刻容認してくれました。

金と霊性の間の繋がり、
金は精妙な霊性のエネルギーを最もよく集中させてくれる！

セザールが言いました。

「この地域には桁外れに強い霊的な場が存在したのですが、それについてはこれまで間接的な証拠しかありませんでした。しかし、スレアヌ大山塊における驚くべき発見により、それがどの程度信憑性（しんぴょうせい）のあることなのかが分かってきたのです。それが非常に高い真実性を帯びていることを、後ほどあなたは知ることになります。秘儀的な視点から見ると、大規模な金鉱床のある地域においては人々の霊性も例外なく非常に高いレベルに達している、ということが知られています。しかし、これは金鉱石のことではありません。たとえ非常に豊富な金塊がそれに含まれているとしても、です。それは、実際の黄金の山あるいは少なくともその大部分が黄金である山のことなのです」

「この金属、すなわち金と霊性の間の繋がりには気付きませんでした」

「すべての物事、とりわけ互いに引きつけ合う物事は、相互に関連し合っています。金は極めて純粋な貴金属です。たとえ無意識であっても、その高い振動数を感じてそれを認める人々は、これまで金に高い関心を抱いてきましたし、今でもそうなのです。しかし、残念ながら彼らは、収入を得る手段としての金に興味を持っているにすぎません」

「その点はこれまで常にそうでした。古代、とりわけ祭司にとって金の価値は高かったのです。しかし、金が霊的なエネルギーに対応する物理的要素さえも表す、ということは考えませんでした。それは単に象徴的な面のみを表すと思っていたのです」

「貴金属および宝石は、ある種の超自然的なエネルギーや影響を伝える物質なのです。いわゆるその〝市場〟価値は、単にその世俗的な面を示しているにすぎません。あなたはなぜ鉄を同じように扱わないのでしょうか？　それは、鉄が金と同様の高い振動数を持っていないからです。すべての物質のうちで金が精妙な霊性のエネルギーを最もよく集中させる、と考えられています。その色すなわち山吹色がこの点を反映しており、歴史上、人々の霊性が非常に高い時期に極めて豊かな金鉱床が生成されたこと、これが事実であることを私たちに教えています。一般大衆や現代の科学者たちにとって、この事実は何も意味しません。彼らにとってこの点は全く重要ではないのです。

　しかし私は、物質主義的思考とは関連のない超自然的な観点に基づいて話しています。人々の霊性は、神秘的な方法で、多量の金が存在する場所で開発されるのですが、私たちの国ルーマニアの場合は一種独特です。この黄金の山の存在は地質学的には説明不可能なのです。少なくとも私には、それが可能であるとは思えません。そして、まだ私たちに知られていない別の出来事があったに違いないのです。結局のところそれは、霊性に基づく行動と地質学的活動の組み合わせだったのかもしれませんが、私自身はまだよく理解できていません。しかし、あなたに対して言えることは、間違いなくそれが桁外れの何かであり極めて深い意味を持っている、ということなのです。この発見物は大規模な金鉱床をはるかに超えるものなので、それを単に巨大な金の鉱床とみなすことはできません。それは、私たちルーマニア民族を支える驚くべき霊性の場であり、それによって私たちは遠い昔に由来する何かをずっと護ってこられたのです」

セザールの話は私たちルーマニア人の奥深い起源を洞察するものでした。高ぶった神経を静めるため私は深く息を吸いました。

セザールは説明を続けました。

「これで納得がいくと思います。それは霊性エネルギーを集中させる巨大な装置であり、精妙で極めて高いエネルギーを恐ろしいほどに引きつけます。その周りの文化はそれによって支えられるのですが、たとえその物質面の表れが非常に単純であり、その活動が農業や牧畜から成っているとしても、それは霊性の視点から見て非常に先進的なものなのです。スレアヌ大山塊において発見された膨大な量の金により霊性エネルギーが引き寄せられ、それが驚異的なレベルで集中したため、時空が歪むという現象が起きました。これらについては後ほど話します。

霊性エネルギーは放射状に拡散してルーマニアの国土を網羅するのみならず、他の山脈、特にアプセニ山脈地域（※）における非常に豊かな金鉱床に沿って進んでいます。ある意味で、ここに住む人々はこれらの高い振動を連続的に浴びており、そのために最高レベルの霊性開発に導かれています。それは、卓越したレベルの霊性開発を達成した数人の人々に限定されず、この地域のほとんどすべての住民がその恩恵に浴したのです。まず手始めに、これらの人々の意識は信じがたいほど高く引き上げられました。この地域特有の振動があまりにも強烈で奥深いものだったため、そのパワーは数千年間、今日に至るまでずっと発せられてきたのです。

当然のことながら、現在は以前に比べて減少していますが、にもかかわらず、ルーマニア民族固有の特質や民間伝承および言語が生み出された経緯が、それによって明らかになります。これが、ルーマニアの人々が遠い昔からずっとここに住み続けている理由です。

また、あなたも知っているように、他にも並外れた発見が為されており、それには次のものが含まれます。(1)ブセギ山脈のホログラフィー投影室、(2)ルーマニアの国土下層の極めて特別な地質構造、(3)この狭い区域における種々異なる地形起伏の併存、(4)驚くほど肥沃(ひよく)な土壌の集積。これらの際立った特色は、すべてカルパティアおよびその少し南のドナウ

※ アプセニ山脈はカルパティア西部のことであり、トランシルバニア・シリーズの２冊目『トランシルバニアの月の出』に書かれているように、ラドゥ・シナマーがチベットへの時空並進を経験した場所である。

川に至る地域に限られているのです。これらすべては、当時の住民が持っていた驚くべき霊性エネルギーに関係しています。

これによってルーマニア民族の継続性、すなわちヨーロッパ全域で私たちルーマニア人だけがカルパティア地域に継続して居住している理由が理解できます。かつてこの地域が、霊性に基づく活動のヨーロッパ世界における中心地だったからです。時がたつにつれて、循環性等の自然法則や霊性のレベルは下がりましたが、霊性活動の中心地としての影響力は依然として残り、現在その潜在的可能性がますます顕著になっているのです」

アトランティス消滅後、ルーマニアが霊性開発の中心地であったことが、裏付けられた⁉

ルーマニア民族の起源についてのより正確な情報が得られることを願いつつ、私はセザールに尋ねました。

「ルーマニア民族のたぐいまれな霊性は大体いつ頃開発されたと考えていますか？」

「断言はできませんが、伝統や秘伝的情報源によると、大洪水後に到来した氷河期の直後の時期のようです。すなわち紀元前9500年～10500年、今から12000年前の頃です。これらの数字は相対的なものであり、その誤差は大体500～700年です」

私はセザールに言いました。

「それは大洪水を基準にした年代測定のようです。しかし、大洪水についてはさまざまな研究が為されており、実際には聖書に記されているような地球全体を覆い尽くす洪水はなく、ある特定の地域だけが水に覆われたことが判明しています」

「そうですね。一連の洪水がある時間間隔をおいて起きたことを示す考古学上の証拠が見つかっています。聖書の出来事はその大部分が、あの当時洪水に襲われたシナイ半島に限定された記述になっています。つまり、大洪水は紀元前11000年頃に発生したに違いないのですが、それは恐らくアトランティスの消滅に関係していると思われます。その後、すべてが初めからやり直されたのです」

私はセザールに尋ねました。

「すべてが始まったのは、どの場所ですか？　人々はどこから来たのですか？」

「人々がどこか別の場所から来なければならなかった、というのは、一体どんな理由からなのでしょうか？　残存したものは元々この地域にあったものであり、それは新たな始まりだったのです。とにかく霊性の開発は、想像できないほど非常に速やかに進展したようです。この地域が霊性開発の中心地だったという主張が、これによって裏付けられます。先ほど私が言ったように、その後数千年が過ぎると、霊性のエネルギーが衰え始めました。

しかし人々は、ここカルパティア地域、とりわけ山々やトランシルバニアに留まり続けました」

「人々は、ここが霊性開発の中心地であるとは知らなかったのですね?」

「その通りですが、人々は大部分この地域に留まったのです。ここには塩や金を含む生活に必要なすべての資源がそろっていたからですが、人々は、彼らの持つ霊的な資質に基づいて団結し、この地域に定着しました。その4000年~5000年後の時代になると、もはや人々は、自分たちの住む地域が、かつて彼らの祖先たちの霊性エネルギーによって満たされ育まれた場所であり、ヨーロッパ世界における霊性活動の中心地であった、ということを覚えていませんでした。しかし、彼らは祖先から伝えられてきた伝統を、その霊的かつ神秘的な様式を変えることなく維持継続したのです。ルーマニア民族が今でもなお、このたぐいまれな民間伝承を維持している理由は何でしょうか? なぜそれは数千年もの間存続し、父から息子へと受け継がれてきたのでしょうか?」

私はセザールに尋ねました。

「なぜ、ヨーロッパの他の地域ではこのような伝承が残存しなかったのですか? フィンランドやマルタ(地中海シチリア島南部の島)ではどうだったのですか?」

「あの当時、それは不可能でした。なぜなら、そのような太古の昔、ヨーロッパには国というものが存在しなかったからです。現在のドイツ中央部からマラムレ（ルーマニア北部の地域）まではツンドラ（凍土帯）であり氷に覆われていました。生活圏という視点から見ると、人間の文明はこれらの地域を北部限界として、そこから南に広がっていました。それより北には生存可能な条件が整っていなかった、というのがその理由です。氷河はほとんど後退しませんでした。

あの当時、人間の共同体が最初に形成された場所が、ここカルパティア地域、とりわけトランシルバニアのアプセニ山脈とカルパティア南部でした。共同体・言語・霊性・慣習等、すべてがここで始まり、ここから発展していったのです。人間の集団はヨーロッパの他の地域にも存在したかもしれませんが、集団の大きさという観点から考えると、それらは取るに足らない規模でしたし、彼らは遊牧民でした。それゆえ彼らは、厳しい生活環境に耐えることができなかったのです。あの当時は気候条件が厳しかったため人口は極めて少なく、もしも数百人あるいは数千人の人々が集団を形成して特定の地域で一緒に暮らしていたとすれば、それは地球の全人口に比してかなり大きな共同体だったと考えられます」

私は困惑して質問しました。

「ヨーロッパの他の地域には避難できなかったのですか？　他の選択肢はなかったのです

か？」

「ヨーロッパの氷河地図が科学者たちによって作成されていますが、それによると、ストックホルム、ベルリン、モスクワは氷で覆われていました。つまり、誰もこのような場所には避難できなかったのです。カルパティアが生存可能な地域の限界でした。それは現在のトランシルバニア北部です。その西方には地面からの高度1000～1500mの山岳氷河があり、すべてが氷で覆われていたため定住は不可能でした。氷河はいくつかの段階を経て後退していきました。パンノニア湖は、氷河後退の後、紀元前10000年頃に干上がり始め、その後に残ったものが、現在ハンガリーにあるバラトン湖として知られています。その実際の名前はBălătăuです。ルーマニア語が当時の唯一の話し言葉だった、というのがその理由です。後年、その名前はBalaton（バラトン）に変わりました。

当時、ドナウ川が現在〝鉄門〟として知られている場所に峡谷を形成してカルパティア山脈を横断し、テチス海を源流とするゲティア湖を干上がらせました。数百万年前、この大海はルーマニア全域を覆っていました。ゲティア湖が干上がったため、ドナウ川に沿っていくつかの湖が形成されたのですが、それらは大ゲティア湖の痕跡なのです。紀元前11000年頃に氷河期が終わり、より温暖な気候が確保されました。トランシルバニア地域は良い気候に恵まれたために他の地域に比べて自然からより多くの恩恵を受けた、と言うことができます。ヨーロッパの他の地域では、地衣類・コケ・氷だけしかなく、それらが入り交じって極地まで続いていました」

セザールからの情報は、私の許容限度を超えていました。何とか彼の説明についていこうとしたのですが、このテーマに関しては、後れを取らないようにするだけで精一杯だったのです。私はまた、あの時代の意義とともにすべてがどのように始まったのかを正しく理解したいと思いました。ホログラフィー投影室で、私はすでにあの時代の様相を垣間見(かいまみ)ていたのですが、それはセザールが話した状況と非常によく似ており、これによって私の認知のレベルが大いに高められたのです。すべてが確認されたものの、自分でもさらに納得がいくように、あらゆる要素を足し合わせて統一された全体像にするチャンスがある、と考えました。

ルーマニアのトランシルバニア地域とカルパティア地域に存在した文明がヨーロッパ最古のものである！

「オーケイ、つまりルーマニアのトランシルバニア地域と西側の山脈には、生き残った人々がいたわけですね。しかし、南側にも温暖な気候の場所があったのかもしれません」

「多分そうだと思いますが、実際はそこには誰も残存していませんでした。最高の条件に恵まれたのはこの場所だったのです。高く奥深い霊性を維持するためには、山や森が必要でした。なぜなら、人間が心理・肉体両面で適切に行動できるようにするための環境が、それらから提供されたからです。それは〝黒の地域〟と呼ばれ、〝時〟が象徴するものを受け継いでいましたが、そこの住民たちは黒人ではありませんでした。黒という色は象徴化されたものです。なぜなら、秘教的伝統によれば、金髪・青い目・背が高く白い肌というのがカルパティア地域の住民の身体的特徴だったからです」

私はセザールに言いました。

「プラトンによると、古代ギリシャ人も金髪で青い目だったようです」

セザールが答えました。

「それは紀元前2000年頃の状況であり、それ以降、数多くの出来事が生じました。ギリシャ人の祖先はこの地域を去りました。紀元前10000年以降の期間における最古の文明はこの地域に存在したのです。この点は間違いないのですが、それ以前については確たる情報がありません」

「この地域に存在した文明がヨーロッパ最古のものである——これが事実であることをどのように確認するのですか？」

「他の地域には、かつてそこに文明が存在したという痕跡がないからです。それは科学的に確認できます。あなたも知っているように、私たちは他の調査の手段も持っていますが、それらはまだ未公開です。仮に、最古の文明を見つけるための研究が数十年前に始められたとしましょう。研究者たちは、地図や考古学分野の発見に基づいてそれを裏付けようとします。そして、まさにここが最も重要な場所であることを見いだしました。より正確に言えば、ルーマニアのトランシルバニア地域とカルパティア地域です。紀元前３０００年～４０００年に人々の集団移動が始まりましたが、ここに住んでいた人々はその時までこの場所を離れなかったのです」

それは本当に驚くべきことです。私はセザールに尋ねました。

「紀元前年１００００～９０００年から紀元前３０００年の期間、人々はトランシルバニア地域にずっと留まっていた——そういうことですか？」

「そうです。すでに述べたように、彼らにはここを離れる理由がありませんでした。当時の農民たちが旅に出ることはなかったのです。現在に至るまで、彼らはこの信じがたいほどの持続性・安定性を保ち続けました。これが古代の文明だったのです。今日でも、本物の農民は彼らの村を離れて他の地域に移ることはめったにありません。これは大変なことですが、結局のところ事実なのです」

セザールは、ルーマニア農民の驚くべき定着性や安定性について述べた後、コロンブスのアメリカ新大陸への遠征およびその後のスペインによる征服活動に対して、皮肉っぽいほのめかしをしました。私が微笑むと、彼はさらに説明を続けました。

「ここには適切な条件がすべて揃っています。気候は良好で岩塩が地表に露出しており、塩水の泉があります。カルパティア地域は全体として弓形をしていますが、その中で岩塩が地表に露出しているのはルーマニアだけです。この事実は、道具さえあれば容易にzlatnă（「塩水」を意味するルーマニア語）が得られることを意味します。トランシルバニア地域にはスラチナ（Slatina）、オルテニア地域にはズラトゥナ（Zlatna）のような名前の町がありますが、これがその由来です。その地域の人々は塩水を使って調理をします。しかし、それだけではありません。現在でさえ、塩の塊を袋に入れて売っている人々がいますし、地表に露出した岩塩を採取できる山があるのです。その地域は〝ヨーロッパにおける塩の貯蔵所〟と呼ばれています。

ヨーロッパの他の地域と比較してみましょう。たとえば、ヨーロッパ南部で岩塩が見つかることはめったにありません。もしかしたらあなたは知らないかもしれませんが、ローマ人は塩による支払いを受け入れていました。それが私たちの言葉salariuの由来です（このルーマニア語は「賃金」を意味する）。ローマでは、塩水をこぼすとけんかや口論が起きる、と言われていたのです。塩が非常に貴重だから、というのがその理由であり、迷信に由来するのではありません。

このようにルーマニアは極めて資源に恵まれており、私たちには特権が与えられているのです。魚が豊富な川や湖があり、私たちはそこで魚釣りを楽しむことができます。先ほど言ったように、塩も豊富にあり、それが私たちの生活の質を上げています。塩なしで生活を営むことは非常に困難だからです。ミネラルを含む土壌や果樹があるので、園芸や庭造りを楽しむこともできます。これは農業に先行する作業です。さらに言えば、豊かな牧草地があるため放牧も可能です。移牧、すなわち季節の変化に応じて家畜を移動させながら行う牧畜をするには、山や野原が必要ですが、このような条件も整っています。

このようなさまざまな可能性を持った国が他に存在するでしょうか？　ルーマニアは氷河期に氷で覆われなかった唯一の国です。移牧は羊の放牧をするための最も優れた形態であり、人々は、移牧をすることで継続的に羊たちの食物を確保することができます。彼らは、冬になると牧草地に下り、夏になると山に登ります。放牧のためのこのような条件が整っている場所は、ルーマニア以外どこにもありません」

人々の集団移動もしかり！　〃すべてはここルーマニアで始まった〃ケンブリッジ大学の研究者たちはこれを隠し続けてきた！

「しかし、ルーマニアの人々は最終的には移住し始めた、とあなたは言いましたね？」

「そうです。インド・ヨーロッパ地域における集団移動について、私は話しました。なぜなら、古代アーリア人、すなわちインド・ヨーロッパ語を話す民族は、最初にインドを侵略し、その後ヨーロッパに移住してそこを文明化した、と信じられているからです。それは中世に入る直前の時代であり、その頃は〃地球が太陽系の中心に位置し、太陽および他のすべての惑星が地球の周りを回っている〃という天動説が支配的でした」

私はセザールに尋ねました。

「その移住は、実際にはどのようにして起きたのですか？」

「それに関する最初の調査は、約100年前に英国のケンブリッジ大学によって実施されました。その頃はインドが英国の植民地であったため、ケンブリッジ大学の研究者たちは、インドの歴史について執筆したかったのです。古代アーリア人の起源と勢力拡大の出発点をはっきりさせるため、彼らはヴェーダ（※）の中身を調査検討しました」

「その調査はどのようにして行われたのですか？」

※ ヴェーダとは、古いサンスクリット語で書かれたヒンドゥー教の聖典であり、インドで最古の文献。成立順にリグヴェーダ（Rigveda）、ヤジュールヴェーダ（Yajurveda）、サーマヴェーダ（Samaveda）、アタルバヴェーダ（Atharvaveda）から構成される。

「ヴェーダには植物相・動物相が記されていますので、彼らはまずそれを調べました。これらは、特定の地域と年代における植物・動物の総体をそれぞれ表します。また、当時の人々が生計を立てるためにどのような仕事をしていたのか、この点にも注目しました。彼らが出した結論は、ヴェーダにはラクダ・象・虎等はどれも登場しないけれどもニレの木やアヒルは記載されている、というものでした。さらに、これらの動植物が現在インドで見られるかどうかを調べたところ、答えはノーでした。そこで彼らは、ヴェーダの物語や叙事詩の舞台となった場所はインドではない、と結論付けたのです。それから彼らは、これらの動植物が存在し、人々が放牧や農業のような仕事をすることができた場所は一体どこだろうか、と考えました。その結果、カルパティアとボヘミアの間の地域にこれらすべての要素が見いだせる、ということが分かったのです。なぜなら、ニレの木はこの地域にしか存在しませんし、放牧と農業両方が行える場所、ヴェーダに登場してインドに存在しない動物たちがいるところは、まさにこの地域だけなのです」

私はセザールの説明を先取りして言いました。

「ということは、古代アーリア人の移住や生活圏の拡大は、実際には通説と逆の方向に起きたのですね。つまり、彼らはインドからやってきてヨーロッパに居住したのではなく、アジアに向かって移動してインドに達したのです」

「その通り。長い時間が経ち、地動説、すなわち太陽が中心に位置して地球および他のすべての惑星がその周りを回る、という考えが確立されました。これはまた、人々の集団移動に関して実際に起きたことに対するたとえになります。しかし、この説は今日すっかり容認されているわけではないので、実際に受け入れられているとは言えません。これについての情報操作はまったくひどいものです」

私は驚愕（きょうがく）してセザールに聞きました。

「なぜこんな状況になるのですか？　常軌を逸した考えである通説が支持されている理由は、一体何なのですか？　虚偽の後押しをするのはリスクを伴いますし、かなりの骨折りが必要です」

「理由はすでに述べたのと同じです。これは、世界で最も権威があり有名な大学であるケンブリッジ大学が出した結論です。そこはノーベル賞級の研究者の〝養成所〟のようなところなのですが、それにもかかわらず、彼らはこの研究結果を正否の境界線上に置き続けています。なぜなら、そうしないと、実際のところ人々の集団移動はここカルパティア地域で始まった、という事実や、原初の状況について私が述べたことすべてを認めざるを得なくなるからです。これは彼らにとって、まったくの不都合なことです。これについてはすでに話しました」

「その通りです。それで、ケンブリッジ大学の研究者たちは、どんな最終的結論に達したのですか？」

「古代アーリア人の起源はトランシルバニアであり、彼らの居住地域は、カルパティアからハンガリー、オーストリア、ボヘミアに向かって広がっていった、というのが彼らの結論です。ヴェーダは今から3000年～4000年前に書かれたヒンドゥー教の聖典ですが、その中で記述された動植物はここトランシルバニアで見いだされる、と彼らは言っています。彼らが考慮したのはこれらの要素だけでしたが、もしも考古学的発見に関連する他の要素も考慮に入れるならば、その場所をさらに明確にすることができます」

私はセザールに言いました。

「このような結論付けを妨害する国家レベルの勢力があったように思われますが――」

「たとえあからさまな妨害でないにしても、確かにそのような一派が存在しました。しかし、権威あるケンブリッジ大学の出した結論なので、それを踏み越えるのは簡単ではありません。アーリア人の発祥の地を特定しようとした仮説は数十にも上りますが、そのうちのいくつかは実に奇怪なものです。ある研究者によると、古代アーリア人はアルタイ山脈からやって来たそうです。しかしそこの気温は、1年のうちの11か月間が摂氏3度なのです。一体全体どんな農業がこのような厳しい条件下で可能なのでしょうか？　ヴェーダに描かれた動植物が、はたしてこのような場所で生存できるのでしょうか？〝すべてがこルーマニアで始まった〟という事実を否定するために、まったくとんでもない推量をしてしまう連中がいるのです。それをあなたに知ってもらうために、このような具体例を挙げました」

セザールの説明により、私は少しばかり冷静さを失ってしまいました。そして言いました。

「しかし、あなたが提示した証拠がどんなに明確であったとしても、必ずと言ってよいほど、それに反論する悪賢い連中がいるのです。このような場合、高慢や愚かさが彼らの良き相棒になっています」

「間違いなく、真実を裏付けるものがあります。充分に文書で立証された証拠が数多く存在するのです。古代アーリア人の起源は、学者たちによって時代ごとにあらゆる場所に動かされた、と私は言いました。彼らは、古代アーリア人はルーマニア以外のあらゆる所からやって来た、ということを立証しようとしたのです。ケンブリッジ大学の研究者たちが、ルーマニアがその発祥の地であることを世界で初めて示しました。彼らがこの場所をハンガリーと名付けたのは事実ですが、彼らの仕事は、この地域すなわちカルパティア山脈とバルカン山脈の地形を描写することでした。これについては疑う余地がありません。

実際のところ、植物相・動物相が、個々の文明の地に隣接するさらに広い地域に明確な境界なしで存在する、というのは極めて自然なことです。しかし、ケンブリッジ大学の研究者たちによると、ここルーマニアは、紀元前3500年頃に起きた人々の集団移動の起点となった場所なのです。ケンブリッジ大学の学説は、カルパティア地域がそのような原初の地であることを全面的に裏付けるとともに、明らかにその信憑性を高めています。

しかしながら、時代をさかのぼるにつれて、人々が居住した場所が狭まってArdeal（トランシルバニアとして知られているルーマニア西部の地域）に限定されてしまうのです。それ以外の可能性はありません。このArdealという名前さえも、その点を示唆しています。Ardealは〝ari の丘〟を指します。これは ari と呼ばれた人々の発祥の地を意味しますが、これらの人々が後年古代アーリア人として知られるようになったのです。古代の言語では文字順の倒置が極めて一般的で、たとえば ar は ra になりました。ヴェーダに Ramania と呼ばれた人々が登場していることを発見した研究者たちもいます。Ra と ma は、原初における語根 ra-ma のことです。Ra は、ルーマニア語の razǎ および soare と同じく〝光〟と〝流れ〟を指します（razǎ および soare の意味は、それぞれ英語の ray および sun と同じ）。一般的に、文字 r およびその音は、流れるような動きを意味します。そのため、これが太陽活動を連想させるのです。その一方で、古代の言葉である man は om を指します（om はルーマニア語で man を意味する）。om は実のところ man の文字順の倒置であり、ommo、ma および n はすべて口を閉じることを意味するために、man という言葉になりました。

何はともあれ、古代のヒンドゥー教においては、Manu は原初の人間を意味すると考えられていました。この点も〝ルーマニア民族が、私たちが今住んでいる地域における原初の人間であった〟という事実を間接的に立証しています。つまり、私たちは光の人々を意味する ra-man すなわち light-man なのです。古代、このようにしてルーマニア民族は、この場所に居住した人々の並外れた霊的価値に直接言及することにより、自分たちの本質を明らかにしたのです。当初の言葉が ar-man であり、その文字順が後年倒置されて ra-man になり、さらに Romanian に変化した、という可能性もあります」

私は言いました。

「これはまったく論理的であり、他の証拠と一緒にすれば本当に納得がいきますね」

「そう、その通り。まさにこれによって、ルーマニアが原初の文明の源であり、後年ここからインド・ヨーロッパ語族を母語とする人々が生まれて他の地域に広がっていった、という事実が認知されます。またこれは、まったく異なる基準に基づいて為された綿密な研究の結果でもあるのです」

ルーマニアの先駆をなす文明と比較すると シュメール文明は赤ちゃんのようなレベルです！

「1970年代、リトアニア人考古学者で米国ロサンゼルスにあるカリフォルニア大学の教授でもあったマリア・ギンブタス氏が、ヨーロッパで実施される壮大な調査研究プロジェクトの長に任命されました。このプロジェクトの目的は、紀元前5000年頃の新石器時代に関連する考古学上の発見を地図に記して文書化することでした。その目指すところは同じであり、人類の文明の発祥の地を見いだすことでした。彼女はヨーロッパにおけるすべての考古学研究施設および権威ある博物館を訪ねて、次のような質問をしました。『紀元前5000年にさかのぼる文明の痕跡や手掛かりがありますか？』フランス、イタリア、ドイツ、スウェーデン等の研究者たちはすべて『いいえ』と答えました。それから彼女は、肯定的な返答が得られた場所を記した地図を作成し、それを〝古いヨーロッパ〟と名付けました。他の地域は空白のままでした。すなわち何もなかったのです」

「それはどういう意味ですか？」

私は言いました。

「考古学上の証拠はないと研究者たちが言ったという事実、それは必ずしもそのような証拠が実際に存在しないことを意味しません」

「紀元前5000年頃の新石器時代の痕跡はありません。すでに私が指摘したように、当時の陸地には、まったく誰も住んでいなかったのです。というよりも、居住不可能だったのです。森と氷以外には何もありませんでした。氷は徐々に後退していきましたが――」

「あの当時に誰もいなかったというのは信じ難いことですね。研究者たちは本当に文明の手掛かりを探したのでしょうか？　紀元前6000年～5000年頃、人々は一体どこにいたのでしょうか？」

「人々の居住場所はカルパティア地域およびその最も遠い境、すなわち〝前カルパティア〟と呼ばれていた地域に限られていたのです。そこには山々をぐるりと囲む地帯が含まれており、南側にパンノニア、イリリア、北側に現在のポーランドであるサルマティアが入っています。しかし、あの当時、ギリシャやクレタ島あるいは誰も知らない他の地域に住んでいたとされている人々について言えば、間違いなくそれは誇張に満ちた話です。これらの地域はもっとずっと後の時代に登場するのです」

「ヨーロッパの他の場所――現在のフランスやスペイン等――はどうだったのでしょうか？」

「5000年前にさかのぼると、それらの地域には陶器等の文明の痕跡が皆無なのです」

「ヨーロッパ大陸には誰も住んでいなかった、という意味ですか？　もしも私がその当時のヨーロッパ大陸を歩いたとしても、私は誰にも遭遇しない、ということですか？」

「何人かの人々は住んでいたかもしれませんが、ごくごく少数だったに違いありません。あの当時の人口は非常に少なかったのです。しかし、関心の的になっていたのはここルーマニアでした。マリア・ギンブタス氏は後年本を執筆しましたが、その中で〝ルーマニアが中心地であり、初期の居住地であった〟と述べています」

「科学に基づくと、イラク南部の沖積平原であるシュメールが最古の文明ということになります」

「ルーマニアの先駆をなす文明と比較すると、シュメール文明は赤ちゃんのようなレベルです。新石器時代の異なる文明の地図がたくさん作成されました。もしもそれらを現在の状態と比較すると、それらすべてに、ルーマニアやその一部、あるいはルーマニアの外側のいくつかの地帯が含まれていることが分かります。そして、それらを重ねると、これらの文明すべては内側から外側に向かって拡大している、という結論が導き出されます。しかもそれらは無秩序に広がっているのではなく、明らかにカルパティア地域という特定の場所を起点としているのです」

「なぜ、他の研究者たちは同じ見解を持たないのですか？　あなたが言ったように、その結論はまさに疑う余地がありません」

「彼らはこのような結果を出すことには興味がありません。私たちはいつも同じ問題に行き着いてしまいます。無能力と浅薄さが政治面の利害とごまかしに結びついているのです。先ほど述べた結論はある人々にとっては極めて不快なことですが、これが真実なのです。私たち独自の情報源から私たちはそれを熟知しています」

「もしもそれを公表して証拠を提示したら、一体何が起きるでしょうか？　すでに明瞭かつ立証済みとなっていることを、どうやったら否定できるのですか？」

「もしも外交分野や学術界・科学界の人々にその話をすれば、彼らは一時的には沈黙するでしょうが、その後同じ主張をし続けることは間違いありません。これについてはすでにあなたに話しました。〝政治面の秩序を保つことが重要であり、自分たちの立場やすでに確立されていることおよびその論拠を維持することが必要である〟と彼らは言うでしょう」

私はさらに言いました。

「曲がりなりにも私たちは、確たる証拠が存在することを知っています」

「考古学上の証拠や言語学的な裏付けの持つパワーは絶大です。ここルーマニアで発見されたもの以上に古いものはヨーロッパ文明には存在しません。Ada-Kaleh はドナウ川の小さな島であり、その住民のほとんどはトルコ系ルーマニア人でした。1970年、鉄門（※）水力発電所の建設中に水没しましたが、その前にニコラエ・チャウシェスクが、さらなる発見の可能性を検討するように考古学者たちに命じました。証拠となるもののほとんどが当時、水面下になっていたからです。考古学者たちは、ドナウ川のルーマニア側と旧ユーゴスラビア側の川岸で発掘を行いました。そこで発見された考古学遺跡は明らかに同じ文明に由来するものの、異なった年代順配列になっていたのです。ルーマニア側の遺跡Schela Cladoveiの埋蔵物は旧ユーゴスラビア側で発見されたものよりも1000年～2000年古い、という結果でした。

つまり、それらの文明はドナウ川によって分離されていたのです。旧ユーゴスラビア側でもさらなる発見物が出るでしょう。しかし、たとえ彼らがLepenski-Vir（セルビアに位置する中石器時代の重要な考古学遺跡）について話したとしても、最古のものはここルーマニアにあるのです。彼らは強引にルーマニア語ではない別の名前をこの考古学遺跡に付けようと試み、それがさらに古い文明としての優位性を持っていることをほのめかしました。しかし、私たちがルーマニア側の川岸で発見した遺跡Schela Cladoveiについてはすでに充分に文書化されており、Lepenski-Virよりも古いことが確認されています」

※ 鉄門とは、ドナウ川がカルパティア山脈を横断する部分の峡谷であり、セルビア・ルーマニア国境の一部をなす。広義には134㎞からなる渓谷であり、狭義には東端部のみを指す。ニコラエ・チャウシェスクは、ルーマニアの政治家であり、ルーマニア共産党書記長・ルーマニア社会主義共和国国家評議会議長および初代大統領を務めた。1960年代から80年代にかけての24年間にわたり、ルーマニア共産党政権の頂点に立つ独裁的権力者として君臨した。

「どうしてそれが分かったのですか？　もしも疑問の点が一つでもあれば、旧ユーゴスラビア側の考古学者たちはそれにしがみつき、それをすべての議論の前面に押し出してくるでしょう」

「放射性炭素による年代測定に基づき、Lepenski-Vir の方がより古い、と彼らは主張しています。仮定条件なしで、すべてに年代が入っています。旧ユーゴスラビア側の遺跡における発見物には、炭化した豆や穀物も含まれています。年代測定に係る問題や間違いを避けるために、彼らはそれらを在外の３つの研究所に送りました。それらはオランダ、ドイツ、英国の研究施設です。それらは発見物の年代を紀元前７８００年と推定しました。この推定に基づくと、当時の人々はすでに農業を実施しており、穀物を栽培していた、ということになります。

ルーマニア側の遺跡 Schela Cladovei に関しても研究が為されました。その結果、発見物の年代尺度が得られ、それが文書化されています。それによると、Schela Cladovei の年代は紀元前１１５００年にさかのぼるそうです。旧ユーゴスラビア側の遺跡と比べると年代に４０００年の差がありますが、これは、一つの文明がこの境界すなわちドナウ川を越えるのに非常に長い時間がかかった、という事実を示しています。ルーマニア側の文明の安定性・継続性はまさに驚異的であり、もちろんそれは私たちの伝統に色濃く反映されています」

「もしも紀元前11500年の古代文明の人々が農民であったのなら、それは、彼らが文化的価値を明快に体系付けていたことを意味します。なぜなら、私が知る限り、農業にはリズム・周期および儀式的な行事が関わっていたからです」

「この遺跡の発見により、農業発祥の経緯や場所についての概念そのものが変わってしまいました。学者たち・研究者たちは、それがアジアのどこかからヨーロッパにもたらされた、と考えました。しかし、実のところそれは、8000年〜9000年前、すでにここルーマニアにあったのです。この研究を実施したケンブリッジ大学によれば、紀元前3500年頃に起きた人々の集団移動よりも前の時代、人々はルーマニアで農業をしていました。集団移動が始まるまで、当時ヨーロッパの中心であったルーマニアに留まっていたのです。地図を見れば、この地域すなわちカルパティアとトランシルバニアが、スペインやウラル山脈およびヨーロッパ北限からほぼ等距離に位置していることが分かるでしょう。

ルーマニアはヨーロッパの中心にあるのですが、ブリタニカ百科事典を見ると思わず笑ってしまいます。それを執筆した〝専門家たち〟は、カルパティアは中央ヨーロッパに横たわっている山脈である、と述べているのです。ルーマニアが南東ヨーロッパの国として提示されていて、それがカルパティア地域のほとんどを包含している、という事実を彼らは知らないのです。ヨーロッパの東端はここルーマニアではなくウラル山脈です。従って、ルーマニアが東ヨーロッパに位置している、とは言えません。それゆえ、当時の人々がこの地域を出発し、放射状に旅していったことは明らかです。スペインまでの距離が2900kmであり、ウラル山脈までの距離も2900kmです。しかし、彼らは常に〝塩の道〟を辿りました。〝ルーマニアには塩が豊富にあって、それが地面に露出している〟という事実は、人々の集団移動がルーマニアで始まり、そこから周りの地域に広がってさまざまな民族を形成していったことを裏付けているのです。これについてはすでに話しましたね」

「なぜそれを〝塩の道〟と呼ぶのですか？　私にはその理由が分かりません」

「当時の人々が羊の群れを山から平地に連れ戻したとき、彼らは今日のギリシャに行ったのです」

「それはかなりの長旅ですね。そのように長期の旅をしたのであれば、到着するまでに季節の変化を経験したことでしょう」

「彼らはどこかで冬を過ごしたでしょうが、間違いなくギリシャに辿り着きました。出発の際に塩入りの袋を用意し、それをロバの背に乗せて運んだのです。なぜなら、バルカン山脈の南側には塩が存在しなかったからです。羊たちは、塩なしでは繁殖できずに死んでしまいます。これが〝塩の道〟が切り開かれて数千年もの間存続した理由です」

人口が増え、食糧が不足し、ルーマニアの中心から放射状に集団移動が始まった！

私はセザールに尋ねました。

「分かりました。しかし、なぜ彼らはそのような遠方への旅を決意したのですか？　結局のところ、彼らはヨーロッパの中心地を離れたわけですから――。誰がそんなことを望んだでしょうか？」

「好むと好まざるにかかわらず、それが必要でした。そしてそれは、紀元前3500～3000年の頃にますます顕著になっていきました。彼らは十中八九、移牧のために移動し、より低地の平原を探したものと思われます。間違いなく、すでに人口が過剰になり始め、そのため食糧不足や生活環境の悪化等の問題が生じていました。それゆえ、彼らはそれらの問題を軽減するために集団移動を始めたのです」

「彼らはどのようにこの地を離れたのですか？　自分たちの家を去り、行き当たりばったりの旅に出たのですか？」

「いや、自分たちで決められないときは、非常に単純な方法を使いました。くじを引き、去る者を決めたのです。この状況は詩にさえも詠まれました。それは次のように語っています。〝人の数が多くなりすぎた。自分たちの住む場所で食べ物を確保できなくなった。それゆえ、誰が去るのかをくじ引きで決めた〟。このようにして人々の集団移動が始まったのです。放射状に中心地から離れ、主として〝塩の道〟に沿って移動しました」

「食料が確保できることを、どのようにして知ったのですか？　食べ物の確保できる数量は単純には測れなかったと思います。ある年には食べ物が確保できたが、次の年にはできなかったのでその地を離れた。次の移動場所には食べ物があったが、翌年には得られなかった。恐らくこのようにはいかなかったでしょう」

「それは真実から大きく外れていませんが、何にしても彼らは、自分たちの生活状態が悪化していることを実感し始めました。生活水準が下がって、ますます多くの問題が生じたのです。そして彼らは、その原因が人口過剰にあると気づきました。それゆえ彼らは離散し始めたのです。時間が経つにつれて、これが文化・人口・言語の大きな変化・変容に繋がりました。ヨーロッパの中心にあった故国を離れたことにより、彼らは自分たちの原初の源との繋がりを失ってしまったのです。原初からの数千年間、人々はこの地で結束し、まとまって生活していましたが、どういうわけか、その状態から四分五裂してしまいました。当然のことながら、原初の言葉がさまざまな方言に分かれて大きく変化しました。これがヨーロッパの多くの地域で起きたのですが、それは気候や地形・地勢および各々の地域におけるある種の振動特性に関係していました。

これらに加えねばならない要素がもう一つあります。それは移動ごとに異なる集団移動の時期です。恐らくこれが決定的に重要であり、それによって、ギリシャ語・ケルト語・ラテン語・北部方言等が生まれた理由が明らかになります。これらの要素すべてが言語の変化・変容に重大な影響を及ぼしました。出発後は、自分たちの故国との繋がりを維持することが不可能になったのですが、これによって多言語化のプロセスがさらに一層促進されたのです」

私はセザールに言いました。

「しかし、人々はすべて同時に故国を離れたのではないでしょう。私が知る限り、それは圧倒的な数の人々の移動であり、長い期間に基づく一連の過程として行われた、と考えられます」

「もちろん人々は、第一波・第二波のような継続的な集団の波として、それぞれ異なる時期に故国を離れていきました。これによって人々はさらに区別され、それぞれが特徴を持ったいくつかの共同体に分かれていったのです。たとえ共通の基盤を持っていても、人々は互いに違っていて、その違いが言葉にも影響を与えました。

その最たる例はアメリカ英語に対するイギリス英語です。今から400年前にイギリスからアメリカへの集団移動がありました。これらの言葉の間に違いがあることが、あなたには分かるでしょう。アクセント、言い回し、単語、そして方言さえも異なるのです。また、今私たちが話しているのは数百年という期間ですが、アメリカに移った人々と彼らの故国イギリスとの間のこの期間におけるコミュニケーションは絶えず続いていた、ということに留意してください。この点が重要なのです」

私は自分なりの意見を述べました。

「しかし、この場合は事情が異なります。なぜなら、アメリカ人はイギリス人の追随者ではないからです。アメリカは地球上で最も人種の入り交じった国です。公用語である英語だけが彼らをイギリスと結びつけています。アメリカが当初イギリスの植民地だったからです。しかし、それは単に約束事にすぎず、英語はアメリカ国民の言語ではありません」

「それは本当のことですが、私はただ、故国を去った人々と彼らの故国の間のコミュニケーションに言及したかったのです。実のところ、古代、人々の集団移動が始まったとき、このようなコミュニケーションはありませんでした。中心地からの離脱はある種の断絶と言えるものであり、これが為されたとき、言語・知識・習慣等について避けられない結果になったのですが、これがその理由です。あなたが故郷を遠く離れてしまえば、もはや同じ言葉を保つことは重要ではありません。それゆえ、言葉は生活環境や必要性に応じて変化するのです。

しかし、たとえそうであっても、ルーマニア語はあらゆるところで話されました。なぜなら、それは他のすべての後発言語の基盤として機能したからです。それは方言としても使われましたが、それぞれの地域の言葉と一致する特性を持っていたため、人々は互いに連絡を取り合うことができたのです。単語に共通の基盤があり、それによってコミュニケーションの円滑さが確保されました。この状況は、人々が公用語を取り入れ始めるまで続きました。すでに話したように、それはルーマニア語から作り出されたものでしたが――。たとえばフランスのオクシタニア地方にはフランス語を話さない高齢者たちが住んでいて、彼らは変形されたルーマニア語を話します。英国では、既存の言葉に類似した言語が強要されました。言葉に個性を付与するため発音は変えられていますが、書き言葉の形式はルーマニア語に近いのです。同様なやり方で、このようなことがルーマニア以外のすべての地域で為されました。ここルーマニアでは、原語である母語が話されており、方言がなくてもそれだけで充分間に合うのです。

また、これらの地域では、人工的に作られた言語が学校で強要されました。これは、あるところでは成功しましたが、あなたも知っての通り、他の場所ではうまくいきませんでした。このような言語の機能不全は、独自の基盤なしで元の言語を変えようと試みたことに起因します。ルーマニア農民の言葉に最も近いのは、〝神の言葉〟と言われているサンスクリット語です。サンスクリット語にはルーマニア語の単語がたくさん入っており、そのうちのいくつかは全く同一です。この点は地名学においても見受けられます。例を挙げると、サンスクリット語で〝神〟を意味するDevaという言葉がありますし、東洋の伝統においてKaliとKalとして知られているCălimani, CălimăneştiおよびこれらからX派生した多くの言葉があります。KaliとKalはそれぞれヒンドゥー教の女神および時の神のことです（※1）。

スレアヌ大山塊における発見は、この視点から考えると全くの驚きです。なぜならそれは、この地域において霊性と伝統に立脚して実際に起きたことを示しているからです。Cronos, Kala, Crăciunは、すべてこの地域の霊的伝統に基づいて登場する同一の〝役柄〟を表します（※2）。

ここルーマニアはそれらの発祥の地であり、後年それらはインドに至りました。その逆ではありません。考古学的証拠および〝出来事が起きた期間〟という観点から考えると、その逆はあり得ないのです」

私はセザールに尋ねました。

「そのような証拠は博物館に展示されていないのでしょうか？　それらの証拠は非常にた

※1　DevaとCălimăneştiはルーマニアの町の名前であり、Călimaniはルーマニアの国立公園の名。
※2　Crăciunという言葉はルーマニア語でクリスマスを意味する。

くさんあります」

「ここルーマニアで古い時代の文明が数多く発見されました。それらのうちのいくつかは最古のものであり、世界の科学界を困惑させています。しかし誰もが〝そのようなものは存在しない〟と偽りの主張をしています。その例の一つは、東部ルーマニアCucuteni発祥の有名な古代文明です」

「それはいつの年代のものですか？」

「考古学者たちによれば、紀元前3500年頃です。その文明の年代を正確に特定することはできません。なぜなら、それらの文明にはさまざまの継続的な段階があり、概算で数百年という期間の間に存在したからです。しかしそれにもかかわらず、それらの年代に関するはっきりした見解があります。Cucuteniの古代文明遺跡で、数万におよぶ像と陶器の破片が発見されました。この文明の年代は紀元前7000年頃である、と私は思います。また、Tărtăriaでも古代文明の遺跡が発見されました。それもスレアヌ大山塊に近い場所です。これについては、議論の余地があると考える考古学者もいます。文字が刻まれている粘土板がそこで発見されたのですが、その年代を正確に特定することができないのです。しかし、その文字の刻印は、シュメール発祥と言われている文書よりも2000年ほど古いのです。もしもそうであれば、Tărtăria古代文明の年代は紀元前5700年〜5500

年頃になります。

また、他にも、数多くの決定的な証拠品やそれらの断片を網羅する古代文明の遺跡がたくさん発見されました。それゆえ考古学者たちは、ルーマニアで発見された像の数や新石器時代の考古学的証拠をすべて把握することができなかったのです。何袋もの考古学上の発見物が投げ捨てられました。あまりにも発見物が多すぎたため、それらの目録を作成できる人間が誰もいなかったからです。もしもドイツで骨や陶器のかけらが見つかれば、それらは即刻磨かれて博物館に展示されるでしょう。ここルーマニアでは、発見物を収納する手段がないのは言うまでもなく、それらの記録を取る人間さえもいません。考古学上の遺物が豊富に存在するという事実から、同じ考え、すなわち〝ここルーマニアが中心であり後続の文明の起源であった〟という見解が立証されるのです。もちろん、他の場所でも発見は為されましたが、最古の文明はここカルパティアードナウ地域に存在したのです」

私はセザールに言いました。

「人々の集団移動の話に戻ります。彼らはインドに至りましたが、これはほとんどの人々が集団移動先として目指した方向です。これは奇妙ですね」

「東方への集団移動は一種独特です。それは古代アーリア人やシュメール・ヒンドゥーの文明に関わっています。一部の人々は5000km以上の距離を移動しましたが、それは徐々に行われました。秘伝によれば、東方インドへの移動は実際には集団移動ではなく霊性に基づく活動であり、それは完遂されねばなりませんでした。つまり、霊性活動の中心をここルーマニアからインドに移すことが必要だったのです」

「なぜですか？」

「あの当時、蛮族がルーマニア地域の征服・占領をもくろんでいましたので、霊的な伝統を護(まも)るために、その中心の地をより安全な場所に移す必要があったのです」

「それでもなお、文明の痕跡や今日東方の発祥と思われている非常に多くの神々に由来する名前が残っています」

「すべての主たる神々が居合わせています。とりわけ地名学に彼らの名前が認められます。たとえ数十万年の時が過ぎようとも、これらの神々、Deva – Deva; Iaşi – Işa; Călimani – Kali, Kala; Mangalia – Mangala; Şiva – Şiva、は今もなおここルーマニアに存在しています。あの驚くべき発見が為された大山塊の名前Şureanu（スレアヌ）にさえ重要な意味があるのですが、この名前はsが和らげられてşになるまではSureanuでした。さらに言えば、接尾辞eanuは後年加えられたものです。以前それはSurea（スレア山）でした。これは直近の千年紀に特有の出来事です。その語源はSuriaであり、iをそれよりも弱く発音しやすい母音であるeに変えることによりSureaになりました。東洋の伝統において

Suryaは太陽神であり、生命・熱・豊穣を与えるだけでなく、霊性の不滅を象徴する至高の光と考えられました。もしも〝当時の人々は金の山であるものを発見していた〟そして〝金はほとんどあらゆるところで太陽の象徴とみなされている〟と考えるならば、この地域に住んでいた古代の人々の霊性および神秘学の知識のレベルを、すぐさま知ることができます。

いずれにせよ彼らは、あれがどんな山であり、その内部に何があるのかを知っていたので、その中身を明快に象徴するものとして、このような名前を付けたのです。時が経つにつれて、人々はこの隠された意味を忘れてしまいました。それを理解していたごくごく少数の人々も次第に姿を消していきました。伝説さえも残りませんでした。極めて重大なこととして秘匿されたため、多くの人々が関わる出来事は何も起こらず、その情報が一般大衆に伝えられることは皆無だったのです。極秘と考えられていた知識――それは十中八九、最後の祭司と共に消え去ったと思われます。名前だけが残り、それは今でもあるのですが、もはや人々はその真の意味を理解していません」

私は苦々しげに言いました。

「ここルーマニアにはあらゆるものがあるのですが、何一つとして私たちの手には届かないのですね」

「その通りです。周囲の事情・状況およびごまかしによって、そのようになってしまいました。すべてはここルーマニアで始まったのですが、学者たち・研究者たちは、ルーマニア以外のどこか他の場所からもたらされた、と言っています。農業がルーマニアで始まったことは立証済みです。しかし彼らによれば、極東地域からもたらされたことになります。冶金もここルーマニアで始められましたが、彼らは、トルコのアンタルヤが発祥の地であると言っています」

私はセザールの注意を引くために言いました。

「冶金に関しては、これまで話がありませんでしたね」

「最古の金属加熱炉がカルパティア地域のCămpeniで見つかりました。その年代は紀元前4000年頃です。それを発見した考古学者たちは、それをロンドンの大英博物館に持って行ったのですが、博物館員は、冶金発祥の地はアンタルヤであると言い張りました。ルーマニアには金属鉱床が豊富にあるので私たちは冶金の方法を詳しく知っていますが、英国は金属鉱床に恵まれていません。それにもかかわらず、彼らは冶金に関することを私たちに教え、さらに結論を出そうとします。これは極めておかしな事態です。

ここルーマニアでは、古代文明の像が実質的にすべての種類見つかっていますが、他の地域で見つかったのは神像一種類だけです。ヒンドゥー教の聖典ヴェーダには一つだけでなく多くの神々が登場します。それらの遺物がここルーマニアの私たちの居住地で見つかっています。それらは借り物ではあり得ません。それを持ってきて私たちに貸すような人は誰もいません。それだけではないのです。私たちは他の地域に言葉や語族を与えました。しかし、ルーマニア語のすべての単語は別の言語に由来する、と主張されてしまうのです。これはここルーマニアは、人々が東方やヨーロッパへ集団移動した際の起点の地でした。これは科学的に立証されています。しかし、学者たちや研究者たちは、私たちルーマニア民族は東方からヨーロッパへ移り住んだ種族である、と主張しています。これは価値基準の全面的な逆転であり、私たちが住んでいるカルパティア地域に関する間違った認識を作り出すために、彼らは必死でその確立と維持を追求しているのです。状況が最良であっても、私たちは完全に無視されてしまうのです」

私は急に怒りが込み上げてくるのを感じました。

「それは実にひどい話です。しかし、ルーマニア国民が本当のことを立証するために精一杯努力しているとは思えません。まるで、そのような連中が私たちの頭に一撃をくらわせて私たちすべてを白痴にしてしまったかのように、無気力が私たちルーマニア人を支配しています」

「今から数百年前まで、信念・強烈なルーマニア魂および威厳を持った指導者の時代までは、このような状況ではありませんでした。しかしその直後、支配層と農民たちの間に断絶が生じたのです。その当時の農民は白色の衣服に身を包み、清潔好きで公平でした。祝賀の際に彼らが纏（まと）う衣服は、私たちの〝現代的な〟衣服が恥ずかしく思えるほど素晴らしいものでした。

しかし支配層は、農民たちが愚か者で教養がなく仕事にのみ適している、と考え始めたのです。農民たちは、取るに足らない人間として働かされました。彼らにはそれを阻止するためのパワーがありませんでしたが、あえて支配層に対して蜂起したとき、それは流血の末に鎮圧されて幕を閉じたのです。支配層と農民の間に亀裂が生じた後、事態が元に戻ることは決してありませんでした。この抑圧により、農民たちは当初持っていた気力やパワーを失ってしまいましたが、彼らの拠り所である祖先伝来の農民精神はいまもなお生きています。それは原初からの伝統として、私たちの内に深く刻み込まれているのです」

私はそれとなく言いました。

「それは、潜在状態から目覚めさせてくれるのを待っている、と思われます」

私の意見に同意してセザールが言いました。

「その通り。それはある種の覚醒を必要としています。自分の態度を明確にして指導力を発揮することが必要なのです。これはどの国にも言えることですが、私たちの国ルーマニアには、より大きな責任が課せられていると思います。なぜなら、ここはかつて中心の役割を果たしていたからであり、循環性の法則に従って必ずや再浮上するからです」

地面・天井・側壁・地下通路すべてが純金でできたこの空間で誰が何をしていたのか⁉　ついに核心に迫る‼

私はモニターに映し出された写真を見つつ、しばらくの間考え込みました。たとえ山の内部で発見されたのがあの場所だけであったとしても、それは〝ルーマニアが世界における霊性活動の中心地である〟という見解の正しさを証明するのに充分だったことでしょう。それはどのような世俗的な豊かささをも凌駕（りょうが）します。物質的豊かさの思いもよらぬほどの蓄積は、ひときわ優れた霊的豊かさに置き換えられ、明らかにこの地域における霊性の顕現を後押ししたのです。私が黙ったまま写真を眺めているのを見て、セザールがさらに説明してくれました。

「まさに想像を絶するほどのものが、ここルーマニアにあるのです。それゆえ、たとえ困難であっても、あの入り口を見つけるために、私たちはできる限りのことをすべてしたのですが、すでに話したように、他の理由が優先されてしまったのです。コンスタンティン教授によれば、自分の周りのすべて――地面・天井・側壁――が純金であり、自分自身がそこに立っているのが分かったとき、彼は並外れた純粋性、ある種の繊細さ、そして神聖ささえも感じたそうです。彼は、自分の心に押し寄せてくる強烈な感情をよりよく説明する言葉を見つけることができませんでした。またその際、空気がどんよりと濃くなったのですが、それにもかかわらず、呼吸困難は感じませんでした。彼は円熟していて勇気も持ち合わせており、充分な経験を積んだ人間なのですが、それでもなお彼は精神的に圧倒されてしまったのです。彼はある種の〝超自然的な切迫さ〟をあの場所で知覚し、それによって、そこのたぐいまれな重要性を直感的に理解しました。それが彼を身震いさせ、〝戻りたい〟という気持ちにさせたのです。彼はまた、彼と一緒に来た少年のことを考えました。その少年は恐怖のため、顔は蒼白で声も出せない状態だったのです。そのとき、水のような反射を伴う青い光が１００ｍほど前方に現れ、それがさらに彼の好奇心をそそりました。それゆえ、彼は探索を続行することに決めたのです。しかし、彼らがさらに前進すると、非常に奇妙な現象が起きました。青い光がさらに一層強烈になり、歩くのが困難になったのです。コンスタンティン教授の話では、あたかも空気の濃度が増したかのような不思議な感情に襲われたそうです」

私はセザールに尋ねました。

「コンスタンティン教授は何らかの生理的な影響を感じたのでしょうか？」

「それについて彼は何も言わなかったのですが、その後呼吸が正常になったので、彼は少年と共に前に進みました。それゆえ、そのような影響はなかったと思われます。地面はある程度でこぼこしていましたが、すべて金で覆われていました。金の層の厚さは分からなかったものの、極めて厚い層であると感じたようです。ある時点で、青い光の強度が増したため、コンスタンティン教授は、通路の構造についてさらなる気付きを得ました。彼の観察によると、さほど明確ではなかったものの、アーチ形状の通路は高く壮大なままさらに60~70m続いていました。しかしその後、両側の壁の上に巨大な厚板のような高さのある構造物が認められたのです。それらは何らかの方法で通路の壁から切り出されたように見えました。彼の話では、それが通路の終点を告げる最初の兆しでした」

セザールの説明を聴いていたとき、私もまた言いようのない感情に襲われました。彼の話は、あの場所で撮られた写真と相まって私の内に特別な過敏状態を生み出し、私をワクワクさせたのです。それは繊細な感情に基づく精神状態であり、それがさらに一層、あの一連の出来事に私自身を近づけました。あの場所に行った二人の人間の失踪も、不可解な出来事でした。セザールはその原因については何も言いませんでしたが、物事が少しずつ明確になるようにして、あの一連の事件の展開を私が理解できるようにしてくれたのです。あのときに一体何が起きたのかがすぐに分かったのですが、それは全くの驚きでした。コンスタンティン教授と少年は、どんどん光度が増す強烈な青い光の助けによって、ためらいながらも、さらに前に進んだようです。

すべては黄金！　7つの王座と平行六面体形状のテーブルは何のためか⁉

もはや懐中電灯は必要ありませんでした。通路全体が、魅惑的で水のように見える光に照らされて、想像を絶するほど美しく光り輝いていたのです。彼は陳述の中のその部分を特に強調しており、非常に感動したということで話を終えています。そのような輝きが教授と少年の超自然的な知覚能力に驚異的な影響を及ぼしたようですが、それについては推測しかできませんでした。コンスタンティン教授は、「さらに一層はっきりと見ることができた通路の最後の部分では天井がドームのように大きく広がる上向きのアーチになっていた」と明確に述べました。彼はその高さを3〜3・5mあるいはそれよりもさらに高かった、と推測しました。

また、コンスタンティン教授は、それまではっきりと見ることができなかった構造の謎も解明してくれました。通路の終点の巨大な壁から約20〜25m離れた場所の両側に、王座のような3つの肘掛け椅子があり、中心にある平行六面体形状のテーブルを囲んでいました。6つの王座は重厚な黄金で造られていて、床に埋め込まれているようでした。それらは綺麗に仕上げられており、よく磨かれていて、高さ2mにも及ぶ背もたれが付いていました。基本的にそれらには足がなく、アルファベットの〝L〟の形に酷似していました。座部は極めて厚くできており、1mほどの高さがありました。非常に人目を引く重厚な造形で、雑な印象は全くありませんでした。外形は簡素であるものの、完璧な均整がとれるように注意深く作られていたのです。

6つの王座はすべて同一であり、通路の左側に3つ、右側に3つ、完全に向かい合うように対称に置かれていました。それらと側壁の間には、おおよそ1・5~2mの距離が保たれていました。両側の王座の中央に、テーブルらしきものがありました。実のところ、それはどっしりした黄金の平行六面体であり、多分テーブルとして機能したのでしょう。その側面は王座の側面と完全に一直線上に位置するようになっていました。またそれは、王座肘掛けの上部と同じ高さで、左側の王座と右側の王座の間の距離に等しい長さになるように造形されていました。

これら全体は完全に左右対称であり、通路の終点にある七番目の王座によって完結するようになっていました。それは他の王座よりも大きく、ある意味で〝会合〟の中心的な位置を占めていました。通路の終点で、テーブルの長い側面に面するように置かれ、通路を通って来る人に向かい合うようになっていました。その座部は他の王座の座部と似ていましたが、背もたれはもっと高く、コンスタンティン教授が明確に述べたように、ほぼ3mに達していました。さらにその座部は他の王座と異なる形状をしていました。平行六面体ではなく切頂された円錐であり、より面積の広い底面が上側になっていました。これらが全体として醸し出す重厚さと簡素さは、まさに驚嘆に値するものであり、敬意と厳粛さを伴う完全なる調和に基づいていました。セザールが認めたように、これらの全体は6人の人間のための〝会議場〟であり、それ以外のものではあり得ません。おそらく7番目の人間は霊性面で卓越した権威者であり、6人は、その権威者によって統括される祭司のグループなのでしょう。

大きなパネルに何千もの未知の文字と記号が刻み込まれていた⁉

しかしながら、真に教授を驚愕させたのは、通路壁から切り出された大きく厚い板の集合体でした。その全体を遠くから見た教授は、それらが厚板であると判断したのです。実のところ、それらは平行六面体形状のパネル（羽目板）であり、通路の両側の3つの王座各々の背後に対称的に位置していました。事実、それらは直接通路の壁から彫り出されていたのです。浮き彫りのように少しだけ表面に現れる大きなパネルで、6つの王座よりも高い位置にあり、ちょうど7番目の王座の背もたれと同じ高さになっていました。完璧に仕上げられたそれらの表面には、何千もの未知の文字と記号が刻み込まれていました。これらの文字や記号は非常に明瞭かつ整然と彫られていて、約10㎝幅の縁の部分を除き、ほとんど厚板全体を覆い尽くしていました。コンスタンティン教授の話では、刻み込まれた文字・記号はある種の文書を表していました。彼は通路の初めの部分の地面に造形された小さな壇の近くでも文書らしきものを見ましたが、通路の終点で見たこれらの文字・記号とは違っていました。

セザールは、ゼロ局が権威ある国際的学術組織と協調してこの問題の解明に取り組んできたこと、および、それがこの文書らしきものを調査分析したことを話してくれました。彼の説明によると、調査分析の結果、この文書が全く未知のものであることが分かったそうです。さらに、特別のグラフ分析をしたところ、パネル上の文書は、それ以前に教授が発見した未知の文書よりも、年代的に古いそうです。それらの文字・記号やその連続・構成を見ると、文書作成者が非常に高いレベルの書き言葉の知識を持っていたことが分かります。記号の横列は互いに完全に平行であり、大体において、それらの高さは厚板全体にわたって同じでした。数千の記号・文字をこれらの厚板に彫り込むために、並外れた骨折りが為されているのですが、とりわけそれらの厚板がすべて通路壁の一枚板から成っているため、それがどのようにして達成されたのかは、まだ誰も分かっていません。しかし、〝その文書があの場所の歴史やそれが真に意味するものを説明している〟あるいは〝各々の王座の占有者に言及してその人間に関わる特定の情報を与えてくれる〟、このような可能性がかなりあると思われます。

その大会議場の主役は七番目の厚板パネルであり、それは他のパネルよりも大きく、通路の終点で主席祭司の王座の背後の壁を飾っていました。教授が撮った写真の一枚にしか写っていませんでしたが、教授が述べていた通り、その厚板パネルは極めて大きく、高さ10〜12m、幅約4mで、その底面は地面からある程度高い位置にありました。長い側面がドームの高さのほぼ四分の三を占めているその巨大パネルは、威厳をもってドーム全体を支配していました。その厚板パネルは他の6つの厚板パネルと同じ単純な構想に基づいて造られていましたが、それらよりもずっと大きく、さらに一層強烈な印象を与えていました。しかし、それには文書が刻まれておらず、非常に大きな太陽の円盤だけがあり、それからたくさんの光線が長方形の縁に向かって放たれていました。疑いなくその表現は、そこにあるものにとって絶対不可欠なシンボルであり壮大なものでした。それは、それ自身が持つエネルギーと壮麗さに基づき、主席祭司の王座の上から会議場全体を見下ろしていました。

教授が撮った困惑させるような写真から見る限り、それが与える印象は、周りの黄金の輝きと相まった魅惑的な青い光によってさらに増幅されていたように思います。写真からその光源を見分けることは不可能ですが、その光が主席祭司の王座の背後の地面からもたらされていることは確かでした。それは人目を引くような重厚さによって部分的に隠されていましたので、会議場全体における影響としてのみ現れていたのです。

南極に出現した宇宙ブイは、この黄金の場所に信号を送っていた⁉

セザールが言いました。

「そのときそこで、すべてを混乱させた出来事が始まりました。あれから何年も過ぎた今でさえ、あの当時、我々が為したこと以外のことは分かっていません。その会議場ドームは、教授と少年の探索調査の終点であり、おそらくそこである種の時空の変換が生じたのです。それは私たちの通常の理解をはるかに超える方法で成就しました。それがなぜどのように起きたのかは、まだ誰にも理解されていません。

唯一考えられることは、南極における出来事との繋がりです。なぜなら、南極の米軍基地の近くに出現した宇宙ブイ（浮標）はこの場所に信号を送っていたからです。しかし、この事実から一体何が分かるでしょうか？　それは宇宙における結び目のようなものであり、木星の衛星であるエウロパに由来する何かと結びついています。この惑星は、おそらくこれらすべてと繋がっているのですが、それが何なのかは誰も知りません。もっとも私たちには明確な物的証拠——⑴宇宙ブイ、⑵信号、⑶スレアヌ大山塊のこの場所、⑷アラスカ、⑸エウロパからの投射——があるので、答えがあることは確かなのですが、なぜそれらがすべて揃ったのか、それらの間の関係や関わり合いは一体何なのか、これは今でも大いなる謎です。

とにかくそれは、宇宙エネルギー・霊性のエネルギー双方にとって、桁外れのエネルギーの焦点になっているようです。霊性面で非常に高度な進化を遂げた存在たちが、ここスレアヌ大山塊に来たこと、そして、彼らが何か大きな決定をしたことは充分にあり得ることなのです。私たちは、厚板パネルに書かれている文書の起源さえも知りません。それが極めて古いことは間違いないのですが、一体どれほど古いのでしょうか？　私はブセギ山脈地下のタイム・トラベル装置を使ってその点を調べようとしたのですが、容易ならぬ障壁にぶつかったためできませんでした。事実上、私たちはまだ何一つ理解できていないのです」

教授は別の宇宙を見た！　あたかも宇宙船の丸窓から見るごとくに！　そこにあった惑星とは⁉

私が見聞きしたすべては、まさに驚愕に値することでした。セザールはコンスタンティン教授が撮った最後の写真を見せてくれました。それは、主席祭司の王座の右裏側から撮影したものです。それが写しているものは地面の高さにある楕円形の空間であり、その縁に位置する低い壁で囲まれていました。教授によると、その長径は約２ｍで短径は約１・５ｍでした。

セザールが言いました。

「そこにあったものは、たとえ偏見のない心でも受け入れがたいものです。教授によると、彼がそこに近づいて見下ろしたとき、彼は自分の意識が失われるように感じたのです。事実、彼は数秒間気を失って倒れたのですが、その後すぐに意識を取り戻しました」

私は我慢できなくなってセザールに聞きました。

「彼は何を見たのですか？　一体何が起きたのですか？」

写真からは、そこにあったものを見分けることができませんでした。なぜなら、それは離れた位置から地面に対し小さな角度で撮られていたからです。照明もそれほど良好ではありませんでした。しかし、内に輝きのある非常に暗い何かが写っていたことは確かです。

　セザールが説明してくれました。

「教授がその空間を見つめたとき、彼には別の宇宙が見えたのです。あたかも、宇宙船の丸窓から周りの宇宙空間を見たかのようでした。彼には漆黒の宇宙空間と星々の輝きが見えたのです。実際には丸窓は存在しなかったので、その点は異なります。楕円空間の縁に近いあたりに、大きな惑星があることに気付きました。それには起伏があり、それは宇宙空間から地球を見たときに見えるものと似ていました。その惑星の大きさを月から見た地球の大きさと相対的に比較したところ、違いはその惑星の色にありました。それは異なる色合いの黄色とオレンジ色が青色に混じったものでした」

　私は驚いて言いました。

「しかし〝教授は気を失った〟とあなたは言いましたね」

「コンスタンティン教授は、最初のイメージを見た直後に失神した、と言いました。それはほんの数秒間だったと彼は推測しました。教授が我に返ったとき、同伴の少年が楕円空間の縁に立っているのが見えました。あたかも催眠術をかけられたかのように、彼は下を向いてその惑星を見ていたのです。そのとき、輝くじょうご状のものがその惑星上に現れ、彼らが立っている場所に向かって上ってくるのが見えました。教授は恐れおののき、思わず後ろに下がりました。

次に起きたことは、彼にもはっきりとは認識できませんでした。起きたことのすべてを記憶しているかどうかも、確かでなかったのです。彼が覚えているのは、光の強度が増して白色になり、ある時点で楕円の面が強く輝き始めたことだけでした。そして、少年が楕円の縁をまたいだとき、下に向かって姿を消したのが見えました。その直後、明るさの強度が下がったので、教授は楕円空間の縁に近寄りました。すると、じょうご状のものがあの美しい惑星に向かって後退していくのが見え、その周りの宇宙が再び静けさを取り戻したのです」

時空の歪み⁉ 関係者はなぜか姿を消し、その他の人も事故で死んでしまった！

私はその後に起きたことを知りたくなり、セザールに尋ねました。

「教授はどのくらい長い時間、そのような状態のままだったのですか？　彼は一体何をしたのですか？」

「確かなことは彼にも分かっていません。彼によると、ある時点で惑星から彼に向かって上がってくる光の渦（輝くじょうご状のもの）が再び見えたので、彼は恐怖感を抱き、出口に向かって走って戻りました。遺跡発掘現場の外に出ると、彼は最後の力を振り絞って村の駐在所に駆け込み、ブカレストにいる彼と繋がりのある人間に電話するように依頼したのです。その人間はルーマニア諜報部の所属で、遺跡の発掘の監督と発見物の管轄を担当していました。すると教授は、その場所に留まり、彼が見たことについて誰にも話さないように、と言われたのです。ルーマニア諜報部のエージェント3人がその夜の間に遺跡発掘現場に到着しました。彼らが非常に懐疑的だったので、教授は彼らをあの場所に連れて行きました。そのときに何が起きたのかは不明ですが、3人のうちの一人が少年と同様に姿を消してしまったのです。

遺跡の入り口が閉鎖される前の最後の状況を、教授は私に綿密に説明してくれました。すでにそのとき、教授からの要請に応じてルーマニア諜報部のエージェントがブカレストから遺跡に向かう、という電話情報が私に届いていたので、私はテープに録音された教授の陳述を大急ぎで転写し、まとめねばなりませんでした。詳しいけれども不完全であるという情報よりも、表面的ではあっても全体的な説明の方が私には望ましかったのです。事態が沈静化し、より一層詳細な話を教授からあらためて聞く機会が得られることを私は願っていました。また、この事件に関してSNDC（最高国防評議会）がどんな決定をするのか、この点は私にも分かりませんでした。これがあのときの状況だったのです。事態が全く分からないままで終わった、ということではないのです。これは良かったと思います。

二人のエージェントと教授は遺跡の外に出ました。そして、その場所の情報を漏らす可能性のある人間との接触を避けるために、彼らはその夜中ずっと入り口の所に留まったのです。翌日、彼らはブカレストの本部に連絡を取りました。その結果、特別の代表者が即刻やって来たのですが、彼も非常に困惑してしまい、どうすれば良いのか分からなかったのです。結局のところ、入り口の閉鎖が命じられました。すでに私が述べたように、あの決定で良かったのではないかと思います」

「おそらく彼らは、さらに充分な準備をブカレストで整え、より的確な指令を携えて遺跡の現場に戻るつもりだったのでしょう。入り口の場所は覚えていたでしょうから――」

「そうですね。それが彼らの考えだったと思われますが、遺憾ながら彼らは、自分たち全員が死ぬような事故を予見できなかったのです」

「まるで運命が自己防衛したようですね」

「エージェントたちは、入り口の閉鎖の手助けだけをコンクリートミキサーの運転手に指示したのですが、彼らが最後に会議場ドームに行ったとき、おそらく運転手はその指示を聞かなかったのでしょう。好奇心のあまり、彼もエージェントたちの後について行ってしまったのです。彼らは運転手の絶叫を聞いて危険を知らされました。運転手は懐中電灯を持って遺跡に入ったのですが、すべてが金から成る地層を見て激しいショックを受け、そのときから正気を失ってしまったのです。

エージェントたちは急いで外に出て、自分たちだけでコンクリートを用意しました。そして、遺跡に至る道路の入り口の警備を村の警官二人に依頼しました。しかし、彼らがそこからさらに遺跡に近づくことは許さなかったのです。教授の話では、警官たちは遺跡から３００～４００ｍ離れた場所に留まりました。そしてその夜、彼らは教授を駐在所に残して車でブカレストに向かい、その途中で事故に遭いました。以上があのとき起きたことのすべてです」

セザールはそう言って一息つきました。時計を見たところ、ほとんど午前2時になろうとしていました。あたかも海が静まりかえったように、私の心も穏やかで落ち着いていました。生涯忘れられないほどの素晴らしいときを過ごさせてくれたことを、私は心からセザールに感謝しました。私は深い感銘を受け、セザールが説明してくれたあの一連の事件の物語が、自分の心の琴線に触れたことを実感しました。先祖から受け継がれてきたルーマニア民族の謎、および、スレアヌ山脈における発見との繋がりについて、沈思黙考する必要があることを、私の魂は深く感じていました。私たちの魂は、測定不可能なほど遠い距離にある宇宙から、一体どのような見えざる影響を受けているのでしょうか？

私は誰もいない中庭を歩いてみました。周りの山からの冷たい空気が、私のほてった顔を冷やし、森から聞こえてくる音が想像力の世界に私をいざないました。あたかも未知で深遠なこれらの世界の記憶を呼び覚ますかのように、山のささやき声が静かに夜空に響いています。私は星々が神秘的な光を放っている夜空を見上げ、忘れ去られたすべての始まりおよび聖なる世界への郷愁を心の底から感じました。

訳者あとがき

金原博昭

皆さんがたった今読み終えたこの本は、トランシルバニア・シリーズの第4巻であり、2020年春から約2年間にわたって月刊情報誌『ザ・フナイ』に連載されました。

第一章の主題はリモート・ビューイングです。これについて是非ともお話ししておきたいのは、故赤松瞳氏のことです。赤松氏は、脳／認知学者・心理学者でしたが、催眠療法士・医療技術者・認知症改善療法士の資格も取得していて、アメリカ・イギリスの大学等の研究機関でリモート・ビューアー（遠隔透視能力者）としても活躍されていました。2年ほど前に天に還られましたが、この第一章が『ザ・フナイ』に連載されていたときは、まだ現役で仕事に献身されていました。リモート・ビューイングについて、赤松氏は次のように説明しています。

リモート・ビューイングとは、時間と空間を超えて、遠方にある人、場所、物などの情報を収集する能力のことです。日本ではリモート・ビューイングは超能力だと思われてい

ますが、欧米では科学的に解明されたプロトコル（手順）があり、訓練を受ければ誰でもある程度習得可能な能力と言われています。もともとはアメリカのCIA（中央情報局）がスタンフォード大学研究所をスポンサーとして、遠隔透視のメカニズムを科学的に解明しました。国や文化によってこの現象の定義は異なりますが、サイエンスではブレインダイレクトビジョン（直接脳視力—脳が目を通さずに直接外界の世界を見る能力）などとも呼ばれていますし、原住民たちの間ではウインドウ（窓・扉）とも呼ばれていて、そのウインドウを通して時空間を超えて遠方にある人や物を見ます。

リモート・ビューイングにおける主役は意識です。セザールもこの点に言及し、2023年1月に出版された『エジプトの謎：第一のトンネル』の中で、ラドウに次のように話しています。

ほとんどの人々は知らないのですが、執筆されて出版された本の各々は、不可視の領域に微かに投影されているので、本は読まれる必要がないのです。単に、その微かに投影された情報にテレパシー的にアクセスして、ほとんど瞬間的にそれを蓄積すればよいのです。

赤松氏も次のように話していますが、その内容はセザールが言ったことと実質的に同じです。

障害者や自閉症など難しい問題を抱えているお子様たちをサポートするためにはどうし

たらいいのかと考えていたときに、ロシアやウクライナで、全盲で生まれてきた子どもたちや視力を失った子どもたちに、目以外の感覚を使って新たな視力をつけることを教えていることを知りました。その子たちは、目を閉じたまま、本を開かなくても遠く離れたところにある本を1冊読めてしまいます。その子たちは、目を閉じて暗闇になったときに現れるスクリーンを使用しているのです。そのスクリーンに本を映すと、本の表紙が見え、本の1ページ1ページをあたかも目を閉じて読むかのように、一字一句間違わずに音読することができました。

私はそれを見て、ロシアの教育システムに関心を持ち、ロシア科学アカデミーで学ぶことにしました。そこではいろんなデモンストレーションを見せられたのですが、彼らはカバンの中に入っている本を（本を取り出さないで）読み上げてみせてくれたり、体内透視といって、レントゲン写真のように体の中が透けて見える能力も持っていました。これはすごいと思い、私もトレーニングを受けてそれらの方法を教える資格を取得しました。

ところで、マイケル・タルボット氏の著作『投影された宇宙：ホログラフィック・ユニヴァースへの招待』（春秋社）の中で、アインシュタインの弟子、デイヴィッド・ボームと神経心理学の名著『脳の言語』の著者であるカール・プリグラムは、〝私たちの世界はすべて時空を超越したレベルからの投影である〟と言っています。これは一般的には極めて驚異的な宇宙観であると思われますが、実のところ、赤松氏も同様のことを述べているのです。

私たちは通常、自分で作り上げた意識のホログラムの中に生きています。そういう意味では幻想の中に生きているのです。

赤松氏は他界の直前まで、日本のメーカーと一緒に画期的なサプリメントの開発に尽力していたそうです（編注：巻末にご紹介している「くま笹珪素」のページを参照）。

ところで、ラドウ・シナマーはその後、同じシリーズでさらに3冊を書き上げました。それらは“Inside the Earth：The Second Tunnel”, “Forgotten Genesis”, “The Etheric Crystal：The Third Tunnel”です。ご参考までに、これらの本の中身をかいつまんでご紹介しておきます。

ラドウの5番目の本は“Inside the Earth: The Second tunnel”と題されています。これを直訳すると『地球の内部：第二のトンネル』になります。この第二のトンネルは、ブセギ山脈地下のホログラフィー投影室から延びている3つのトンネルのうちの2番目のものであり、地球内部の都市や施設に至るトンネルです。また、第三のトンネルはイラクに向かって延びていますが、途中で枝分かれして、ルーマニア・ブザウの近くのカルパティア地域に至り、さらにチベット、そしてそこからモンゴルとゴビ台地に延びています。この本の物語は、現在『ザ・フナイ』に連載中です。

『地球の内部：第二のトンネル』は、地球物理学のありのままの評価から始まり、それが地球の中心核をどのように考えているかを説明します。また、しばしば「内なる地球」あるいは「空洞地球」として誤って言及されている謎めいた区域に関しても詳しく述べています。これについては、数え切れないほどの誤解が最近とみに増殖しています。ラドウの古くからの友人で良き師でもあるシエン博士は、これらのさまざまな面について深遠かつ詳細な説明をすると共に、現代科学に対し新たな驚くべき洞察をしてくれます。また、ブラックホールの起源についても詳述します。ゆくゆくそれは学会にまで影響を及ぼし、これらのテーマに関する現代科学の見方・考え方を革命的に変えると思われます。

また、1798年に行われたキャヴェンディッシュの実験は、地球の中心核が溶岩に包まれた鉄・ニッケル合金であるという考えを正当化した「金字塔的な試み」であると見なされていますが、その致命的誤りに関しても徹底的に説明してくれます。読者の皆さんは、この結論を正当化するために実施された後年の実験が、結局のところ「厳しい審査を受けていない実験に基づく常軌を逸した仮定」に立脚していたために誤りであった、という事実を知ることになります。さらに皆さんは、地球の中心核に存在するものが確かにブラックホールである、という真実を学びます。

ラドウとセザールの目覚ましい冒険は、現代科学の領域を超えたものです。彼ら二人は、地球内部の謎めいた区域およびそこにある多様な文明を訪れます、数多くの素晴らしい会合があり、地球内部の神秘的な区域の間の移動を容易にするテクノロジーについての説明が為されます。ラドウはまた、伝説上の都市シャンバラを私たちに垣間見させてくれます。これは地球の中心核に存在する楽園であり、均衡と調和がこの文明の基盤になっています。たとえラドウの冒険に関する皆さんの最終的意見がどうであろうとも、皆さんは斬新なパラダイム（理論的枠組み）に触れ、その結果、世界に対する見方が変わるのです。

ラドウの著作の賞賛に値する面の一つは、聞き慣れた物事や登場人物は全ての著作に共通であるものの、各々が類い稀であり、異なる様相や側面に焦点を当てていることです。"Forgotten Genesis"も例外ではありません。これはラドウの6番目の本であり、『忘れ去られた起源』と訳されます。この本は、地球人類を進化させるために、多様な地球外文明が如何に人類に影響を及ぼしてそのＤＮＡを操作してきたか――この点に関する謎を解明してくれます。地球内部の文明『アペロス』に住むラドウの新たな友人によって、この知識全ての獲得が容易になりました。『忘れ去られた起源』には、本文の内容を理解しやすくするために70もの精緻な図が含まれており、私たち人類の真の起源および長年にわたるその複雑かつ込み入った進化がその眼目になっています。

人間の歴史において特別に際だった時代や文明――アトランティス、トロイ、シャンバラ、ビュペルボレア（ギリシャ神話に出てくる北方浄土）等――についても説明されていますが、これらは今でも未知のまま残存している、あるいは、神話としてのみ考えられている、このどちらかです。三次元物質世界とエーテル界の間の「交差路」には、次元間の切れ目あるいはポータルが存在しますが、これらにはとりわけ重きが置かれ、詳しい説明が為されています。『忘れ去られた起源』には、ラドウがこの情報を入手するに至った経緯や、それに使われたテクノロジーについての説明も含まれています。

ラドウの7番目の本“The Etheric Crystal: The Third Tunnel”はトランシルバニア・シリーズの最新刊で、直訳すると『エーテル水晶：第三のトンネル』になります。この本の一番の呼び物は、謎に包まれた第三のトンネルを通る冒険の旅です。このトンネルはイラクに至っているのですが、ラドウは、そこの地下に存在するチャンバー（部屋）に行くという特別の任務を与えられます。そこには大いなるパワーを持つ水晶があるのですが、それは別の次元に存在するものの、チャンバーに置かれた容器の中に収められているのです。ラドウに率いられたチームはそれを回収します。すでにラドウは、異なる次元に参入するという能力を開発しています。イラクから回収された特別な水晶は、ゼロ局による新たなプロジェクトの基礎になるものであり、全てはラドウのこの能力にかかっているのです。

このプロジェクトは最初、ラドウとセザールによって密かに始められました。しかし、思いがけないことに、エリノアが喜んでそれに加わってくれました。エリノアはラドウの2番目の本“Transylvanian Moonrise”（トランシルバニアの月の出）に登場する謎めいた錬金術師であり、ラドウの友人です。エリノアはこの新たなプロジェクトにおいて重要な役割を果たし、ラドウとセザールを助けてそれを一段と高いレベルに引き上げるのです。

以上、本書に続いて発刊されたラドウの著作の中身をご紹介しました。

金原博昭　きんぱら ひろあき

東北大学理学部物理学科卒。米国に本社のある多国籍複合企業 TRW（事業分野は2002年まで宇宙開発・自動車部品・航空機部品等、現在は自動車部品のみ）に35年間在籍し、主として企画・営業に従事。現在鎌倉に在住、数学および神聖幾何学を含む超古代科学の研究、タロット・カバラーの学習と実践、形而上学分野の書籍の翻訳や最新情報の発信等に専心している。現在地球が極めて不均衡な状態にあることを危惧しており、それを是正し回復させるための具体的方法として「地球のためのホ・オポノポノ」の実践を提唱している。主な訳書：『エジプトの謎：第一のトンネル』（ヒカルランド）、『高次元存在ラマ・シングに聞く　死後世界へのソウルガイド＆ナビゲーション』（徳間書店刊）、『あなたもペットと話せます』（Kindle 本：オリオン形而上学研究所刊）、『時を超える予言』３部作（きれい・ねっと刊）。

オリオン形而上学研究所を主宰、http://www.orion-metaphysics.com（日本語、英語、スペイン語、ヒンディー語、中国語の５カ国語）。

上村眞理子　うえむら まりこ

古代の叡智を20年ほど伝えてきましたが、ワークショップに来るのは女性が多く、どうやって男性にもっとスピリチュアルな教えを聞いてもらえるか考えていて、男性が興味を持ちそうな海外からの情報を2018年から翻訳しブログ「真実の泉 ディスクロージャー」と YouTube チャンネル「さる100TV ５D 意識」を立ち上げました。UFO や ET について信憑性の高い情報と私が感じた内容、真実開示する人達の中でスピリチュアルな教えが含まれている内容を取り上げて来ました。

本書は2020年春から約２年間にわたり月刊情報誌『ザ・フナイ』に連載されたものを書籍化したものです。

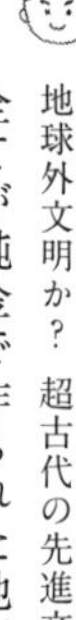

発見後すぐさま封印された想像を絶する大発見！

全てが純金で作られた地下の巨大施設と南極の宇宙ブイ

地球外文明か？　超古代の先進文明か？

第一刷　2023年11月30日

著者　ラドウ・シナマー

編集　ピーター・ムーン

訳者　金原博昭（オリオン形而上学研究所）

序文　上村眞理子（マータ）

発行人　石井健資

発行所　株式会社ヒカルランド

〒162-0821　東京都新宿区津久戸町3-11　TH1ビル6F

電話　03-6265-0852　ファックス　03-6265-0853

http://www.hikaruland.co.jp　info@hikaruland.co.jp

振替　00180-8-496587

本文・カバー・製本　中央精版印刷株式会社

DTP　株式会社キャップス

編集担当　岡部智子

ISBN978-4-86742-316-5

【イラスト完全ガイド】
110の宇宙種族と未知なる銀河コミュニティへの招待
著者：エレナ・ダナーン
監修：上村眞理子
訳者：東森回美
四六ソフト　本体 3,300円+税

著者自身が実体験した異星人による拉致の告白と慈悲深い異星人との交流を紹介。本書の中心を成しているのは、110もの宇宙種族についてエレナ自身が描くイラスト付きの解説であり、異星人種族の百科事典とも言える内容。地球と地球人がこれまでどのような歴史をたどって来たのかについて初めて知りうる情報が満載です。未知なる銀河コミュニティへと読者を案内する貴重な銀河のガイド本、待望の翻訳へ！

この惑星をいつも見守る
心優しき地球外生命体たち
銀河連合司令官ヴァル・ソーとのDEEPコンタクト&
太陽系ジャーニー全記録
著者：エレナ・ダナーン
訳者：佐野美代子
四六ソフト　本体 3,000円+税

闇の支配勢力から地球を防衛する【光の艦隊】の瞠目すべき全貌！　〈彼ら〉が人類にもたらす、意識進化／覚醒計画のすべて！　銀河連合特使エレナ・ダナーン氏によるアメイジングな宇宙レポート、待望の第二作!!　異星人ソーハンとの太陽系への旅、銀河連合司令官ヴァル・ソーとの邂逅、彼らの超科学技術や地球侵略阻止活動を網羅した完全記録！

お祓いに！ ヒーリングに！ くま笹の清める力の神髄

くま笹珪素は、くま笹の持つ生命エネルギーをそのまま維持させる発酵製法で作られています。超微粒子・量子レベルでマイナスイオン体のエネルギーに満ちていますから、お祓いやヒーリングにも効果があります。

●スプレー容器に500mℓの水とくま笹珪素を耳かき１杯程度入れれば、浄化作用を持つエネルギー水の完成。空間にスプレーすれば滝のようなマイナスイオンの空間に。電磁波の影響も軽減します。

●部屋の四隅に置けば結界が張れ、空間エネルギーが上がります。

●手の平になじませてハートチャクラにすりこめば波動調整とエネルギーチャージに。

●その他まだまだある使い方：植物の水やりに、お肌に直接塗って紫外線予防に、就寝前のうがいで歯周病予防に。

いろいろ試してみましょう！

大好評の「くま笹珪素」が乳酸菌とのコラボレーションで進化版に！

“活性酸素を抑え、体内環境を汚さず美味しく食べられる”和食文化の「薬食同源」（医食同源）の知恵から生まれた、食べる物・飲む物にふりかけるだけで食事も体もクリーニングできる「くま笹珪素」と、「還元発酵乳酸菌」がコラボしました。

「還元発酵乳酸菌」とは、12種類の乳酸菌を、水素・海洋深層水を原料に用いた還元型環境で発酵させ、抗菌ペプチド（菌と戦うための生体防御の機能）を増強させた乳酸菌。遠隔透視能力を持つ研究者・赤松瞳さんのアレンジが加わっており、“新次元の乳酸菌”とも呼ばれています。

また、第三者機関の試験によって、抗菌・抗ウイルス・抗酸化・口腔ケア・美肌ケアなど多岐にわたって優れた働きが期待されています。

くま笹珪素ウィルプラス

■ 6,700円（税込）

●内容量：35ｇ（携帯ボトル付き）

●原材料：馬鈴薯澱粉（国内製造）、くま笹（チシマザサ）、稲若葉、ドクダミ、赤紫蘇、びわ葉、スギナ、風化貝カルシウム、化石サンゴカルシウム、塩、デキストリン、乳酸菌発酵エキス（黒糖培地・乳酸菌）、梅エキス、海洋深層水

●ボトル１本で700～800ふり使えます（20ふりで約１ｇ）

従来の「くま笹珪素」に新次元のエネルギー「還元発酵乳酸菌」が加わり、腸内環境ケアと免疫アップ効果が一段と向上！さらに松果体の活性化、直観力アップ、感染症対策にも。新時代へ向けた進化をサポートします。

【お問い合わせ先】ヒカルランドパーク

＊ご案内の価格、その他情報は発行日時点のものとなります。

胃も腸も脳もいきいき♪
くま笹のチカラで食と体を瞬間クリーニング！

「おいしく食べる」をコンセプトに、日本の伝統的な食文化の研究とエネルギーヒーリングの知恵によって生まれたパウダー状のスーパーフード「くま笹珪素」。くま笹は体内環境を整える働きを持つ有機化珪素をはじめ、葉緑素やビタミン各種、ミネラル、アミノ酸など栄養の宝庫とも言える食品であり、日本古来より天然の防腐剤として笹団子や笹寿司、ちまきを包むのにも使われてきました。また場を清めるものとして神事にも使われてきました。

このくま笹に着目した日本ハーブ研究所代表の故・川口哲史さんは、刺身のツマ（消化）やワサビ（殺菌）、シソ（解毒）、菊（肝臓の保護）を食べ合わせることで体内環境を整える加薬（かやく）という日本固有の薬膳文化に倣い、ふりかけて（加薬）食事をおいしく楽しみながらお使いいただけるスーパーフードとして「くま笹珪素」を開発。海の幸・山の幸の陰陽バランスの取れた日本の伝統食に倣い、カルシウム豊富で体内のソマチッドがよろこぶ太古の貝化石（海）、解毒作用のあるドクダミやイネ若葉、赤紫蘇（山）なども配合。また、味噌づくりをヒントにした発酵製法を考え出したことで酸化を防ぐことにも成功しました。

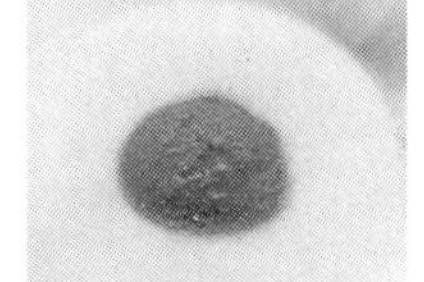

どんな料理もおいしく浄化♪

食べ物や飲み物に直接ふりかけるほか、珪素のチカラが活きる効果的な使い方を紹介します。
●玄米や雑穀米を炊く際に少量加える⇒臭みの除去、風味アップ
●調理で使う水にひとふり⇒素材の味を引き出す
●魚・刺身を冷蔵保存する前にひとふり⇒鮮度の維持、変色を防ぐ
●グラスにひとふりしてからビールを注ぐ⇒まるで生ビール?!
●ペットの食事にもひとふり⇒ペットは珪素大好き。口臭や毛並み改善に期待

いろいろな料理に
試してみましょう！

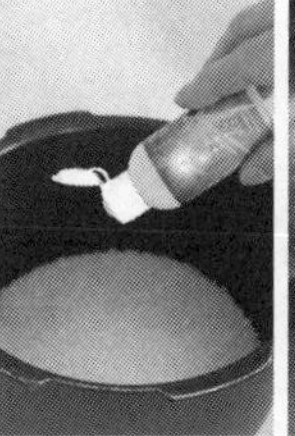